Russische Bibliotheken in Deutschland

Arbeiten und Bibliographien zum Buch- und Bibliothekswesen

Begründet von Horst Röhling (†)
Fortgeführt von Volker Bockholt (†)
Herausgegeben von Gottfried Kratz und Hans-Jakob Tebarth (Band 16)
Herausgegeben von Gudrun Wirtz und Hans-Jakob Tebarth (Band 17)

Band 17

Zur Qualitätssicherung und Peer Review der vorliegenden Publikation

Die Qualität der in dieser Reihe erscheinenden Arbeiten wird vor der Publikation durch die Herausgeber der Reihe geprüft.

Notes on the quality assurance and peer review of this publication

Prior to publication, the quality of the work published in this series is reviewed by the editors of the series.

Gottfried Kratz (ed.)

Russische Bibliotheken in Deutschland

PETER LANG

Bibliografische Information der Deutschen Nationalbibliothek
Die Deutsche Nationalbibliothek verzeichnet diese Publikation in der Deutschen Nationalbibliografie; detaillierte bibliografische Daten sind im Internet über http://dnb.d-nb.de abrufbar.

Druck und Bindung: CPI books GmbH, Leck

ISSN 0724-5254
ISBN 978-3-631-79891-1 (Print)
E-ISBN 978-3-631-82105-3 (E-PDF)
E-ISBN 978-3-631-82106-0 (EPUB)
E-ISBN 978-3-631-82107-7 (MOBI)
DOI 10.3726/b16919

Peter Lang – Berlin · Bern · Bruxelles · New York · Oxford · Warszawa · Wien

Diese Publikation wurde begutachtet.

www.peterlang.com

Zum Geleit

„Die Russen lesen viel: zu Hause, in der U-Bahn, im Urlaub, manchmal auf der Arbeit oder im Unterricht. Das Lesen ist ein wichtiger Teil der russischen Kultur." So steht es auf der Website des gemeinnützigen Frankfurter Vereins Slowo[1], der 2001 zur Pflege russischer Kultur gegründet wurde, und neben Kindergarten, Vorschule und Samstagsschule auch eine Bibliothek betreibt.

In der U-Bahn als Ort, an dem sich die Lesekultur eines Landes zumindest zum Teil ablesen lässt, sinkt zwar auch in Russland die Zahl der Leser zu Gunsten der Smartphone-Spieler und -Texter, doch ist sie zweifelsohne noch immer vergleichsweise hoch und die Achtung gegenüber dem Kulturgut Buch sowie dem nationalen literarischen Erbe unter Russen weltweit nach wie vor fest verankert. So stellen Bibliotheken wie die oben genannte kein Zufallsprodukt einiger Exilrussen und Fans russischer Literatur dar, vielmehr stehen sie in einer vielschichtigen Tradition. Diese zu beleuchten ist das große Verdienst des vorliegenden Sammelbandes. Sein Herausgeber, Dr. Gottfried Kratz, ist zweifelsohne einer der größten Kenner des Russischen Bibliothekswesens und seiner Geschichte in Deutschland. Er hat viele Jahre als Langzeitdozent des DAAD am Lehrstuhl für Bibliothekswissenschaft der damaligen Moskauer Staatsuniversität für Kultur und Künste (MGUKI) unterrichtet und über verschiedenste Themen in Fachjournalen publiziert – ein Blick in die Literaturangaben dieses Bandes zeigt das eindrucksvoll. Zudem hat er kontinuierlich den Dialog zwischen Russland und Deutschland im Bibliothekswesen jenseits von kriegsbedingten Verlagerungen und Restitution in einzigartiger Weise gefördert und gepflegt. Auch davon zeugt der vorliegende Sammelband. Dr. Kratz hat hier Experten aus beiden Ländern zusammengebracht, die über große und kleine, bekannte und gänzlich unbekannte Bibliotheken längere und kürzere Beiträge verfasst haben. Nicht zuletzt hat er selbst einige wichtige Studien beigetragen. In den Aufsätzen des vorliegenden Bandes steckt jeweils ein sehr unterschiedliches Maß an Forschung, doch vereint alle, dass sie wenig Wahrgenommenes beleuchten und gemeinsam ein facettenreiches Bild russischer Kultur in Deutschland im 20. Jahrhundert ergeben. „Lücken" in diesem Bild, also Bibliotheken, zu denen er keine Beiträge einwerben konnte, hat Dr. Kratz durch eine umfassende systematische Einleitung aufgefangen, die zugleich einen Ausblick auf lohnende Forschungsfelder bietet.

Gudrun Wirtz und Hans-Jakob Tebarth

---

1 https://www.slowo ev.org/russische-bibliothek [Zugriff: 28.4.2019].

Vorwort des Band-Herausgebers

„Habent sua fata …“ trifft gerade für Sammelbände wie den hier vorliegenden zu. Am Anfang stand die Idee, eine Konferenz in Moskau zu den Deutschen Bibliotheken in Russland und Russischen Bibliotheken in Deutschland zu veranstalten. Angesetzt für den Beginn 2014 und initiiert von der Moskauer Turgenev-Bibliothek (Biblioteka-čital'nja im. I.S. Turgeneva) unter Leitung von Frau Tat'jana E. Korobkina, schlossen sich dem Plan schnell mehrere Bibliotheken in Russland an – zum Teil schon mit ersten Vorarbeiten. Bald sicherte auch Dr. Beate Tröger, die Leiterin der Universitäts- und Landesbibliothek Münster (ULBM), seit Jahrzehnten Schwerpunktbibliothek für russlanddeutsche Literatur, Unterstützung zu. Im Ergebnis sollten die Beiträge in einem Sammelband veröffentlicht werden.

Kaum hatten jedoch die ersten Vortragenden zugesagt und waren die ersten Anträge auf Förderung in Deutschland und Russland gestellt, kam – wie ein Blitz aus heiterem Himmel – deutscherseits auch schon die Absage der hoffnungsvoll erwarteten Unterstützung. An die Durchführung der Konferenz in der bisherigen Form war nun nicht mehr zu denken. Dies geschah vor dem Hintergrund der sich gerade im Gefolge der Krimkrise geänderten russisch-deutschen Beziehungen zu Beginn des Jahres 2014. Jetzt blieb mir, als Kurator des für Russische Bibliotheken in Deutschland zuständigen Teils der Konferenz, nur folgender Weg: die angefragten Teilnehmer zu bitten, ungeachtet der nun sich anbahnenden Verschlechterung der deutsch-russischen Gesamtlage, ihre Beiträge zu schreiben, den vorzeitigen Druck in der periodischen Fachpresse hier oder dort anzustreben und eine spätere Buchveröffentlichungen zu erhoffen.

Die AutorInnen der hier nun zusammengestellten Veröffentlichungen folgten dieser Bitte oder dieselben waren bereits früher geschrieben und kamen hinzu (Stephan Walter, Franz-Josef Leithold). Wieder andere wurden erstmals in diesem Band zusammengefasst (A. D'jakonova, N. Egorova, G. Kratz, Sv. Zvereva). Sechs Beiträger konnten aus Deutschland, Russland und Schottland gewonnen werden, vier Beiträge stammen von dem Herausgeber selbst.

Entstanden ist nun ein Band über unterschiedlichste Bibliotheken, denen eines gemeinsam ist: die Sammlung und Bereitstellung russischsprachiger Literatur in Deutschland. Sämtliche Beiträge wurden vor Drucklegung nochmals durchgesehen und z.T. korrigiert, erweitert und aktualisiert. Die Durchsicht der englischsprachigen abstracts hatte freundlicherweise Herr Anatol Shmelev (San Francisco) übernommen. Die Umschrift russischer Namen (ausgenommen überkommene oder im Nachdruck übernommene Schreibweisen) geschieht in Übereinstimmung mit der „Transkription fremder Buchstaben“, entsprechend der Praxis in wissenschaftlichen Bibliotheken. Gelegentliche inhaltliche Überschneidungen erklären sich aus dem Charakter des Sammelbandes und der Entstehungszeit seiner Beiträge.

Zum Abschluss besonderen Dank an Frau Dr. Gudrun Wirtz, diesen Band bibliothekshistorischer Arbeiten nach redaktioneller Enddurchsicht in die von ihr und Dr. Hans-Jakob Tebarth herausgegebene Reihe aufzunehmen, die seinerzeit unter dem Titel *Arbeiten und Bibliographien zur Buch- und Bibliothekswissenschaft* (ABBB), von dem inzwischen (am 23.12.2017) verstorbenen Dr. Horst Röhling gegründet wurde.

Gewidmet sei dieser Band dem Gedächtnis und der Erinnerung an Dr. Röhling und seine wohlwollende Begleitung und Förderung dieses Projektes. Möge dies ein guter Neustart für die Reihe sein.

Gottfried Kratz
Münster, im Mai 2018

Inhaltsverzeichnis

Einleitung

Öffentliche Bibliotheken, die russischsprachige Literatur in anderssprachlichem Umfeld sammeln und der Allgemeinheit oder speziellen Nutzerkreisen bereitstellen, gibt es im Vielvölkerstaat Russland selbst, wie auch in nahezu allen Ländern der Welt.[1]

Zunächst gibt es sie in **Russland** in einzelnen Gouvernements des ehemaligen Russischen Reiches mit überwiegend fremdsprachiger Bevölkerung und in den nationalen Einheiten der späteren Sowjetunion (Republiken, Autonomen Bezirken etc.), wie z.B. deutsche Zentralbibliothek in der Republik der Wolgadeutschen Engels[2]. Ob allerdings für diese Bibliotheken, wie bereits geschehen, der Begriff einer „Ethno-Bibliothek" („Ėtničeskaja biblioteka") in Zukunft anwendbar ist, gilt es abzuwarten, will man nicht in Konflikt mit der Terminologie des in Arbeit befindlichen (20.04.2017) russischen Gesetzes „Über die russische Nation" geraten.[3] Vor allem aber gibt es diese Bibliotheken außerhalb Russlands. Zunächst in **Amerika**: vom äußersten Norden in Alaska[4] bis zum

1 Zu im Ausland ausschließlich als Privatbibliotheken zusammengestellten Sammlungen s. O.N. Il'ina: *O ličnych bibliotekach russkogo zarubež'ja i nekotorych voprosach ich izučenija*, in: *Berega. Inf.-analit. sb. o russkom zarubež'e* 8, Sankt Peterburg 2007, S. 40–50.

2 http://fabian.sub.uni-goettingen.de/fabian?Universitaetsbibliothek(Saratov) [Zugriff: 2.5.2019]

3 S. *O rossijskoj nacii* https://iz.ru/news/687767; [Zugriff: 6.6.2017]; zur anhaltenden Diskussion s. N. Gorodeckaja, *Prezidentskij sovet chočet otvetit' na jazykovoj vopros*; in: *Kommersant*, Moskva, 2. Juli 2018, S. 4. Konkret zu den „ethnischen Bibliotheken" s. E.S. Kožuchar', *Kul'turno-prosvetitel'naja dejatel'nost' „ėtničeskich" bibliotek Kišineva*, in: *Rumjancevskie čtenija* 14/1, Moskva 2014, S. 339; vgl. Ju.N. Stoljarov: *Bibliotečnaja ėtnologija*, in: *Bibliotečnaja ėnciklopedija*. hrsgg. Ju.A. Grichanov, Moskva 2007, S. 189–190.

4 So etwa die auf der Insel Kodiak Island südlich Alaska gelegene orthodoxe Gemeindebibliothek („cerkovnaja biblioteka"), für die schon in einer 1803–1808 entstandenen Quelle allein um die zweihundert geistliche und weltliche Titel genannt werden, in einer Liste, die N.V. Višnjakova als Beilage 1 aufführt (N.V Višnjakova: *Istorija russkoj knigi v SŠA (konec XVIII v.- 1917g.)*, Novosibirsk 2004, S. 209–221). Višnjakova gibt auch Hinweise auf andere russische Bibliotheken in USA (S. 179–192). Eine Liste in Beilage 16 („Spisok russkich bibliotek i čitalen" S. 256–257) nennt 15 Bibliotheken und Lesehallen im Zeitraum 1908–1914 aus ganz USA.

Süden auf dem lateinamerikanischen Subkontinent[5] und weiter noch bis nach **Australien.**[6] Zudem gibt es sie in **Europa**, dies- und jenseits des Ärmelkanals: In **England** etwa, sichtbar durch die Ende des 19. Jahrhunderts gegründete Russische Bibliothek im Londoner East End.[7] In **Frankreich** wurde schon 1875, also noch zu Lebzeiten Turgenevs (1818–1883), die umgangssprachlich Turgenev-Bibliothek genannte Russische Bibliothek („Bibliothèque Russe Tourguenev", oder später: „Turgenevskaja obščestvennaja biblioteka") gegründet.[8] Sie bestand bis zur deutschen Besatzung, als die Bibliothek beschlagnahmt wurde und ihre etwa 100.000 Bände nach Deutschland verschleppt wurden. Nach dem Zweiten Weltkrieg wurden diese Bände in alle Winde verstreut, als Denkmäler einer Schandtat, die auf immer mit dem Namen des damals in Paris der Einsatzgruppe Rosenberg zuarbeitenden „Dr. Helmut Weiss" verbunden bleibt.[9] In **Italien** gab es eine Vielzahl russischer Bibliotheken,[10] einige von ihnen sehr versteckt gelegen, wie etwa die Bibliothek in der orthodoxen Kirche in Florenz (Cerkov' Roždestva Christova i Nikolaja Čudotvorca).[11] In der **Schweiz** reicht das Spektrum von der Bibliothek aus Büchern der Davoser Sanatorien und Lungenheilanstalten,[12] über die „Russische Bibliothek" in Zürich mit über 6.000 Bänden (künstlerische, wissenschaftliche und allgemeinbildende Literatur) im Jahre 1980,[13] bis zu den heute in der Universitäts- und Kantonalbibliothek Lausanne

5 Zu Lev Rubanov als (Mit-)Besitzer von Buchhandlung, Verlag und Leihbibliothek in Sao Paulo, Brasilien: V. Telicyn: *Revoljucija sterla iz pamjati ljudej mnogoe i važnoe*, in: *Russkie evrei v Amerike* 13, Toronto, Sankt Peterburg 2016, S. 106.

6 Galina Ivanovna Kanevskaja: *Russkie biblioteki v Avstralii v XX veke*, in: *Bibliotekovedenie* 3, Moskva 2009, S. 80–85.

7 S. den Aufsatz in einem von der russischen Regierung unterstützten Sammelband: R[obert] Chenderson [Henderson]: *Russkaja biblioteka v Ist-Ende*, in: *Russkoe prisutstvie v Britanii,* Moskva 2009,S. 59–68.

8 S. *La Bibliothèque russe Tourguenev a Paris. Rec. d'art,* Paris 1987, erweitert 2012 *Russkaja obščestvennaja biblioteka imeni I.S. Turgeneva. Sotrudniki-druz'ja-počitateli.* Hg T.A. Bakunina-Osorgina. Sankt Peterburg 2012, S. 5.

9 N.N., *Gibel' Turgenevskoj biblioteki*, in: *Rossijskoe naučnoe zarubež'e*, hrsg. P.A. Tribunskij, Moskva 2016, S. 512–526, hier: 523, Anm. 6.

10 L. Koval': *Russkie biblioteki v Italii*, in: *Golos Rodiny*, Nr. 12, 1979, S. 10–11.

11 s. http://ricolor.org/journal/w2004/5/ [Zugriff: 13.05.2019;] (freundlicher Hinweis Sv. Zvereva).

12 Irina Černova Burger: *Die „Davoser Bibliothek" – ein Bestand der Schweizerischen Osteuropa-Bibliothek Bern*, in: *Librarium*, 42/3, 1999, S. 207–214.

13 Ekaterina Egorova: *Russkaja Biblioteka-čital'nja v Cjuriche*, in: *Golos rodiny* 32, August 1980, S. 11.

(„Bibliothèque cantonale et universitaire Lausanne") aufbewahrten Beständen der „Nouvelle bibliothèque Russe".[14] Oder schließlich gibt es sie auch in **Jugoslawien** worauf bereits die frühe Dissertation von Ostoja Đjurić[15] weist. Ein Großteil von ihnen wurde aus Jugoslawien in die Sowjetunion verlagert und später dort zugänglich gemacht.[16]

Es ist dieses die gesamte Erdfläche überziehende Mosaik, in dem auch die russischen Bibliotheken in Deutschland ihren Platz einnehmen. Sie entstanden etwa gleichzeitig mit dem Beginn des von Varnhagen in Deutschland und Herzen aus England beobachteten verlagsmäßig massenhaften Drucks russischsprachiger Bücher in Deutschland in der Mitte des 19. Jahrhunderts (worauf bereits Othmar Feyl in mehreren Aufsätzen hinweist)[17] und parallel zur Leibeigenenbefreiung in Russland im Jahre1862.

Öffentliche Bibliotheken

Die russischen Bibliotheken in Deutschland lassen sich in verschiedene Gruppen einteilen. An erster Stelle genannt seien die öffentlichen Bibliotheken, zu deren Nutzung lediglich die Kenntnis der russischen Sprache notwendig ist (unabhängig wie auch immer gearteter organisatorischer Bindungen des Lesers). Hier lassen sich wiederum folgende Untergruppen unterscheiden:

---

14 S. Briefwechsel Kratz mit Andrea Cantinotti Email 7. Juli 2014 (Anlage: Merkblatt vom Mai 2012 von Teresa J. Bourquin über Fonds russe RU).

15 Ostoja Đurić: *Književna i književno-izdavačka delatnost ruske inteligencije u Srbiji izmedju dva svetska rata.* Beograd 1987; s.a. ders.: *Ruska literarna Srbija,* Gornji Milanovc 1990.

16 S. die Broschüre mit einem Vorwort von S.S. Kručinin über die in die Moskauer Historische Bibliothek (GPIB) verlagerten Bestände (S.S. Kručinin: *Russkie ėmigrantskie biblioteki v Jugoskavii. Izdanija v Sobranii Otdela Fondov Russkogo zarubež'ja*, Mokva 2003) und den Aufsatz von E.V. Korotkova über die Bestände, die in die RGB gelangten (*Istorija russkich bibliotek v Jugoslavii*, in: *Bibliografija* 4, Moskva 2009, S. 47–54). Einen besonderen Blick auf Jugoslawien, wenn auch eher in Form einer allgemeinen Darstellung der Bibliotheken der Ersten Welle der Russischen Emigration, findet sich in zwei Beiträgen von A.E. Šapošnikov, die uns frdlw. von Herrn Kirill A. Šapošnikov (GPIB) zur Verfügung gestellt wurden: *Biblioteki russkoj ėmigracii,* in: *Kniga i mirovaja civilizacija. Materialy 11-oj konferencii,* Moskva 2004, S. 78–81 (hier: S. 78); *Russkij čitatel' za rubežom,* in: *Abramovskie čtenija,* Moskva 2004, S. 57–63.

17 S. z.B. O. Feyl: *Zu den deutsch-russischen Beziehungen von 1861–1917 im Lichte der Buchgeschichte,* in: *Jahrbuch für die Geschichte der sozialistischen Länder Europas* 25/2, Berlin. 1982, S. 83ff.

Öffentlich zugängliche **Leihbibliotheken in Angliederung an kommerzielle Buchhandlungen** hatten bereits im vorrevolutionären Russland eine lange Tradition als „Bibliothek und Lesekabinett" („Biblioteka (Kabinett) dlja čtenija").[18] Nach der Revolution fanden sie sich, wie selbstverständlich, auch im Umkreis russischer Buchhandlungen der Emigration. Allein im Berlin des Jahres 1920 lassen sich mehrere dieser „Kabinette" nennen: „Arzamas", „Kul'tura", „Moskva", „Rodina". Besitzstempel dieser und anderer Berliner russischen Leihbibliotheken finden sich in erhaltenen Exemplaren bis heute.[19] Nähere Einzelheiten über Bestand, Ausleihfrequenz, thematisches Profil etc. dieser „Kabinette" in Deutschland sind jedoch nach unserer Kenntnis nicht erforscht.

Allgemein zugänglichen Charakter haben auch **Bibliotheken philanthropischer Stiftungen.** So etwa die in ihren Anfängen als Stiftung eingerichtete Tolstoi Bibliothek in München (Russkaja biblioteka Tolstovskogo fonda). Folgt man den Angaben auf der Webseite der Bibliothek[20], wurde die Stiftung ursprünglich im Jahre 1949 mit aus den USA kommenden Mitteln der von L.N. Tolstojs jüngster Tochter Alexandra (inzwischen amerikanische Staatsbürgerin) gegründeten Tolstoy Foundation ins Leben gerufen. Später wurde sie übertragen in 1952 an das American Committee for Liberation, um dann 1963 vom Tolstoi Hilfs- und Kulturwerk e.V. übernommen zu werden.[21] Heute erfolgt die finanzielle

18 S. die Notiz über A.A. Čerkesov und O.N. Popova in dem von V.V. Kožuchova zusammengestellten Nachschlagewerk: *Ėkslibrisy i štempeli častnych kollekcij v fondach Istoričeskoj biblioteki.* Vyp. 2. M.D. Afanas'ev und A.A. Vjars (Hrsgg.), Moskva 2016, S. 142–143. Zur Verbreitung dieser Bibliotheken und Lesekabinette im vorrevolutionären Russland s.: N.A. Grinčenko: *Knižnye magaziny Sankt-Peterburga 1862–1917*, in: *Knižnoe delo v Rossii* 18. Sankt Peterburg 2016 S. 307, 398, 404 ff, sowie die entsprechenden Listen in den Vorkriegsbänden des Nachschlagewerks *Vsja Moskva.* – Zur Rolle dieser Lesekabinette in der Geschichte des Lesens im vorrevolutionären Russland, s. Ju. P. Melent'eva: *Obščaja teorija čtenija.* Moskva 2015, S. 171.

19 V. Zalevskij und E. Gollerbach: *Rasprostranenie russkoj pečati v mire. 1918–1939, Spravočnik*, Sankt Peterburg 1998, S. 75, 88, 94, 105; außerdem s. Kopie des Stempels „Russkaja biblioteka pri knižnom magazine Knižnyj salon" in: Jürgen Plähn: *Signets russischer Verlage in Berlin*, in: Thomas R. Beyer, Gottfried Kratz, Xenia Werner: *Russische Autoren und Verlage in Berlin nach dem Ersten Weltkrieg*, Berlin 1987, S. 180–181 *(Veröffentlichungen der Osteuropaabteilung Staatsbibliothek Preußischer Kulturbesitz.* 7).

20 https://www.tolstoi.de/russische-bibliothek/ [Zugriff 23.06.2019].

21 Abweichende Datierungen gibt der „Jahresbericht" der Bibliothek für 2012 (S. 4) (https://tinyurl.com/yceh6d4d, [Zugriff: 13.05.2019]). Danach wurde die Bibliothek seit 1949 von der Tolstoy Foundation nur „unterstützt", die erst ab 1956 offizieller Träger wurde, bevor das Tolstoi Hilfs- und Kulturwerk e.V. in 1972 die Trägerschaft

Förderung der Bibliothek deutscherseits primär durch eine staatliche Finanzierung, eine s.g. „institutionelle Fehlbedarfsfinazierung" der Beauftragten der deutschen Bundesregierung für Kultur und Medien (BKM, auch Bundesbeauftragten für Kultur und Medien bzw. Kulturstaatsministerin),[22] deren Aufgabe es ist, „Kultureinrichtungen und -projekte von nationaler Bedeutung zu fördern".[23] Folgt man den Jahresstatistiken, so kommt diese Förderung, entsprechend Ausleihzahlen, folgenden Lesergruppen der Bibliothek zugute: laut Jahresbericht 2014 (S. 21) sind dies „russisch-jüdische Kontingentflüchtlinge", die mit 75% die größte Gruppe bilden, zusätzlich kommen 10% „interkulturelle Ehen" und „der Rest verteilt sich auf EU-Angehörige, Aussiedler und ethnische Deutsche".[24] Der Gesamtbestand der Bibliothek betrug 2014 ca. 47.000 Bände, was sie nach Auskunft ihrer Webseite, zur „größten nichtstaatlichen russischsprachigen Bibliothek in Westeuropa" macht. Eine Bibliothek mit weit angelegtem Programm, unter deren Dach sogar kommerzielle (kostenpflichtige) Veranstaltungen stattfinden, bis hin zu Seminaren zur Persönlichkeitsentwicklung in 2018 („Dein Weg zu dir selbst").[25]

Ein vergleichbar breites Leserpublikum spricht die „Russische Bibliothek" der Gesellschaft der „Freunde des russischen Buches" NRW e.V. in Köln an. Eine 1996 gegründete Bibliothek mit über 16.000 Bänden, die auf eine private Schenkung zurückgeht und zu der sich nähere Angaben über ihre Website leicht abrufen lassen.[26] Genauere Angaben stehen zu erhoffen, vor allem, ob und inwieweit

---

übernahm.- Die Geschichte der Bibliothek im Einzelnen ist in einer am historischen Seminar der Münchner Universität geschriebenen Magisterarbeit dargestellt, deren Verfasser jedoch im Jahresbericht 2012 (S. 14) nicht namentlich genannt wird und der die Arbeit auch nach Rücksprache mit dem Verfasser dieser Zeilen (Email Kratz 21.01.2014) nicht freigibt.

22 S. Jahresbericht, 2014, S. 23, http://www.tolstoi.de/wp-content/uploads/2016/07/15_Jahresbericht_2014.pdf [Zugriff: 13.05.2019].

23 https://www.bundesregierung.de/breg-de/bundesregierung/staatsministerin-fuer-kultur-und-medien/staatsministerin-und-ihr-amt/aufgaben [Zugriff 23.06.2019]

24 Noch 2012 erfolgte eine in Teilen genauere Aufschlüsselung (Jahresbericht, 2012, S. 15), wonach „der Anteil der Kontingentflüchtlinge … 2012 bei 80% (lag), EU-Angehörige bei 9%, mit Deutschen verheiratete Russen oder Russinnen bei 9%, Aussiedler 2%" (https://www.tolstoi.de//wp-content/uploads/2015/11/Tolstoi-Jahresbericht-2012.pdf, [Zugriff: 12.06.2019]).

25 https://www.tolstoi.de/events/list/?tribe_paged = 1&tribe_event_display = past&tribe-bar-search = weg+zu+dir [Zugriff: 12.06.2019].

26 http://www.rusbib.de/index.php [Zugriff 23.06.2019]. Für den Hinweis auf diese Bibliothek sei Mark Uralski (Brühl) gedankt.

der Name der die Bibliothek tragenden Gesellschaft in Köln („Obščestvo druzej russkoj knigi“) an Name und Programm der weithin bekannten gleichnamigen Gesellschaft „Obščestvo druzej russkoj knigi“ in Paris (1925–1938) anknüpft oder an den Namen der weniger bekannten und nahezu gleichlautenden „Russkoe obščestvo druzej knigi“ die von 1920–1930 in Moskau bestand.[27]

Ebenso zur Gruppe der allgemein zugänglichen Bibliotheken lässt sich die sowjetischerseits **staatlich geförderte Bibliothek** rechnen, die aufs Engste der faktisch bis Ende 1989 in der DDR bestehenden Gesellschaft für Deutsch-sowjetische Freundschaft (DSG) verbunden ist. Angesiedelt im Berliner Haus der sowjetischen Wissenschaft und Kultur (Dom sovetskoj nauki i kul'tury, kurz: DSNK), wurde sie kurz vor Beginn der Perestrojka am 5. Juli 1984 eröffnet. Bis zu deren Ende bestehend (1984–1989, danach in anderem Rechtsverhältnis), war die Bibliothek nach Aussage deren Leiterin „frei zugänglich“ und bestrebt, „die Bedürfnisse aller Lesergruppen“ zu befriedigen.[28] Vor allem aber diente sie dem Ziel, „die Bürger der DDR[29] mit der Außen- und Innenpolitik der KPdSU und des Sowjetstaates bekannt zu machen“,[30] um somit die „Freundschaft und Zusammenarbeit zwischen den Völkern der UdSSR und der DDR“ zu festigen, letztlich im Geiste der allgemein postulierten „brüderlichen“ Freundschaft.[31] Eine Beziehung, wie sie Val. Fed. Bykovskij schon selbst, Jahre zuvor, in der Enge seiner Weltraumkapsel über Tage hinweg mit dem damaligen DDR-Kosmonauten Siegmund Jähn unter Beweis gestellt hatte.[32] Die Bibliothek richtete sich somit vornehmlich an die Leser russischsprachiger Literatur in der DDR und speziell in Berlin (Ost). Leser aus Berlin (West) hatten Schwierigkeiten, ungehemmten Zugang zu erhalten, mussten sich, erfahrungsgemäß, im Einzelfall gar beim Grenzübertritt von Berlin (West) peinlichen Befragungen durch die

---

27 http://redkayakniga.ru/knigovedenie/item/f00/s01/e0001795/index.shtml [Zugriff 23.06.2019]; zur Datierung des Endes der Gesellschaft s. unsere Rezension der 2011 erschienenen Memoiren eines Mitglieds der Gesellschaft (*Bibliothek und Medien* 1, 2013, S. 45).

28 Patschkowa: *Formen und Methoden,* in: *Kinderliteratur-Report* 2, Berlin 1988, S. 30.

29 Von Kontakten zu bibliothekarischen Fachkreisen in Berlin (West) oder der Bundesrepublik ist in dieser ersten Periode nichts bekannt.

30 W. Bykowski: *Begegnung mit dem Freundesland,* in: *Der Morgen* 159, 8.-9. Juli 1989, S. 1.

31 BZ, 11. Juli 1989, S. 2.

32 Der ehemalige Angehörige der NVA der DDR Siegmund Jaehn stand dann nach dem Flug, der ihn nicht nur in den Weltraum, sondern auch in den Rang eines Generalmajors katapultiert hatte, bald nach dem Beitritt der DDR zur Bundesrepublik im Solde der Europäischen Weltraumorganisation ESA.

Grenzsoldaten der DDR aussetzen. Dies betrifft vor allem die Zeit nach Beginn der Perestrojka und dem „Sputnik-Verbot“, als „das Haus selbst für die Ost-Berliner zum Symbol kommender Veränderungen [wurde, als] Hunderte von Deutschen [...] Abend für Abend in die Säle [kamen], um etwas über die Reformen in der UdSSR zu hören [...]“ (Sankov). War doch Ende 1988 die Zeitschrift (Digest) „Sputnik“ von der Postliste gestrichen worden: zum ersten Mal seit Hitler, hier jetzt durch Honecker, ein de-facto Vertriebsverbot einer aus der UdSSR kommenden Zeitschrift. In der Bevölkerung, besonders bei Mitgliedern und Ortsverbänden der Gesellschaft für Deutsch-sowjetische Freundschaft führte dies zu heftigen Protesten, aufmerksam von der Obrigkeit registriert, wie die Unterlagen des Staatssicherheitsdienstes zeigen.[33] Ein Bericht über die Geschichte des Hauses, mit besonderem Akzent auf der Rolle des DSNK und ihrer Bibliothek in diesem „letzten Jahr der Mauer“ ist zweisprachig (in Deutsch und Russisch) im Netz zugänglich.[34] Als Autor zeichnet V.E. Sankov, den das Internet heute (13.10.2017) als Lehrkraft an verschiedenen Moskauer Hochschulen und als Journalisten kennt,[35] und der zum damaligen Zeitpunkt im Russischen Haus, in welcher Funktion auch immer, „tätig [war]“ (wenn auch vom Direktor des Hauses bei Nennung der leitenden Mitarbeiter nicht erwähnt).[36] Die gleiche bei ihm zu beobachtende Geheimniskrämerei findet sich erst recht bei Erwähnung von Mitarbeitern von Filialen der DSG. So in Bezug auf den damaligen Leiter der Dresdner Filiale des Hauses der deutsch-sowjetischen Gesellschaft. Ende 1987 noch mit der „Ehrennadel der Deutsch-Sowjetischen Freundschaft“ in Gold ausgezeichnet,[37] hat er Ende 1989, folgt man Presseberichten im Netz, nichts Besseres zu tun, als nach Verbrüderung und wahrer Bruderschaft strebende DDR-Bürger am Betreten des Gebäudes der Deutsch-sowjetischen Freundschaftsgesellschaft unter Androhung von Waffengewalt zu hindern.[38] Ein auffallendes Verhalten im Vereinigungstaumel dieser Tage, das ihn schon eher als Träger der ihm 1988

---

33 http://www.bstu.bund.de/DE/Wissen/DDRGeschichte/Vorabend-der-Revolution/1988_Sputnik-Verbot/_node.html [Zugriff 23.06.2019]

34 http://www.russisches-haus-buch.de/ [Zugriff 23.06.2019].

35 https://daily.afisha.ru/archive/gorod/archive/institut-morisa-toreza/; [Zugriff 23.06.2019] http:, in: www.1tvs.ru/sankov-valerij-evgenevich [Zugriff 23.06.2019]

36 Bykowski, *Freundesland*, S. 1.

37 http://www.berliner-zeitung.de/16571784 [Zugriff 23.06.2019]

38 http://www.rundschau-online.de/mauerfall-doku-putin-als-zeitzeuge2-11535326 [Zugriff 23.06.2019]

verliehenen „Verdienstmedaille der Nationalen Volksarmee“ der DDR in Bronze ausweist.[39]

Geleitet wurde die Berliner Bibliothek des DSK seit ihrer Eröffnung von Vera Grigor'evna Pačkova. Sie hatte in den Jahren zuvor bereits die Bibliothek im Budapester „Haus der Offiziere“ der dort stationierten Gruppe sowjetischer Streitkräfte geleitet, um dann nach ihrer Rückkehr wieder in die Moskauer Bibliothekshochschule MGUKI zurückzukehren. Dort stand sie als Stellvertretender Dekan dem Lehrstuhl für Bibliothekswissenschaft vor. In 1984 wurde sie auf Bitte des Moskauer Präsidiums des „Verbandes sowjetischer Gesellschaften für Freundschaft und kulturelle Verbindung mit dem Ausland“ („Sojuz sovetskich obščestv družby i kul'turnoj svjazi s zarubežnymi stranami“) in dem das DSKN angesiedelt, nach Berlin abgeordnet, um die Stelle als Direktor der Bibliothek des DSKN anzutreten. Einer Bibliothek mit fünf festangestellten Mitarbeitern und einem Bestand von 4.000 Bänden, der zum Ende ihrer Amtszeit auf 20.000 Bde. anwachsen sollte.[40] Ihre Tätigkeit im Einzelnen ist in einer Fülle deutschsprachiger Zeitungsmitteilungen nachvollziehbar, heute abrufbar im Netz (über das Digitalisierungsprogramm „Zefys“ der SBB) und bibliographisch erfasst in der ihr als „Bio-bibliographisches Verzeichnis“ zum 40jährigen Berufsjubiläum gewidmeten Festschrift.[41] Die Thematik der von ihr organisierten Veranstaltungen reichte von Kinderliteratur bis zu Sowjetliteratur. Auffallend eine unter Teilnahme von Harri Jünger und ihr gemeinsam mit dem Haus der sowjetischen Kultur veranstaltete Konferenz über „Die Rezeption der sowjetischen Literatur in der Deutschen demokratischen Republik“. Mitveranstalter Harri Jünger, damals Berliner Universitätslehrer, war bereits in 1971 von Behörden der DDR für eine weniger öffentliche Tätigkeit angeworben worden: als „gesellschaftlicher Mitarbeiter für Sicherheit“, mit der „Einsatzrichtung“ für „internationale und nationale Wissenschaftsbeziehungen“. In seiner anschließend geschriebenen und fachlich der Veranstaltung im DSKN verwandten „Geschichte der russischen Sowjetliteratur“ (1973, 1977), in der heutigen wissenschaftlichen Literatur

39 https://www.welt.de/geschichte/article145001406/Die-Stasi-sandte-Putin-brüderliche-Kampfesgrüsse.html [Zugriff 23.06.2019].

40 R. Janert: *Schatzkammer in zwei Sprachen*, in: *Nationalzeitung* 171, Berlin 28.-29. Juli 1984, S. 3.

41 Vera Grigor'evna Pačkova: *Biobibliografičeskij ukazatel'. K 40-letiju naučno-pedagogičeskoj dejatel'nosti*, Moskva 2006; S. 6, 7–11.

nur noch als „unbrauchbar“ gewertet, hatte er sich bemüht, vor allem die „ideologischen Repräsentanten der Sowjetliteratur“ zu berücksichtigen.[42]

Diese eher ideologische, denn professionelle Bindung zwischen universitärer Slawistik und DSKN (s.a. den Hinweis auf die Mitgliedschaft der Direktorin der Bibliothek im „Parteibüro“ des Hauses der sowjetischen Kultur (FS, S. 36)), findet ihr Ende mit dem Fall der Mauer (9. November 1989) und dem kurz zuvor erfolgten Ende ihrer Dienstzeit. In 1989 löst sich die DSG faktisch auf, das Haus für sowjetische Wissenschaft und Kultur wird umbenannt und das Archiv der Gesellschaft heute im Bundesarchiv aufbewahrt.[43] Nach V.G. Pačkova wurde noch im Juni 1989 Valerija Porfir'evna Poznjak (1938–2010) zunächst zum „Instruktor für Bibliothekswesen“ ernannt, und dann im Juni 1993 zum Direktor der unter neuer Leitung und unter neuem rechtlichem Status weiter bestehenden Bibliothek des jetzt „Russischen Hauses“, eine Stelle, die sie bis 1996 innehatte.[44]

Ursprünglich aus der Moskauer Rudomino-Bibliothek für ausländische Literatur (VGBIL) kommend, deren damaliger Leiterin sie auch noch in der Berliner Zeit verbunden blieb,[45] ging sie nach ihrer Berliner Zeit zur Moskauer Turgenev-Bibliothek („Biblioteka-čital'nja im. I.S. Turgeneva“) und dann in das „Haus des russischen Auslandes“ („Dom russkogo zarubež'ja im. A.I. Solženicyna“, kurz: DRZ). Vor der Zeit gestorben, war sie am Schluss ihres Lebens mit Übersetzungsarbeiten aus dem Deutschen hervorgetreten.

Lag noch in der Arbeit der ersten Direktorin der Bibliothek des Hauses der sowjetischen Wissenschaft und Kultur Pačkova ein starkes Gewicht auf der Propagierung sowjetischer Kinderliteratur im Deutschen, sah Valerija Poznjak nun ihre Aufgabe in der Propagierung deutschsprachiger Literatur für Kinder im Russischen. So durch ihre Übersetzungen von Elke Heidenreich, die dem breiten Publikum in Russland eher unbekannt, in Deutschland mehr durch Rundfunk- und TV-Auftritte populär. Kann sich die Leiterin der damals in Berlin (West) bestehenden „Bibliothekarischen Auslandsstelle“ Elisabeth Simon, der gerade die fachlichen Kontakte zu sowjetischen Bibliotheken ein besonderes

---

42 Marie Louise Bott: *Zentralstaatlich gelenkte Erneuerung der Philologien in der DDR*, in: *Geschichte der Universität Unter den Linden. 1810–2010.* [Bd.] 6, Hrsg. Heinz-Elmer Tenorth, Berlin 2010, S. 493, Anm. 153–494; elektr. zugänglich http://tinyurl.com/yachwqew. [Zugriff 23.06.2019].

43 http://www.argus.bstu.bundesarchiv.de/dy32/index.htm?kid = titelblatt [Zugriff 23.06.2019]

44 Angaben aus dem *Arbeitsbuch* (*Trudovaja kniga*) von V.P. Poznjak; frdl elektron. Mitteilung T.A. Korol'kova, DRZ, Leiterin der Abteilung „Bibliothek“ des DRZ (13.10.17).

45 Telefonat Kratz mit der Zeitzeugin Frau Elisabeth Simon am 26.07.2017.

Bemühen waren, trotz Rückfrage an keinerlei Kontakte mit der ersten Direktorin des DSNK Pačkova erinnern, so blieben die darauf erfolgten Kontakte mit deren Nachfolgerin Poznjak umso fester in ihrem Gedächtnis.

All diesen Bibliotheken, in der Bundesrepublik und der DDR, ist gemeinsam, dass sie nach dem Ersten und Zweiten Weltkrieg entstanden. Anders die nun vorzustellende Tschuproff-Bibliothek in Dresden („Russkaja biblioteka – čital'nja imeni prof. A.I.Čuprova" oder „Russische Bibliothek und Lesehalle zum ehrenden Gedächtnis an Prof. A.J. Tschuproff").

Die Besonderheit dieser Bibliothek besteht darin, dass sie als Bibliothek schon von der vorrevolutionären, und dann der nachrevolutionären Emigration genutzt wurde. Von 1908 bis zum Beginn des Weltkrieges bestehend, und wiedereröffnet 1922 unter gleichen Namen, setzte sie ihre Tätigkeit bis 1937 fort. Als Verantwortlicher und Vorsitzender des Präsidiums der Bibliothek zeichnete, nur kurzfristig vor dem Weltkrieg unterbrochen, Jakob Mulmann. Mulmann, wahrscheinlich schon vor 1898 in Dresden wohnhaft,[46] war als Lehrer der russischen Sprache, Übersetzer aus dem Russischen wie dem Deutschen (s. folgenden Aufsatz von G. Kratz zur Übersetzung des Deutschlandliedes), sowie als Impressario für den vorrevolutionären Synodal- wie den nachrevolutionären Donkosakenchor der Emigration (s. folgenden Aufsatz von Sv. Zvereva) im weitesten Sinne als Kulturvermittler tätig. Dabei, wie auch in seinen persönlichen Beziehungen, war er auf vielerlei Weise den Vertretern volksbildnerischer und kulturvermittelnder Bestrebungen verbunden. Vertretern, die, häufig aus der Bewegung der Volkstümler (narodniki) und der landschaftlichen Selbstverwaltung (zemstvo) kommend, sich vor der Revolution politisch in der Partei der ideologisch sehr weit ausgreifenden Konstitutionellen Demokraten (KD, Kadetten) gefunden hatten. Auch nach dem Verbot der Partei in Russland (1917) und dem Verlust einer „festen und verbindlichen Parteistruktur" (Weiss, S. 525) setzten sich diese Beziehungen fort „als personelles Netzwerk [...], dessen Mitglieder eine ähnliche politische und ideologische Ausrichtung haben" (Weiss, S. 511), eher in Gestalt einer „Sociabilité" (Weiss, 511).[47] Im Einzelnen dargelegt werden diese Beziehungen in den Folgebeiträgen.

In den Jahren des Ersten Weltkrieges wurde die Tätigkeit der Tschuproff-Bibliothek unterbrochen. Mit Beginn des Krieges wurde der bisherige Nutzer

---

46 Möglicherweise schon 1896, s. M-n, *Pis'mo iz Drezdena*, in: *Zagraničnye otkliki* 4, 26. Juni, Berlin 1912, S. 4.

47 Claudia Weiss: *Die verkannte Elite: Ein Beitrag zum Wirken der russischen Kadetten in der Emigration*, in: *Jahrbücher für Geschichte Osteuropas* 49/4, 2001, S. 510–525 (http://www.jstor.org/stable/41050817 [Zugriff: 30.10.17]).

dieser Bibliothek in großer Zahl ausgewiesen, interniert oder zur Emigration in Nachbarländer (Schweiz) veranlasst und die Tschuproff-Bibliothek stellte, wie auch andere russische Bibliotheken (kirchlich-religiöse, akademische) in Deutschland, ihre Arbeit ein. Anstelle des bisherigen Lesers und der bisherigen Bibliotheken traten nun als potentielle Leser russischsprachiger Literatur die zwangsweise in deutschen Lagern festgehaltenen kriegsgefangenen russischen Militärangehörigen mit ihren Bibliotheken.

Militärbibliotheken

Gegründet wurden die **Lagerbibliotheken** für russische Kriegsgefangene in Deutschland entweder von deutschen Stellen (etwa im Gefolge des Planes des Posener Regierungspräsidenten Graf Friedrich von Schwerin aus Anfang 1915)[48] oder später (vor allem nach der Februarrevolution 1917 in Russland) von

48 Versuche des in der Schweiz in Emigration lebenden „Bücherlotsen" und „Bibliopsychologen" N.A. Rubakin, mit finanzieller Hilfe Deutschlands (des Kriegsgegners Russlands), eigene Bibliotheken nach seinen Vorstellungen und mit eigenem Stempel (jedoch auf Kosten deutscher Stellen) in Lagern für russische Kriegsgefangene einzurichten, schleppen sich über Jahre hinweg von 1915–1918. Die Verbindung Rubakin (unter dem Pseudonym „Martel") mit der Kaiserlichen deutschen Gesandtschaft in Bern sind auf „ganz geheim": eingestuften Dokumenten erhalten und im Politischen Archiv des Auswärtigen Amtes verwahrt (PA AA, R 21.251, 21.253–21.256, 21.258. 21.260–21.252). All dies nebst einer 38 Thesen umfassenden mehrseitigen Anleitung „Wie und wozu soll man Bücher lesen" („Kak i s kakoju cel'ju čitat' knigi?"), die er bat, in den Lagern aushängen zu lassen. Eine Untersuchung dieser Episode in Bezug auf unsere Fragestellung hat bisher nicht stattgefunden. Lediglich der Inhalt ist nach flüchtiger Durchsicht („beglyj prosmotr") beschrieben und teilweise veröffentlicht in 1997 in der Moskauer Zeitung „Izvestija", auch den Weg dieser Dokumente in das PA AA erklärend (http://lib.ru/HISTORY/FELSHTINSKY/f17.txt [Zugriff 23.06.2019]). Wenn auch nach diesen Dokumenten, und von Rubakin quittiert, einzelne Geldbeträge (in Höhe von mehreren Tausend Franken) an Rubakin-Martel gingen, so scheiterte letztlich die Realisierung seines Planes an einem internen Gutachten des als „Sachverständiger" befragten Grafen Schwerin vom 1. November 1916. Dieser, der ja sein eigenes Programm bereits initiiert hatte, riet darin, dass in Zukunft im Blick auf Einrichtung von Bibliotheken aus der Ferne „Herr Rubakin… von Organisationsversuchen besser absehen" möge (PA AA, R 21.261–3, Bd. 15, Bl. 196, 199, 200). Die zu Sowjetzeiten erschienene kanonische Biographie N.A.Rubakins aus der Feder seines inzwischen in Moskau wohnenden Sohnes Aleksandr Nikolaevič gibt, natürlich, über diese Episode kein Wort (A. Rubakin: *Locman knižnogo morja*, 2. Aufl., Moskva 1979, S. 121 ff. (*Žizn' zamečatel'nych ljudej* 442)).

Kommissionen der Lagerinsassen selbst. Sei es als selbständige Lagerbibliothek oder im Rahmen einer Bildungssektion („Prosvetitel'naja sekcija").

Zugänglich waren sie ausschließlich für die in den Mannschafts- und Offizierslagern festgehaltenen Militärangehörigen. Einzelbände aus den Beständen dieser Bibliotheken finden sich bis heute im Bestand universaler staatlicher Bibliotheken Deutschlands und Russlands oder auch spezieller Bibliotheken (DRZ) in Russland. Der Gesamtzusammenhang, in dem die Arbeit dieser Bibliotheken zu sehen ist, ist im folgenden Beitrag von N.A. Egorova über *Bibliothek, Buch und Lesen in den Lagern des Ersten Weltkriegs* geschildert. Ausgehend von Einzelexemplaren im Bestand ihrer Bibliothek in Russland (DRZ). Einzelheiten zu den Lagerbibliotheken gibt der Beitrag von G. Kratz.

Die Tradition dieser Bibliotheken lässt sich weiterverfolgen bis zu Plänen Anfang 1944 deutscherseits, spezielle Bibliotheken für Ostarbeiter zu errichten.[49] Gleichzeitig zur Versorgung der in Deutschland festgehaltenen Leser russischsprachiger Literatur durch deutsche Stellen bis hin in den Zweiten Weltkrieg hinein, ist sowjetischerseits auch von Beginn des Zweiten Weltkrieges an von Bibliotheken für die Leser der auf deutschem Boden vorrückenden Roten Armee auszugehen. Insbesondere für die Soldaten, die die eingefallenen deutschen Truppen zunächst auf sowjetischem, dann aber auch auf deutschem Territorium zurückdrängen. War doch schon unmittelbar nach dem Überfall Deutschlands auf die Sowjetunion auf Anordnung der Politischen Verwaltung der Roten Armee die Zusammenstellung von „**Frontbibliotheken**" von „künstlerischer, militärischer und politischer Literatur" für die kämpfende Truppe der Roten Armee verordnet worden.[50] Mit Beständen, die von der Rede Stalins zum 24. Jahrestag der Oktoberrevolution („XXIV godovščina Velikoj Oktjabr'skoj socialističeskoj revoljucii") als Staffelexemplar, über die „Regeln für den Scharfschützen", bis zu Werken (ohne Angabe des Titels) des Klassikers Ivan Turgenev reichten.[51]

---

49 Erwähnt in internen Dokumenten wie: Lektüre für Ostarbeiter-Büchereien, in: *Lagerführer-Sonderdienst (LSD)* 5/5, 1944 (abgeschlossen: 30. Mai 1944), S. 14; s. unsere Arbeit aus 2015: G. Kratc: *Russkie knigi Gerroze – na službe Berlinskogo Ministerstva propagandy v 1943–1944 gg*, in: *Izdatel'skoe delo rossijskogo zarubež'ja*, Moskva 2017, S. 307–320. Belege für eine tatsächliche Existenz von Ostarbeiterbibliotheken lagen bisher jedoch nicht vor.

50 [O.Vf.] *Bibliotečki dlja frontovikov*, in: *Krasnaja zvezda* [Nachdr.] 280, 28. November 1941, S. 3.

51 Gerade deren Einschluss in diese Bibliotheken, ist auffallend vergleichbar Bestrebungen deutscherseits, in den russischsprachigen Ausgaben des nationalsozialistisch ausgerichteten Berliner Verlags Novoe Slovo, die für Ostarbeiter und besetzte Gebiete

Ausgebaut wurden diese kleinen Feldbibliotheken, die in Koffern von nicht mehr als 25 Bänden aufbewahrt wurden, auch in den Jahren nach der Beendigung des Krieges, erscheint doch 1945 ein neuer Leser jenseits des Brandenburger Tores und dann auf dem gesamten Gebiet der SMA und dann der DDR. Gleichsam den schon fast 200 Jahre zuvor geäußerten Wunsch Lomonosovs aus seinem *Petr velikij* (1756–1761) bekräftigend: „Čtob gordost'ju svoej nakazannyj Berlin / Dlja bespokojstva carstv ne umyšljal pričin" (II, 39–40).

Gezielt eingerichtet wurden spezielle Bibliotheken für die Angehörigen der dort stationierten militärischen Truppenteile, die meist im jeweiligen „Kulturhaus", im „Haus des Offiziers" und vergleichbaren Einrichtungen in den abgeschlossenen Militärsiedlungen („Militärstädtchen" oder „voennyj gorodok" genannt) der Standorte der Sowjetischen Streitkräfte untergebracht waren.

Spezielle Untersuchungen zu den Militärbibliotheken in Russland entstanden in Moskau[52] und in Novosibirsk (Kalmykov 2006).[53] Besonders die bei Kalmykov zitierten gesetzlichen Grundlagen zum militärischen Bibliothekswesen (aus den Jahren 1972, 1986 und 1995)[54] beziehen sich auf die innerhalb der Sowjetunion, als auch in den Gruppen der im Ausland stationierten Streitkräfte (Polen, Ungarn, Tschechoslowakei, Mongolei u.a.) eingerichteten Bibliotheken. Somit auch auf dem Gebiet der Gruppe sowjetischer Streitkräfte in Deutschland („Gruppa sovetskich vojsk v Germanii", kurz: GSVG). Informationen zu Struktur, Klassifikation und Aufgaben der Militärbibliotheken bietet vor allem die synoptische Darstellung von Kalmykov: Die Finanzierung erfolgte aus Mitteln des Verteidigungshaushaltes. Thematisch wurde beibehalten seit 1941: Anschaffung von künstlerischer, politischer und militärischer Literatur. Hinzukam jedoch später noch Sachliteratur[55] und Jugendliteratur, vor allem aus dem Programm

---

bestimmt waren, neben den Reden Hitlers (in russischer Sprache) auch wiederum Turgenev zu drucken (hier noch in 1944 (?) mit der Erzählung *Pevcy* aus den *Aufzeichnungen eines Jägers*).

52 M. V. Korjakin: *Massovaja voennaja biblioteka kak institut socializacii voennoslužaščich. Avtoref. kand. diss. MGUKI,* Moskva 2005; Elektron. zugänglich: http://www.dslib.net/dokument-informacia/massovaja-voennaja-biblioteka-kak-institut-socializacii-voennosluzhawih.html [Zugriff 23.06.2019]

53 S. P. Kalmykov: *Voennaja kniga v menjajuščejsja informacionnoj srede- Konec XX-načalo XXI veka,* Saarbrücken 2012, teils elektron. zugänglich: https://tinyurl.com/y8xoaatu [Zugriff 23.06.2019].

54 Kalmykov 2012, S. 240–246.

55 Korjakin 2005, S. 20–21: „literatura spravočnogo charaktera" (Nachschlagewerke) und sogenannte „delovaja literatura".

des Verlags Detskaja Literatura.[56] Letztere war, so mündliche Erfahrungsberichte, besonders beliebt bei den damals jugendlichen Familienangehörigen der Militärs, wenngleich besonderes Augenmerk auf die „kulturell-aufklärerische" Arbeit unter den Militärangehörigen gerichtet wurde.[57]

Das Ende dieser Bibliotheken ist mit dem geordneten Abzug der sowjetischen Truppen aus Deutschland, musikalisch untermalt von einem uniformierten deutschen Polizeiorchester unter Leitung des damaligen Präsidenten Russlands persönlich, auf 1994 zu datieren. Der Verbleib der Bestände in ihrer Gesamtheit ist unbekannt. Eine separate Verzeichnung eventuell verbliebener Bestände in überregionalen deutschen oder russischen Katalogen ist nicht bekannt. Gesprächsweise war von informierter Seite gegenüber dem Verfasser dieser Zeilen die Rede von der Verbringung ganzer Güterzugladungen von Literatur in Containern in Bibliotheken im Landesinnern bis nach Sibirien, handelt es sich bei den Beständen doch um Staatseigentum. Inwieweit seinerzeit in Deutschland gezeigte TV-Aufnahmen über das Entsorgen ganzer Bücherfuhren auf einer Müllkippe noch in Deutschland, und deren anschließende Verbrennung durch einen, wenn auch in Arbeitskleidung uniformierten, sowjetischen Militärangehörigen in dieser Schlussphase der Anwesenheit sowjetischer und dann russischer Truppen als symptomatisch gesehen werden kann, konnte hier nicht geklärt werden.

Auch können sie kaum als Illustration nationaler Besonderheiten gesehen werden, denkt man an die auch in deutschen staatlichen und kirchlichen Bibliotheken auch in unseren Tagen durchgeführten Selektionen und anschließenden klammheimlichen Vernichtungsaktionen echter und für echt erklärter Dubletten.

Wie im Spiegel zu diesen sowjetischen Bibliotheken für den Angehörigen der sowjetischen Armee, unterhielt die amerikanische Armee in Deutschland für ihre eigenen Angehörigen, die als Spezialisten in russischer Sprache und Landeskunde ausgebildet werden sollten, ein Gegenstück in Form der in

56 Kalmykov 2012, S. 77.

57 S. G. Ševčenko: *Grani otvetstvennosti*, in: *Kulturno-prosvetitelnaja rabota v vojskach.* 6, 1985, S. 2. Freundlicher. Hinweis G. Ševčenko. Ševčenko war damals Leiter der Abteilung für Propaganda und Agitation, stellv. Leiter der politischen Abteilung der GSVG. Nach dem Abzug der sowjetischen Truppen aus Deutschland war der Oberst Mitarbeiter der Militärabteilung (VO bzw. OVL) der Leninbibliothek, bzw. Russischen Staatsbibliothek RGB, der faktischen Zentralbibliothek der russischen (sowjetischen) Streitkräfte, nahezu bis zum faktischen Ende dieser Abteilung im neuen Jahrtausend http://wap.1914.borda.ru/?1-2-200-00000695-000-10001-0 [Zugriff 23.06.2019].

Garmisch-Partenkirchen angesiedelten Bibliothek des „United States Army Russian Institute (USARI)". Ebenso beschränkt auf den Kreis von Lesern der in Deutschland stationierten amerikanischen Armee russischsprachiger Texte war die Bibliothek des USARI, die vornehmlich zur Vorbereitung der Leser zu Einsätzen in der UdSSR diente.[58] Untergebracht im Umkreis, wenn nicht gar direkt auf dem weitläufigen ehemaligen Gelände einer ehemaligen SS-Liegenschaft, hatte die Armee der Vereinigten Staaten in 1947 zunächst die „Abteilung R" für Russland („Detachment R") gegründet, beigeordnet der „Intelligence School" des Europäischen Kommandos der US Armee. Später, 1978, wurde diese Abteilung dann offiziell dem nachrichtendienstlichen, umgangssprachlich: geheimdienstlichen, Zentrum der US Armee beigeordnet (United States Army Intelligence and Security Command (INSCOM)). 1993, also nach dem Zerfall der Sowjetunion, wurde das USARI aufgelöst und ging ein in das „deutsch-amerikanische Partnerschaftsprojekt" Marshall Center, dessen „russisches" Erbe als Einzelbeitrag im Folgenden vorgestellt wird. Unklar bleibt jedoch, zu welchen Anteilen heute jeweils die deutsche und die amerikanische Seite an der Finanzierung dieses „Partnerschaftsprojektes" beteiligt sind.

Bereits von Anfang an wurde im damaligen „Detachment R" eine Bibliothek eingerichtet. Zunächst nur zur ergänzenden Lektüre als eine „one room collection of supplementary reading for students",[59] die sich später im Rahmen des USARI auswuchs zu einer vollen Bibliothek (heute Bestandteil der Bibliothek des Marshall-Centers). Die Bestände wurden angeschafft durch die amerikanische Botschaft in Moskau, später durch die auch im deutschen und amerikanischen Buchwesen tätigen bekannten Lieferanten.

Bis zur Auflösung in 1993 unterstand das USARI offiziell der Geheimhaltung. Im Orte selbst kaum bekannt war das Zentrum auch noch in 2009 (für zwei Drittel der örtlichen Bevölkerung ebenso unbekannt, wie dessen Finanzierung, folgt man einer von Schülern durchgeführten Befragung).[60] Diese Geheimhaltung konnte jedoch nur partiell durchgehalten werden. Schon in 1972 wurde auf das USARI und dessen Funktion in der sowjetischen Presse hingewiesen. Hatte doch einen ausführlichen Bericht über seine Tätigkeit am USARI in den Jahren

58 *Bulletin USARI* 1979. o.O., o.J. S. 9; *Inscom Journal*, August 1982, S. 24–25. Besonderen Dank der damaligen Leiterin der Bibliothek im MC, Frau Marcia Hampton für die freundliche Überlassung dieser Materialien (Email vom 28.6.2013 an Kratz).

59 INSCOM Journal, August 1982, S. 24; ebf. elektr. Unter https://archive.org/stream/inscomjournal00arli_2/inscomjournal00arli_2_djvu.txt, [Zugriff: 22.10.2017].

60 https://www.merkur.de/lokales/regionen/test-brachte-unwissenheit-licht-127088.html [Zugriff 23.06.2019].

1967 bis 1971 der als Lehrkraft am USARI und unter dem Namen „Jurij Marin" vorgestellte Journalist nach seiner Rückkehr in die UdSSR 1976 als Artikel und im Interview veröffentlicht.[61]

Ab 1992 dann fanden im inzwischen umgewandelten deutsch-amerikanischen Marshall Center (MC) Kurse statt, an denen in den Jahren 1993–2008 ganze Lehrgänge, auch aus Russland, im Programm Eurasia (Efimenko, russ., S. 126) teilnahmen. Angereist als Vertreter des russischen Verteidigungsministeriums, des Katastrophenministeriums (MČS), des Grenzdienstes (pogranslužba) und verschiedener diesen Stellen bei- und untergeordneter Lehranstalten und Hochschulen usw. nahmen sie an diesen Kursen teil. Die Bücher des USARI waren inzwischen in die Bibliothek des Marshall Center eingegangen. Heute sind sie über den WorldCat verzeichnet und in Deutschland im Rahmen der Fernleihe bestellbar. Neuerdings (2.10.2017) sind sie auch zugänglich über den eigenen neuen Katalog der Bibliothek des MC.[62]

Die heute noch erhaltenen Bestände dieser Bibliothek im Einzelnen, vor allem des USARI, sind nach jetzigem Stand eindrucksvoll beschrieben in russischer Sprache in einem Aufsatz von El. Efimenko.[63] Abgedruckt hier wird eine Variante dieses Aufsatzes zum „russischen" Erbe der Bibliothek des Marshall-Center, die die Verfasserin unterstützt von einer deutschen Mitarbeiterin der Bibliothek in deutscher Sprache veröffentlicht hat.[64]

Religiöse Bibliotheken

Ihrem Leserprofil entsprechend ist in den gerade besprochenen militärischen Bibliotheken kaum religiöse Literatur enthalten. Eine Ausnahme bildet hier nur der Bestand der Lagerbibliotheken im Ersten Weltkrieg.[65] Eher zu erwarten ist diese Literatur in den an religiöse Gemeinschaften gebundenen Bibliotheken. Man denke etwa an die vor dem Ersten Weltkrieg gegründete Gemeindebibliothek der o.g. orthodoxen Kirche in Dresden – einer Bibliothek, die bis heute mit

---

61 Jurij Marin: *Radio Svoboda*, in: *LG* 5, 4. Februar 1976, S. 5; Leonid Kolosov: *Svoboda, kak ona est'*, in: *Nedelja* 7, 1976, S. 20.

62 http://mcrl.libguides.com/MCRL [Zugriff 30.7.2019].

63 E. Efimenko: *Russkaja kollekcija naučnoj biblioteki Centra im. Dž. K. Maršalla*, in: *Bibliografija*. 3 (Mai/Juni) 2016, S. 121–126.

64 E. Efimenko, Br. Pirzer, *Die wissenschaftliche Bibliothek des Marshall Center*, in: *Bibliothek und Medien. Mitteilungen der ABDOS* 1, 2016, S. 33–36.

65 Vgl. T. D. Rubanova: *Biblioteki dlja ranenych voinov i voennoplennych v gody Pervoj mirovoj vojny*, in: *Bibliotekovedenie* 6, Moskva 2015, S. 99–100.

Restbeständen ihrer alten Bibliothek bestückt ist.[66] Vergleichbare Bibliotheken mit russischsprachiger Literatur, geistlichen und im weitesten Sinne geistigen Hunger stillend, sind auch für andere orthodoxe Gemeinden anzunehmen. Inwieweit allerdings auch andere christliche Gemeinden oder Denominationen (Altgläubige, Protestanten et al.) über Literatur für Leser in russischer Sprache verfüg(t)en, konnte hier nicht näher untersucht werden

Eine Sonderstellung unter den orthodoxen Bibliotheken nimmt die Bibliothek im Berliner Alexanderheim der St. Vladimir-Bruderschaft („Svjato knjaz' Vladimirskoe bratstvo") ein.[67] Gegründet von dem Berliner Botschaftsgeistlichen und Erzpriester Propst Maltzew für Orthodoxe Leser jedweder Nationalität, sowie russische Untertanen beliebigen christlichen Bekenntnisses, bestand die Bibliothek von 1895 bis Ausbruch des Ersten Weltkrieges in 1914. Sie war Teil des vielfältigen Wirkens von Propst Maltzew wie im Folgetext besprochen (Beitrag G.Kratz). Die Bibliothek bestand parallel zu einem ebf. von Maltzew begründeten „Museum für russische Geschichte im Auslande" („Muzej po russkoj istorii zagranicej"). Sie hatte einen Bestand von ca. 3.000 Bänden aus kirchengeschichtlicher Literatur, geschichtlichen Abrissen einzelner Gemeinden in Deutschland, sogenannte „dicken" Zeitschriften universalen Inhalts aus Russland, bis hin zu naturwissenschaftlicher Literatur. Einen besonderen Platz in ihr nahm die Bibliothek des Theologen und Schriftstellers Nikolaj Petrovič Aksakov ein. Untergebracht im 1895 erbauten Alexanderheim („Russkij bratskij dom v pamjat' Imperatora Aleksandra III") behielt die Bibliothek diesen Standort auch in den Folgejahren. Nach der Revolution wurde das Haus und mit ihm die Bibliothek nach wechselnder Unterstellung dem Moskauer Exarchat zugeordnet, dann nach dem Zweiten Weltkrieg dem Moskauer Patriarchat. Danach verlieren sich ihre Spuren. Ein Teil der Bestände befindet sich im Moskauer Exarchat in Berlin (Wildenerstr. 10).[68] Kein Wunder, wenn man sich erinnert, dass sie rechtlich nun der Orthodoxen Kirche (Moskauer Patriarchat) gehörte. Ein Großteil ging nach Moskau. Überraschenderweise aber in die nicht dem kirchlichen, sondern weltlichen Regiment in Moskau unterstehende VGBIL, die in ihrem OPAC

---

66 Telefonische Auskunft des Dresdner russisch-orthodoxen Priesters im Jahr 2015.

67 Zur Tradition der volksaufklärerisch wirkenden Bibliotheken orthodoxer Bruderschaften, s. S.P. Funtikova: *Pravoslavnie biblioteki*, Moskva 2001, S. 39–46, S. 46; http://193.233.14.50/reader/flipping/Resource-397/Functocova-Pravoslavie(1).pdf/index.html [Zugriff 27.10.2017].

68 E.E. Simanovskaja: *Aleksej Petrovič Mal'cev. Bibliografičeskie zametki*, in: *Berega* 4, Sankt Peterburg 2005, S. 39.

noch unlängst die Provenienz (z.B. des *Russkij archiv* 1896) – trotz Besitzstempel „Maltzew“ – einer „nicht feststellbaren Bibliothek in Russland“ zuordnete.

Das Ende der Bibliothek beschreibt eine damalige Mitarbeiterin der VGBIL (Beitrag A.V. D'jakonova) in einem im Folgenden abgedruckten Brief an ihre ehemalige Vorgesetzte über eine Dienstreise nach Berlin im Jahre 1973. Bald darauf wurde das letztlich im Besitz des Berliner Senats befindliche Alexanderheim abgerissen. Ob die nach Moskau in die VGBIL verbrachten Bestände vollständig dort in der VGBIL blieben oder zumindest partiell weiterverlagert wurden, ist unbekannt. Spuren der Maltzew-Bibliothek im VGBIL sind erhalten, wie etwa das Einarbeiten von Lückenexemplaren aus der Maltzew-Bibliothek in den Zeitschriftenbestand der s.g. „dicken“ Zeitschriften durch Eigentumsstempel belegt.

Eine Sonderstellung zwischen religiösen, geistliche Bedürfnisse befriedigenden Bibliotheken und den sogenannten ethnischen Bibliotheken nehmen **jüdische Bibliotheken** ein. Dies gilt vor allem für die Zeit nach der Perestrojka, als eine massenhafte Auswanderung jüdischer Bürger der ehemaligen Sowjetunion (Kontingentflüchtlinge) nach Deutschland erfolgte. Inwieweit in deutschen Städten solche Bibliotheken bestehen oder bereits national oder religiös nicht gebundene Bibliotheken genutzt wurden, konnte hier nicht näher untersucht werden. Historisch gab es in der Zeit des Ersten Weltkrieges in den Kriegsgefangenenlagern jedenfalls Bestrebungen zur Organisation einer jeweils eigenen jüdischen Bibliothek. Bekanntenmaßen (s.u. besprochenen Plan v. Schwerin, auf dessen Typoskriptseiten sich die folgenden als „Bl.“ gekennzeichneten Blattangaben beziehen) waren die Kriegsgefangenen der Armee des russischen Zaren in den deutschen Lagern nach Nationen untergebracht (s.a. Beitrag N.A. Egorova). Dies zeigt sich angefangen von der Sekretierung der „Deutsch-Russen“ (Bl. 20), also solcher Kriegsgefangener, die „deutscher Nationalität und Sprache“ und die man aus der „Masse“ der russischen Kriegsgefangenen durch „Aussonderung“ (Bl.18) trennen solle,[69] bis zu besonderen Nationenlagern,

69 Sämtliche Zitate hier aus dem Plan Schwerin aus 1915, s. Der Regierungspräsident an den Herrn Stellvertretenden Kriegsminister in Berlin W, Leipzigerstr., Frankfurt a.O., den 27. Januar 1915: „Betrifft Kriegsgefangene“ (PA AA, R 20867, Bl. 17–22). Stellvertretender Kriegsminister war zu diesem Zeitpunkt Franz von Wandel. Zu Mobilisierung für die russische Armee und Einsatz wolgadeutscher Soldaten an der russischen Westfront in den ersten Monaten des Weltkrieges, s. Alfred Eisfeld: *Die Wolgadeutschen und der Erste Weltkrieg*, in: *Aussiedlerbote* 11, Kutenholz, 2018, S. 18 und 24.

wie „Russen-Lager“[70] „Ukrainerlager“[71] oder für die Mohammedaner gar „Halbmondlager“.[72]

Die Teilung nach Nationen und Religion hatte von Anfang an der „Plan Schwerin“ aus Anfang 1915 vorgesehen, der im Wesentlichen die Kriegsgefangenenpolitik Deutschlands der Folgejahre beeinflusste. Die einzige Abweichung Schwerins von seinem Prinzip einer strikt nationalen und religiösen Teilung der Kriegsgefangenen, war es, „die Juden“ unter den Kriegsgefangen in den s.g. „Russenlagern“, bei den „eigentlichen National-Russen“ (Bl. 21) zu „belassen“ (Bl. 20), wo sie das „zersetzende Element“ (Bl. 20) seien „und gern sein werden“ (Bl. 20).[73]

Erst nach der Februarrevolution in Russland war es möglich, Bestrebungen zur Gründung einer jüdischen Bibliothek anzugehen. Eine in Kriegsgefangenenlagern durchgeführte Befragung unter den jüdischen Gefangenen 1917–1918 sollte deren Literaturbedürfnisse aufzeigen. Die Ergebnisse dieser Befragung sind erhalten, bis heute im Zentralarchiv für jüdische Geschichte in Jerusalem (CAHJP) aufbewahrt und inzwischen auch ausgewertet.[74] Danach ergibt sich, dass die Mehrzahl der gewünschten Bücher in russischer Sprache verfasst sein sollten. Die Auswahl der Autoren (Tolstoj, Gor’kij) ist dabei weitgehend identisch mit den Autoren, die individuell im Verlauf des gesamten Krieges aus den Lagern bei in Deutschland ansässigen Buchhandelsorganisationen (Kaspary / Caspari, Ladyžnikov) bestellt wurden.[75] Nur ein geringer Teil der in den Fragebogen gewünschten Literatur war sprachlich als Literatur der geplanten jüdischen Bibliothek erkennbar (etwa Werke des Schriftstellers Schalom Asch in Jiddisch).[76] Wichtiger war den Befragten der

---

70 „Russen-Lager Görlitz“, 1916 (GARF, f. P. 6656, op. 1, ed.chr. 50, l. 24).

71 „Ukrainerlager Rastatt“, 22. Juli 1918 (GARF, f. P. 6656, op. 1, d. 29, l.48).

72 Zum „Halbmondlager“ bei Zossen in der Nähe von Potsdam, s. Peter Heine: *Al-Ǧihād: eine deutsche Propagandazeitung im 1. Weltkrieg*, in: *Die Welt des Islams* 20, 3/4 (1980), S. 197.

73 Ausführlich zur „Eingabe“ des Präsidenten des Verwaltungsbezirks Oder Friedrich von Schwerin u.d.T. „Betrifft Kriegsgefangene“ vom 27. Januar 1915 (PA AA, R 20867, Bl. 17–22), freundlicherweise zur Verfügung gestellt von Dr. Gerhard Keiper, PA AA, s. unsere Ausführungen in unserem in Abwesenheit vorgestellten Vortrag auf der Konferenz im IMLI im Nov. 2014 zum „Komischen“ im Werk der Dichterin Tëffi unter dem Titel *Jumorističeskie rasskazy Tëffi. Ob odnom tainstvennom izdanii 1917 g.* [im Druck].

74 Trude Maurer: *„Sehr wichtig sind Bücher von der Jüdischen Geschichte.“ Zu den Lebensverhältnissen und Lektüreinteressen jüdischer Kriegsgefangener aus dem Russischen Reich (1917/18)*, in: *Sozialgeschichte der Juden in Deutschland. Festschrift zum 75. Geburtstag von Jacob Toury. Tel Aviver Jahrbuch für deutsche Geschichte* 20, 1991, S. 259–286.

75 S. die in GARF, f. P 6656 aufbewahrten und seinerzeit bei Kaspary/ Caspari, Ladyžnikov eingegangenen Bücherbestellungen aus den Lagern.

76 Maurer 1991, S. 278–279.

thematische Aspekt, wonach die russischsprachige Literatur vor allem Literatur zur jüdischen Geschichte sein sollte. Also vornehmlich eine thematische „jüdische“ Abteilung in einer sprachlich „russischen“ Bibliothek. Zu einer tatsächlichen Gründung einer solchen jüdischen Bibliothek ist es aber nicht mehr gekommen.

Akademische Bibliotheken

Als Alternative zu Bindung in landsmannschaftlichen oder burschenschaftlichen Vereinigungen der deutschen Studenten (nur ein Teil der russischsprachigen Studenten war in der von den Zeitgenossen auch spöttisch als „Verein der Vereinslosen“ (Wikipedia) genannten „Freistudentenschaft“[77] organisiert,[78] bestanden an den Universitätsstädten sogenannte „Russische Lesehallen“ unterschiedlich starker politischer Ausrichtung für die jeweils dort studierende Jugend aus Russland.

Die älteste und langlebigste dieser Lesehallen war die Heidelberger Lesehalle. 1862 als Russische Lesehalle („Russkaja čital'nja“) gegründet, später zu Ehren des Kurators der Heidelberger russischen Studenten und bekannten Chirurgen N.I. Pirogov benannt (Pirogov-Lesehalle), feierte sie in 1912 ihr fünfzigjähriges Bestehen. Zu diesem Jubiläum von ihrem ehemaligen Studenten und jetzigen Historiographen S.G. Svatikov gesammelte Beiträge, die in einer Festschrift erscheinen sollten, konnten erst zum Ende des 20. Jahrhunderts erscheinen. Im Original[79] und in erweiterter Übersetzung ins Deutsche,[80] was ein Verdienst des damaligen Leiters der russischen Abteilung des Instituts für Übersetzen und Dolmetschen der Universität Heidelberg Willi Birkenmaier und des Petersburger Forschers M.S. Feinstein (M.S. Fajnštejn) aus der St. Petersburger Filiale des

---

77 Verband der Organisationen der Nichtverbindungsstudenten „Deutsche freie Studentenschaft“.

78 Hallesche Hochschulzeitung, Halle/ S., Bd. 17, 1902, S. 81. Obwohl vor allem von jüdischen Studenten aus Russland bevorzugt, berichtet die Hallesche Hochschulzeitung in 1902 von dem Weimarer Studentenkongress, auf dem einer der Redner (Guttmann-Halle) die „fortschreitende Assimilation“ der jüdischen Kommilitonen begrüßte. Gleichzeitig aber deren „Zurückhaltung“ trotz „formeller Gleichberechtigung“ forderte, vor allem bei dem Streben nach Ehrenämtern, denn es „müssten sich die jüdischen Kommilitonen der Tatsache bewusst bleiben, dass […] diese Gleichberechtigung noch nicht Gleichwertung sei“.

79 *Gejdel'bergskij sbornik. Istorija odnogo nesostojavšegosja izdanija*, hrsg. V. Birkenmejer/ M.S. Fajnštejn, Gejdel'berg 1994 (*Russica palatina* 25).

80 Heidelberger Almanach aus dem Jahre 1912. Übers. und erw. Ausg. hrsg. W. Birkenmaier, M. Feinstein, E. Wischhöfer, Heidelberg 1995 (*Russica palatina* 25a).

Archivs der RAN ist. Im Einzelnen dargestellt wird dies in dem folgenden Beitrag von Stephan Walter, der seine Dissertation an dem Heidelberger Institut schrieb. Vor allem hat er für seine Darstellung die Moskauer Akten der Untersuchungskommission der III. Abteilung zur Heidelberger Lesehalle durchgesehen und im Druck vorgestellt.[81]

Zusammen ergaben die Materialien der Untersuchungskommission der III. Abteilung aus dem Jahre 1866[82] und der für 1912 geplanten Festschrift ein lebendiges Bild gerade von der Gründungszeit der Lesehalle. Von der Begeisterung für den italienischen Freiheitshelden Garibaldi ebenso, wie den amerikanischen Präsidenten und Sklavenbefreier Abraham Lincoln (Russ. pal. 31, S. 14) durch die Gründungsmitglieder, unter denen in sich neben den Genannten auch eine Reihe dort nicht erwähnter, in unserem Zusammenhang aber nennenswerter ehemaliger Studenten findet (Veselitskij-Božidarovič u.a.) und sogar I.S. Turgenev als Besucher der Bibliothek findet, dessen ihm zu Ehren genannte Bibliothek in Paris erst Jahre später gegründet wird. Die Bibliothek bestand bis zu Beginn des Ersten Weltkrieges. Aber auch darüber hinaus leistete sie Dienste, wie eine Notiz des ehemals langjährigen Leiters des Heidelberger Slawischen Instituts, Kenners der Lesehalle (Pirogov-Bibliothek) aus der Zeit schon vor dem Ersten Weltkrieg Nicolai v. Bubnoff belegt, dass deren Bestände an „russische Offiziere in Gefangenenlager“ ausgeliehen wurden.[83] Dies belegen auch heutige Forschungen. In dem Folgebeitrag von N. Egorova wird unter Berufung auf den Erlebnisbericht von Zavadskij-Korsak darauf verwiesen, dass es in individueller Abstimmung des Lagerkommandanten mit der Pirogov-Bibliothek den kriegsgefangenen Offizieren im Lager erlaubt war, Bücher aus der Pirogov-Bibliothek per Fernleihe zu ordern. Nach dem Weltkrieg ging die Bibliothek ein in die

---

81 Walter, Stephan, *Aus der Gründungszeit der Russischen Lesehalle in Heidelberg. Materialien der Untersuchungskommission.* Heidelberg 1999. (*Russica Palatina* 31). Ein Vortrag des Verfassers auf der Moskauer Konferenz *Bibliotekovedenie v Rossii i tradicii Zapada* (2006) zum gleichen Thema erschien in russischer Sprache: S. Val'ter: *Russkaja obščestvennaja biblioteka i čital'nja im. N.I. Pirogova v Gejdel'berge*, in: *Bibliografija* 3, Moskva 2008, S. 52–58. Ausgehend davon ist der Folgebeitrag von Stephan Walter in diesem Sammelband zu sehen.

82 Nach dem Attentatsversuch auf Zar Aleksandr II. im Jahr 1866 eingerichtete Untersuchungskommission „über Personen, die an den Aktivitäten der in Heidelberg errichteten Russischen Lesehalle beteiligt waren, deren Ziel in der Verbreitung revolutionärer Propaganda bestand“ (s. folgende Darstellung im Beitrag von Stephan Walter).

83 W. Kasack: *Heidelberger russische Periodika*, Mit einem Nachwort von Professor Dr. Nicolai von Bubnoff: *Die Bibliothek des Slavischen Instituts der Universität Heidelberg*, Heidelberg 1952, S. [17].

Bibliothek des Slawischen Instituts Heidelberg,[84] wo vor allem den Zeitschriftenbeständen besonderer Wert zugemessen wurde. Verständlich, dass der damalige Heidelberger Nachkriegsstudent und Ersteller des Katalogs dieser Bestände, der spätere Kölner Professor Wolfgang Kasack, bis an sein Ende darauf stolz war.

Dem Nachkriegsleser (nach 1945) vor allem bekannt ist die Russische Bibliothek in Heidelberg aus der Schilderung des ehemals in Dresden an der Universität wirkenden Kulturwissenschaftlers und den Kreisen um den Leiter der dortigen Tschuproff-Bibliothek nahestehenden Fedor Stepun (s.u. Beitrag G. Kratz),[85] der in den Jahren 1903–1908 in Heidelberg immatrikuliert war, gemeinsam mit einem Bruder und einem Moskauer Klassenkameraden.[86] Für diese Zeit gibt er eine lebendige Schilderung (wenn auch in heute zumindest missverständlichen, zeitgebundenen Varianten).[87] Zeit zum Schreiben seiner

84 Hans Jürgen von Winkel: *Das Slavische Institut der Universität Heidelberg*, in: *Heidelberger Jahrbuch* 25, Berlin 1981, S. 165–178.

85 Detaillierte biobibliographische Angaben zu Stepun in dem Beitrag von Manfred Schruba (M. Šruba) in: *Sovremennye zapiski*, Pariž 1920–**1940**, hrsg. Oleg Korostelev, Manfred Šruba, Bd. 1, Moskva 2011, S. 26–29.

86 In seinen Erinnerungen berichtet Stepun, dass er zu diesem Zeitpunkt mit seinem Bruder Oskar in Heidelberg studierte. Ebenso, und dies wissen wir aus anderen Quellen, studierte dort zeitgleich Stepuns Moskauer Klassenkamerad, der damals auch dichterisch tätige Moskauer Johannes Kordes, dem er auch in der „Freistudentenschaft" organisatorisch verbunden war. In den Erinnerungen Stepuns findet sich jedoch kein Hinweis auf besonderes persönliches Vertrautsein der Beiden. Vor diesem Hintergrund ist auch das „An F. Steppuhn" gewidmete Gedicht des Johannes Kordes aus dieser Zeit deutbar (In der Natur [Widmung:] An F. Steppuhn [sic! GK], s.J. Kordes: *Gedichte*, Kaiserslautern 1906, S. 44),

87 S. Datierung der Entstehungszeit dieses Kapitels seiner Erinnerungen in Antlitz, 1961, S. [509] auf „November 1938 bis April 1939", d.h. historisch auf die Zeit von der s.g. Kristallnacht (9.-10. Nov 1938) bis nahezu zum Abschluss des „Freundschaftsvertrages" zwischen Hitler und Stalin (Hitler-Stalin-Paktes, 28.9.1939). Hier, wie im Folgenden, beziehen wir uns auf die im Jahre 1961 erschienene einbändige Fassung der Erinnerungen (Fedor Stepun: *Das Antlitz Russlands und das Gesicht der Revolution. Aus meinem Leben. 1884–1922.* München 1961, S. 87 ff. (*Die Bücher der Neunzehn* 75)), die in der Tendenz wesentlich von der vorhergehenden mehrbändigen deutschen und ebenfalls mehrbändigen russischen Fassung abweicht (beide Fassungen sind im Netz zugänglich). Die Erinnerungen wie auch Sachvorträge Stepuns haben bis heute ihren Eindruck hinterlassen. Dies gilt vor allem im Blick auf „Bibliothekarinnen und Archivare" unter den damaligen Zuhörern (Hufen, Chr., *Fedor Stepun. Ein politischer Intellektueller,* Berlin 2001, S. 9), unter denen er gerade bei Anwesenden, wie dem Dresdner Mulmann, bekannt war für seine mit Johannes Chrysostomos vergleichbare Redekunst als „unser Zlatoust" (Hinweis Sv. Zvereva), wenngleich seine Redebeiträge

Erinnerungen hatte Stepun durchaus nach seiner Entlassung in 1937 aus dem Beamtenverhältnis, die übrigens mit der Begründung erfolgte, dass er sich, „als deutscher Beamter“ weiterhin „dem Russentum verbunden gefühlt“ habe.[88] Dass er selbst dies nicht als Gegensatz verstand, zeigt sein bald folgender Antrag auf (Wieder-) Aufnahme in die Reichsschrifttumskammer (RSK); gestellt nach Abschluss des deutsch-sowjetischen Freundschaftsvertrags zwischen Hitler und Stalin, der eine neue Phase in den Beziehungen zwischen Deutschland und der Sowjetunion einleitete. Auffallend auf kulturellem Gebiet.[89] Und doch, trotz all dieser deutsch-sowjetischen Verbindungen im Rahmen des Freundschaftsvertrags, wurde noch im Jahre 1940 (21.11.1940) der Antrag Stepuns auf

---

vor Fachpublikum, wegen eingestreuter „Bonmots“, „Witzchen“ und „fulminanter Vergleiche“ („ohne Judas kein Christus“) nicht unumstritten waren (s. Walter Wenzel: *Vom Unwert des Filmschauspielers*, in: *Filmforum*. 2, Nov. 1953, S. 8).

88 Text Entlassungsurkunde Stepun aus 1937, s. https://tinyurl.com/ycqo7jtz [Zugriff 23.06.2019].

89 Austausch von Opernaufführungen (Glinka im Februar 1940 in Berlin (https://tinyurl.com/yacv2sh3 [Zugriff 23.06.2019]), Wagner in Moskau im November 1940 (http://www.jf-archiv.de/archiv98/268aa20.htm [Zugriff 23.06.2019]), Theateraufführungen russischer Autoren in Berlin, realisiert (Turgenevs *Nachlebnik* (*Das Gnadenbrot*) mit dem damaligen Vizepräsidenten der Reichtstheaterkammer Eugen Kloepfer) oder geplant, wie Griboedovs *Gore ot uma* in der Übersetzung von Arthur Luther im Deutschen Theater (Brief Arthur Luther an Kurt Seeger vom 27.5.1946, DT NS). Dissertationen zur russischen Literatur an der Berliner Universität bei dem bekannten Verfasser des „Russischen Etymologischen Wörterbuchs“ Max Vasmer. So, nach der bereits im April 1939 mit einer Arbeit zu „I,S. Turgenevs Einstellung zum Deutschtum“ promovierten Kaethe Wiegand (inzwischen nachgedruckt), s.a. in 1940 die Dissertation des späteren Münsteraner Indologen Paul Hacker (Hackers Werk wird eines Tages wiederentdeckt werden. Vorträge am 25. Mai 2013. Hg Ursula Hacker-Klom, Jan Klom, Reinhard Feldmann, Münster, 2013. S. 13–14 (Wissenschaftliche Schriften der WWU Münster. 1), in: http://nbn-resolving.de/urn: nbn: de: hbz:6-55359573569) [Zugriff 23.06.2019], die inzwischen ebenfalls im Druck herausgegeben wurde, obwohl schon Jahre zuvor bibliothekarisch im Typoskript auch per Fernleihe greifbar, (http://daten.digitale-sammlungen.de/~db/0005/bsb00050358/images [Zugriff 23.06.2019]). Ob die in diesem Zusammenhang erfolgte und bekannte Hinwendung zum verstärkten Studium der deutschen Sprache und Literatur in den Jahren des Paktes gar bis zu einer Ausstellung deutscher Literatur in der VGBIL führte, konnte nicht weiter untersucht werden (*Vserossijskaja gosudarstvennaja biblioteka inostrannoj literatury imeni Rudomino. 1922–1997*, Moskva 1997, S. 10–11).

Wiederaufnahme in die RSK abgelehnt.[90] Seine Erinnerungen an Heidelberg konnte er erst nach dem Ende des Nationalsozialismus veröffentlichen.

Später und vielleicht auch weniger bedeutend als Heidelberg ist die Bibliothek der russischen Studenten, bzw. deren „Lesezimmer" in Halle. Einem Zeitungsbericht aus 1902 zufolge[91] wurden aus Befürchtung „anarchistischer" Bestrebungen polizeilich die darin aufbewahrten ca. 80 Bücher und ausliegenden Zeitungen beschlagnahmt, nebst einem an der Wand hängenden Portrait von Tolstoj. Dabei ergab sich jedoch, dass die kleine Bibliothek des „akademischen" Vereins „ausschliesslich litterarischen Charakter" trug und die deutschen Zeitungen (das sozialdemokratische *Volksblatt* und die ebenfalls der SPD nahestehenden „Sozialistischen Monatshefte") ebenso legal waren, wie die russischen Zeitungen. Infolgedessen musste sämtliche beschlagnahmte Literatur zurückgegeben werden. Zeugnisse über die im Lesesaal zusammenkommenden Studenten lagen uns nicht vor.

Für wesentlich später als Heidelberg und zeitlich näher an dem Bestehen der Halleschen akademischen Bibliothek ist die Bibliothek i**n Freiburg im Breisgau** bekannt, wo in den Jahren 1907–1914 eine „Russische Academische Lesehalle" bestand. Unterlagen im Freiburger Universitätsarchiv geben darüber Auskunft, die hier in einem Einzelbeitrag von dem damals für Slawistik zuständigen Franz-Josef Leithold und dem damals zu einem vorübergehenden Auslandsaufenthalt in Freiburg weilenden vielseitigen Forscher Pavel Nerler (Pseud. für Pavel Poljan) vorgestellt werden. Daraus ergibt sich, dass die Bibliothek in den Jahren 1907–1914 bestand. Bestrebungen zur Gründung einer Bibliothek bestanden schon früher. Entsprechende Anträge hatte das Rektorat jedoch, hinter vorgeschobenen Formalia und Scheinargumenten versteckend,[92] abgelehnt. Erst im Winter 1906, nach einem dritten Antrag für den sie als faktischen Bürgen, dem

---

90 Veröffentlicht am 8.2. 1941 als „Bekanntmachung" der RSK, in: *Börsenblatt für den deutschen Buchhandel*, Lpzg, Nr. 33, 8.2.41, S. 41; auch in zeitgenössischen Zeugnissen bestätigt, s. Klemperer Victor, *Ich will Zeugnis ablegen bis zum letzten. Tagebücher 1933–1941*. 2. Aufl. Berlin, Aufbau 1995, S. 380, 650. In der Sekundärliteratur jedoch wird das Faktum des Antrags auf Wiederaufnahme eher als unbedeutend weggewischt („wie auch immer [...]", s. Hufen, S. 507).

91 E., *Zur Beschlagnahme der Bibliothek der hiesigen russischen Studenten*, in: *Hallesche Hochschulzeitung* 17, 1902, S. 80–81.

92 Immerhin bestand ja zwischen Deutschland und Russland ein Geheimabkommen ab 1903/1904, dem Entstehen einer „anarchistischen Bewegung" entgegen zu wirken (S. Svatikov: *Russkij političeskij sysk za granicej*. Moskva 2002, S. 184ff (*Sekrety special'nych služb*)); biobliographische Angaben zu Svatikov, s. S.M. Markedonov: *Skvoz' dymku zagadočnosti. Istorik S.G. Svatikov*, in: *Bibliografija* 4, 1997, S. 124–131; dt. Fassung des Geheimabkommens s. Leo Stern, Leo: *Die Auswirkungen der ersten russischen*

rektoratsseitig ein „Aufsichtsrecht eingeräumt" wurde, den als Gasthörer eingeschriebenen russischen Staatsrat Alfons von Witte gewonnen hatten, dem als Jurist und Verfasser einer Schrift über die Gewerkschaftsbewegung in Russland durchaus die auch in Russland gegebene Legitimität und Rechtmäßigkeit der Schaffung von Bibliotheken für berufsständige Vereine (bis hin zu Gewerkschaften) bekannt war.

Al'fons Vasil'evič (Vil'gel'movič) Vitte (Witte), in dem zitierten Aufsatz von Leithold/Nerler, entsprechend damals bekanntem Literaturstand nicht vorgestellt, sei hier kurz charakterisiert. Die Datenbank Amburger verzeichnet ihn recht fragmentarisch, jedoch mit vollem Vornamen: Alfons Friedrich Theodor und dem Geburtsdatum 3.6.1863;[93] außerdem ist er im Netz vertreten.[94] 1863 geboren, ist er in einer in 1900 veröffentlichten Liste als Mitglied der russischen Delegation der „Internationalen kriminalistischen Vereinigung" und Angehöriger der „Gefängnisverwaltung Petersburg" belegt.[95] Dies neben dem ebenfalls dieser Gruppe angehörenden „Woldemar Nabokoff, Privatdozent für Strafrecht a. d. Rechtsschule, St. Petersburg" und Vater des Dichters.[96] Nach wechselnden Einsatzorten und vorübergehendem Abschied vom Dienst im Jahre 1906 hatte Alphons Witte als „A.v. Witte, Landgerichtspräsident a.D." in 1909 die bereits oben erwähnte Abhandlung veröffentlicht über „Die Gewerkschaftsbewegung in Russland",[97] die ihn eher als den von Lenin schon lange gescholtenen „Volksfreunden", zuweist, denn als den im „hohen Stuhle des Landgerichtspräsidenten a.D." sitzenden Richter über die „Sozialdemokratie" ausweist, als den ihn eine zeitgenössische Rezension schmäht.[98] Später ist Witte als Gründer des

---

Revolution von 1905–1907 auf Deutschland, 2. Aufl. Bd. 1, Berlin 1955, S. 19–21 (*Archivalien und Forschungen zur Geschichte der deutschen Arbeiterbewegung* 2–1).

93 https://dokumente.ios-regensburg.de/amburger/index.php?id = 81228&mode = 1 [Zugriff 23.06.2019]

94 Sergej V. Volkov: *Vysšee činovničestvo Rossijskoj imperii. Kratkij slovar'*, Moskva 2016, S. 797 (https://tinyurl.com/ybpqkbrn [Zugriff 23.06.2019]).

95 *Mitteilungen der internationalen kriminalistischen Vereinigung* 8, Berlin 1900, S 413 (https://archive.org/stream/bulletindelunio00lawgoog/bulletindelunio00lawgoog_djvu.txt [Zugriff 23.06.2019]).

96 *Mitteilungen der internationalen kriminalistischen Vereinigung* 8, S. 26, 411; vgl. Vladimir Dmitrievič *Nabokov. Žizn' i tvorčestvo. Materialy k biobibliografii.* Sankt Peterburg 2014, S. 16.

97 A.v. Witte: *Die Gewerkschaftsbewegung in Russland*, Karlsruhe 1909 (*Volkswirtschaftliche Abhandlungen der Badischen Hochule* 10/3) https://ia802601.us.archive.org/7/items/bub_gb_4LrVAAAAMAAJ/bub_gb_4LrVAAAAMAAJ.pdf [Zugriff 23.06.2019].

98 Nachimson, Miron, A.v. Witte [Rez., in: *Die neue Zeit. Wochenschrift der deutschen Sozialdemokratie* 28, 1909–1910/46, S. 724–725 (http://library.fes.de/cgi-bin/

Ortsverbandes der ideologisch weit ausgreifenden Kadetten in Irkutsk bekannt. Nach 1914 ist er wieder in Russland als Staatsanwalt belegt.[99]

Nach seiner Hinzuziehung erhielten die antragstellenden Studenten in Freiburg rektoratsseitig die Genehmigung zur Eröffnung ihrer Lesehalle unter der Auflage, nur russischen Staatsbürgern die Mitgliedschaft zu genehmigen und nur solche Zeitschriften und Bücher auszulegen, die in Russland die Zensur erlaubt hatte. Ermitteln ließ sich der Verbleib dieser Bestände nach Ende der Bibliothek durch die Verfasser nicht. Verständlich, dass die Autoren der Notiz eine politische Betätigung nicht feststellen konnten. Die Befürchtungen des Rektorats, die Lesehallte könne „ein Herd politischer Agitation" werden, haben sich nicht bestätigt", wie es im letzten Satz des unten folgenden Aufsatzes heißt (Leithold/ Nerler, S. 17).[100]

Ob dieses Résumé für alle akademischen Bibliotheken angewandt werden kann, ist fraglich. Insgesamt verzeichnet die Berliner russischsprachige Zeitschrift „Studenčeskij listok" (1913–1914) elf Bibliotheken, Lesehallen und Lesevereine, zu denen sich aber außer der hier besprochenen keine weitere Literatur finden ließ.

So erscheint in der Literatur immer wieder eine Bibliothek in Karlsruhe. Als ihr „Bibliotekar'" (abwechselnd mit Darmstadt) wird Hermann Permin genannt, der ältere Bruder des russisch schreibenden Dichters Osip Dymov (beider Geburtsname: Perel'man). Und doch – bis auf die Adresse der Lesehalle Karlsruhe in 1914 und beiläufige Erwähnung in der Literatur eines Lesevereins finden sich keine Einzelheiten.[101]

Noch weniger Angaben finden sich zu Mittweida, wo von der Vorkriegszeit bis in die zwanziger Jahre Studenten (nunmehr aus der Sowjetunion) eingeschrieben sind, und doch keine Bibliothek verzeichnet ist. So seien diese Bibliotheken

---

neuzeit.pl?id = 07.07608&dok = 1909-10b&f = 190910b_0724&l = 190910b_0725 [Zugriff: 31.10.2017]

99 S. die Angaben in http://irkipedia.ru/content/vitte_alfons_vasilevich [Zugriff: 31.10.2017].

100 Franz J.Leithold, Pavel Nerler [Poljan]: *„Ein Herd politischer Agitation"? Die Russische Academische Lesehalle an der Grossherzoglichen Badische Universität Freiburg*, in: *Expressum. Informationen aus dem Freiburger Bibliothekssystem*; 11, S. 14–17; Freiburg 1995.

101 Besonderer Dank an Frau Anna Panina (Baden-Baden) für die Hilfe bei der Abprüfung und Ermittlung dieser wenigen Fakten. Ferner s. G. Kratc, *Osip Dymov i brat ego German*, in: *Russkie evrei v Amerike* 15, 2017, S. 98–99.

hier jetzt zumindest in ihrer Existenz erfasst, wie sie in der zeitgenössischen Presse erwähnt werden:[102]

1. Coethen (Anhalt) – Bibliothek der Studenten aus Russland, Hallesche Str. (Mai-Juni 1913, Februar 1914)
2. Darmstadt – Russische Akademische Tolstoi-Lesehalle, Liebfraünstr. 44 (Mai-Juni 1913, Februar 1914)
3. Dresden* – Russische Bibliothek und Lesehalle zum ehrenden Gedächtnis an Prof. Tschuproff, Winkelmannstr. 11 (Mai-Juni 1913, Februar 1914)
4. Freiberg i. Sa. – Russische Lesehalle, Kirchstr. 13 (nur verzeichnet in Februar 1914)
5. Freiburg i.Br.* – Russische Akademische Lesehalle, Löwenstr. 8 (Mai-Juni 1913, Februar 1914)
6. Friedberg in Hessen – Russische Lesehalle (Mai-Juni 1913, Februar 1914: Russische Lesehalle und Bibliothek namens Michailowski, Gr. Klosterstr. 2)
7. Heidelberg* – Russ. Pirogov-Lesehalle, Untere Neckarstr. 64 (Mai-Juni 1913-Februar 1914)
8. Karlsruhe – Russischer Akademischer Leseverein (Mai-Juni 1913; Februar 1914: Ludwig-Wilhelmstr. 5)
9. Mannheim – Russische Lesehalle (Mai 1913; Juni 1913, Februar 1914: Russ Tolstoi Lesehalle)
10. München – Russischer Leseverein, Arnulfstr. 26 (Mai-Juni 1913, Februar 1914)
11. Straßburg i.E. – Russische Akademische Lesehalle, Neue Fritzg. 5 (Mai-Juni 1913, Februar 1914)

Insgesamt verzeichnet die Berliner russische Zeitschrift „Studenčeskij listok" in den Jahren 1913–1914 genau 11 akademische „Bibliotheken", „Lesehallen" und „Lesevereine" unter den „Adressen Studentischer Organisationen" im damaligen Deutschland (incl. Straßburg). Nimmt man die zwei Adressen weg, die lediglich einen „Leseverein" aufführen (Karlsruhe, München), bei denen unklar ist, ob dieser „Verein" über eine „Halle" verfügt, und lässt man außerdem das heute zu Frankreich gehörende Straßburg weg, so bleiben 8 Bibliotheken und Lesehallen. Von diesen sind 3 in dem abschließenden Kapitel der vorliegenden Arbeit besprochen. Zu 5 Bibliotheken und Lesehallen ließen sich in der zur Verfügung stehenden Zeit keine oder nur fragmentarische Angaben finden.

---

102 S. *Studenčeskij listok* 1, Berlin, (20. Mai 1913, S. 22); 2 (23. Juni 1913, S. 13); 5–6 (14. Februar 1914, S. 22).

Sie alle, wie auch die oben in den übrigen Kapiteln im einzelnen vorgestellten Bibliotheken sind Zeugnis für ein Vorhandensein vom Lesern russischer Literatur in Deutschland, das weit über die bisher bekannten Stätten benennbar ist.

Schlussbemerkung

Erst nach Fertigstellung dieser Zeilen zur Heidelberger Russischen Lesehalle (Pirogov-Bibliothek) wurde uns das Findbuch zu den Archivbeständen der Organisationen des Russischen Auslands von I.V. Sabennikova u.a. aus dem Jahre 2017 für diesen Band zugänglich.[103] Dort findet sich auf S. 245 der Hinweis, ein Teil der ehemaligen Büchersammlung der Heidelberger Russischen Lesehalle befinde sich heute im Bestand der Bibliothek der Columbia Universität in NY („čast' knižnogo fonda russkoj čital'ni nachoditsja v nastojaščee vremja v Kolumbijskom universitete v N'ju Jorke"). Gegeben wird zusätzlich ein Verweis auf den Svatikov Bestand (Svatikov Papers) in der Bibliothek des der Columbia Universität beigeordneten Bachmeteff Archivs (BAR).[104] Eine umgehend erfolgte Anfrage an die Leitung der Bibliothek, und freundlicherweise von dort weitergeleitet an das Archiv, ergab (bisher) keinerlei Spuren von dortigen Heidelberger Buchbeständen. Allerdings befanden sich in zwei Kisten (Box 73 und Box 74) der Svatikov papers Archivmaterialien der Heidelberger Bibliothek: ein Begleitbericht Svatikovs über die Herkunft der Akten vom 31. Mai 1935 und ein Bericht des ersten Leiters des BAR Lev Magerovskiy an den Vorsitzenden der Leitung des Archivs Philip Mosely über den Archivbestand der zwei Kisten. Danach, und im Zusammenhang mit den Äußerungen der heutigen Kuratorin Tanya Chebotarev, enthält das Archiv folgende Materialien, wie bereits knapp in dem Schreiben von Magerovskyj aufgeführt:

1. Korrespondenz der Bibliothek mit verschiedenen Institutionen, Organisationen und Einzelpersonen im In- und Ausland
2. Verzeichnisse der eingetragenen Leser (Leseranmeldungen) für einige Jahrgänge

---

103 I.V. Sabennikova, V.A. Gentske, A.S. Lovcov: *Zarubežnaja Rossija. Organizacíi Rossiiskoj ėmigracii. 1917–1939. Materialy k mežarchivnomu spravočniku*. Moskva, Berlin 2017.

104 Email-Korrespondenz G. Kratz mit dem Leiter der Bibliothek Robert H. Davis Jr. und, von diesem hinzugezogen mit der Kuratorin des Archivs Tanya Chebotarev zwischen dem 13.02.2019 und 15.02.2019 Beiden sei herzlichst gedankt, für die prompte und wahrhaft kollegiale Hilfe, vor allem durch Scannen und Zusenden entscheidender Dokumente.

3. Verzeichnisse über Buch-Ausgaben und -Rückgaben
4. Varia (zur Bibliothek selbst, oder von dieser aufbewahrt)

Die Geschichte der bei Svatikov geschilderten Bibliothek bis zum Beginn des Weltkrieges entspricht in groben Zügen der im obigen Textzusammenhang geschilderten Geschichte. Erwähnt wird auch die Tatsache, dass die Bücher während des Weltkrieges in Kriegsgefangenenlager geschickt wurden (unklar ob im Rahmen einer regulären FL). Nach dem Weltkrieg kamen die Bücher zurück (unleserlich, inwieweit Verluste auftraten). Ein kleiner Kreis nahm in Heidelberg die Bibliotheksarbeit nach dem Krieg, vergleichbar der unten besprochenen Dresdner Tschuproff-Bibliothek, im Jahre 1920 wieder auf. Aber die Zahl der Leser sank von max 10 Personen immer tiefer. Im Frühjahr 1931 starb die letzte Verwalterin (zavedujuščaja) der Bibliothek (Ju.N. Vešnjakova, nicht identifizierbar). Im Dezember 1931 wurde die Bibliothek nach dem Bericht Svatikovs deutscherseits aufgelöst (likvidirovana nemcami), damit ein Beispiel für Praktiken späterer Zeiten gebend, unschätzbare Bestände der UB Heidelberg abzustoßen. Die New Yorker Zeitschrift *Novoe russkoe slovo* berichtet darüber, dass in 2003 der nunmehrige Leiter der Heidelberger UB „aus Platzgründen" „wertlose Bestände" veräußert habe („V konce 2003 goda direktor Gejdel'bergskoj universitetskoj biblioteki, doktor Fajt Probst [Veit Probst] iz-za „nechvatka mesta" dlja novych postuplenij prinjal rešenie prodat' „ne imejuščie cennosti" fondy častnym bukinistam".)[105] Der entsprechende Artikel führte gar zu Rückfragen aus der amerikanischen Bibliothekswelt in Deutschland, inwiefern mit weiteren Aktionen zu rechnen sei.

Doch zurück zu dem Bericht Svatikovs: im weiteren wurden die Bücher der Pirogov Bibliothek wie folgt verteilt: die nicht-russischsprachigen Bücher gingen an zwei „studentische NS-Organistionen" (ungenannt welche, und ob vor oder nach der Machtergreifung Hitlers im Januar 1933), medizinische und naturwissenschaftliche Bücher wurden zu ermäßigtem Preis verkauft oder abgestoßen; historische und literarische Bestände in russischer Sprache gingen an das Slavische Institut der Universität. Svatikov selbst erhielt einige von ihm gestiftete Bücher zurück und das Archiv zu seiner freien Verfügung, da „deutscherseits kein Bedarf" („za nenadobnost'ju ego dlja nemcev"). Er nahm die beiden Boxen mit nach Paris in seine Privatwohnung. Dort starb er im Jahre 1942. Die beiden Kisten erwarb nach dem Krieg zunächst der New Yorker Buch- und Handschriftenhänler Simeon J. Bolan. Nach Gründung des nach seinem Gründer

105 Vladimir Janzen: *Skol'ko stoit nasledie rossijskoj ėmigracii*, in: *Novyj žurnal, The New Review* 245, S. 229–242, New York 2006, S. 237.

benannten Bakhmeteff Archivs in New York (1951)[106] wurde das Heidelberger Archiv letztlich im Jahre 1962 durch das BAR von Bolan käuflich erworben. Diese Schlussbemerkung mag illustrieren, dass die Geschichte der Heidelberger Bibliothek noch ihrer vollständigen Erforschung harrt.

106 A.V. Popov (Hrsg.): *Rossika v SŠA*, Sankt Peterburg 2001. (*Materialy k istorii russkoj polit. Émigracii* 7), darin S. 335 (*Archiv russkoj i vostočno-evropejskoj istorii i kul'tury pri kolumbijskom universitete v gor. N'ju-Jorke*, o.O. 1952, S. 3).

Gottfried Kratz (Münster)

Die Dresdner Russische Tschuproff-Bibliothek und ihr Vorsitzender Jakob Mulmann[1]

Abstract: First ever detailed outline of the history of the A.I. Tschuproff Memorial Russian Library in Dresden (Germany). Includes biographical details on Professor A.I. Tschuproff (Čuprov), in whose memory the library was founded, and on the library's long-time director I.O. Mulmann.

Keywords: Russische Bibliothek, A.I. Tschuproff, A.A. Tschuproff, Jakob Mulmann

Die Dresdner „Russische Bibliothek und Lesehalle zum ehrenden Gedächtnis an Prof. A.I. Tschuproff"

Die russische Kultur ist in der ersten Hälfte des 19. Jahrhunderts in Dresden mit durchaus bedeutenden Namen vertreten. Man erinnere sich nur aus der Literatur an V.A. Žukovskij, an die bilinguale Dichterin Karolina Pavlova, an A.K. Tolstoj, dann später I.S. Turgenev und F.M. Dostoevskij, um nur Einige zu nennen. Deren, mit Ausnahme der die letzten dreißig Jahre vor ihrem Tode in 1893 ständig in oder bei Dresden lebenden Karolina Pavlova, meist nur vorübergehende Aufenthaltsdauer, wird gerne als Grund genannt für das Fehlen organisierten kulturellen Lebens der Russischen Kolonie in Dresden. Und doch

---

1 Der Aufsatz basiert auf einem unveröffentlichten russischen Manuskript von G. Kratz: *Drezdenskaja russkaja biblioteka-čital'nja im. Prof. A.I. Čuprova. 1908–1937. Štrichi k istorii russkich bibliotek za rubežom*. Verfasst in 2017 und jetzt in 2018 bearbeitet und ins Deutsche übersetzt ebf. von G. Kratz.
Für Hilfe sei gedankt (in alphabetischer Folge): Frau Gabriele Atanassow (Archiv Gedenkbuch in der Jüdischen Gemeinde Dresden), Tilo Bönicke und Frau Hoppe (Stadtarchiv Dresden), Tanya Chebotarev (Curator, Bakhmeteff Archive, Columbia Univ. New York), Dirk-Gerd Erpenbeck (Erforscher baltischer Ahnenfolgen), Marija Vl. Mišurovskaja (RGBI, Moskau), Jacques Oberson und Lee Robertson (UNOG, United Nations Archives at Geneva), Andrej V. Popov (IAI RGGU, Moskau), Manfred Schruba (Prof. Dr. phil., Università degli Studi di Milano), Anatol Shmelev (PhD, Museum of Russian Culture, San Francisco, USA), Salih Wrede (Stadtbibliothek Bielefeld), Svetlana G. Zvereva (Doktor d. Hist. Wiss., Moskau und Glasgow), sowie allen bereitwilligen Helfern unter den Kollegen der Heimatbibliothek des Verfassers (ULB Münster).

berichtet schon die Ehefrau Dostoevskijs, bezogen auf 1869, in Dresden eine „herrliche Lesehalle mit vielen russischen und ausländischen Zeitungen“ gefunden zu haben (wenn auch unklar bleibt, in welcher Sprache diese Zeitungen auslagen: ob in Russisch oder in Fremdsprachen, jedoch aus Russland importiert, wie die seit Langem bestehende deutschsprachige *Sankt Petersburger Zeitung*).[2]

Erst zum Ende des 19. Jahrhunderts entstand dann (im Jahre 1884) ein Russischer „Literarisch-wissenschaftlicher Verein“ (LWV), der bis zum Jahre 1898 Bestand hatte.[3] Danach wurde im gleichen Jahr 1898 eine „Akademische Lesehalle“ oder „Studenčeskaja čital'nja“ gegründet, mit Zugangsberechtigung auch für „die hier lebende Gesellschaft aus Russland“. Begründet wurde die Umwandlung damit, dass eine „Lesehalle“ kostengünstiger einzurichten sei als ein „Verein“ (der offizielle Registrierung erfordert hätte).[4] Im Jahre 1906 wurde diese Lesehalle jedoch aufgelöst. Die Polizei in Sachsen betrachtete sie als Unterstützerorganisation einer illegalen russischen sozialdemokratischen „Geheimorganisation“. Eine Auflösung, die möglicherweise im Zusammenhang mit dem schon 1904 geschlossenen „Geheimabkommen“ zwischen Deutschland und Russland stand, „der Entwicklung einer anarchistischen Bewegung entgegen zu wirken“.[5] Zudem gehörten ihr nicht nur ehemalige Mitglieder des LWV an, sondern auch Mitglieder aus der studentischen Vereinigung *Russia*, die gleichzeitig mit der Lesehalle verboten wurde (wenngleich sich eine politische Betätigung

---

2 A.G. Dostoevskaja: *Vospominanija* [1916], Moskva 1971 (ohne Seitenangabe, in http://az.lib.ru/d/dostoewskaja_a_g/text_1916_vospominaniya.shtml [Zugriff 23.06.2019]). Durchaus auch russischsprachige Zeitungen lagen üblicherweise in den entsprechend frequentierten Lesehallen in Deutschland aus, wenn auch Jahrzehnte später. So vertraute der Dichter Al. Blok seinem Tagebuch (26. Juni (13. Juli) 1909) an, dass er beabsichtige die Lesehalle im Kurhaus des hessischen Bad Nauheim zwecks Lektüre der Zeitung *Reč*“ aufzusuchen, dann diesen Besuch aber wieder abbrach, hatte er doch schon Jahre zuvor in einem Brief gegenüber seiner damaligen Braut geklagt (1. (14.) Juni 1903), dass dort „Überall der Geruch von Bier und Zigarren“ herrsche (freundlicher Hinweis Bernd E. Scholz).

3 S. Leo Stern: *Die Auswirkungen der ersten russischen Revolution von 1905–1907 auf Deutschland*, 2. Aufl. Bd. 1, Berlin 1955; ferner Dokumentenanhang in: Lothar Fritsche: *Die Rolle der russischen Studenten an der TH Dresden in der Zeit von 1900–1914*, [Diss.], Dresden 1970.

4 S. Brief des zeitweiligen Vorstandes der Lesehalle an den Senat der Universität vom Januar 1898 und ihm beigegebene „Statuten“ der Lesehalle, in: Fritsche 1970, Anh. II, S. 21a.

5 S. S. Svatikov: *Russkij političeskij sysk za granicej*, Moskva 2002, S. 184; deutsche Fassung in: Stern 1955, S. 19–21.

der Vereinigung nicht nachweisen ließ),[6] sowie Mitglieder der Vereinigung polnischer Studenten russischer Staatsangehörigkeit.

Verblieben war allein die Bibliothek der orthodoxen Gemeinde, die in Dresden bei der „Kirche zum Hl. Simeon vom wunderbaren Berge“ (Chram Prepodobnogo Simeona Divnogorca) bestand, an Bänden und Themen begrenzt.[7] Parallel zu dieser orthodoxen Gemeindebibliothek wurde nun im April 1908 eine neue, allgemeinzugängliche, öffentliche Bibliothek gegründet, die „Russische Bibliothek und Lesehalle zum ehrenden Gedächtnis an Prof. A.I. Tschuproff“[8] oder „Biblioteka-čital'nja im. A.I. Čuprova“.[9]

In einem Bericht der die Bibliothek beobachtenden Polizeidirektion vom 3. August 1909 an das Sächsische Innenministerium heißt es dazu, dass die Bibliothek „satzungsgemäss“ nur „der Geselligkeit dienen, unpolitische Vorträge und Konzerte veranstalten und das Lesebedürfnis der hier lebenden Russen befriedigen“ wolle.[10] Geöffnet war die Bibliothek für alle Leser, unabhängig von nationalen, politischen, konfessionellen oder bildungsmässigen Schranken. Es ist daher nur berechtigt, wenn bei Faass in der Wiedergabe eines ursprünglich russischen (ohne Verfasserangabe gedruckten) Vortrags zum fünfjährigen Jubiläum der Bibliothek in 1913[11] der „öffentliche Charakter“ der Bibliothek unterstrichen wird. Mit der Benennung der Bibliothek „zu Ehren des Professors A.I. Tschuproff“, der, seit 1900 in Dresden lebend, am 24. Februar/ 8. März 1908 während einer Besuchsreise in München unerwartet verstarb, machten die Gründer der Bibliothek den Namen eines allseits „beliebten und sehr geachteten“ Mannes zum Schutzschild ihrer Bücherei.[12] War doch die Verehrung gegenüber Čuprov

---

6 S. Drechsler: *Die Solidarität der deutschen Arbeiterklasse*, in: Leo Stern (Hrsg.): *Die Auswirkungen der Ersten russischen Revolution*, Bd. 9/2, Berlin/Halle 1956, S. XLI ff.

7 https://tinyurl.com/yb82fsn8 [Zugriff: 07.06.2017]. Der Autor dieses im Kirchenblättchen der orthodoxen Gemeinde Dresden veröffentlichten Artikels ist der ehemalige Leiter des Herder-Instituts der DDR.

8 Deutsche Bezeichnung s. *Russische Bibliothek*, in: *Dresdner Nachrichten* 155, 5. Juni 1908, o.S.

9 Russische Bezeichnung in Reklameankündigung in: *Zagraničnye otkliki* 51 (81), Berlin 1913, 21/08 Dezember, S. 4.

10 Fritsche 1970, Anh. II, o.S.

11 Bruno Faass (Hrsg.): *Dresdner Bibliothekenführer*, Dresden, 1915, S. 140.

12 Hier wie im Folgenden wird der Namensgeber der Bibliothek und Professor der Statistik im Text in der russischen Namensform als Aleksandr Ivanovič Čuprov oder Čuprov (sen.) (1842–1908) bezeichnet. Dies im Gegensatz zu dem ebenfalls im Text erscheinenden Aleksandr Aleksandrovič Čuprov oder Čuprov jun. (1874–1926), am gleichen Tag, wie sein Vater geboren (6./18. Februar), ebenfalls Professor der Statistik und in Dresden lebend: vor dem Ersten Weltkrieg periodisch (z.B. in 1912), ab 1920

(sen.) im Moskau der vorangehenden Jahre, wo „kein einziges gesellschaftliches Ereignis ohne ihn stattfand", genauso groß,[13] wie in Dresden, wo er sich „der größten Sympathie aller Stände in der hiesigen russischen Kolonie" erfreute.[14]

Gleichzeitig war Čuprov (sen.) eine durchaus politische Persönlichkeit. Bei aller Beliebtheit und Achtung der er sich „in allen Ständen" erfreute, stand er gleichzeitig durchaus den gemäßigten Kreisen der liberal-demokratischen Partei der Konstitutionellen-Demokraten, nach ihrer Abkürzung „K.-D." auch „Kadetten" genannt, nahe. Davon zeugen seine persönlichen Kontakte zu Lebzeiten ebenso, wie die Fortführung dieser Kontakte durch die Leitung der zu seinen Ehren benannten Bibliothek nach seinem Ableben. Und für die Eröffnung der zu seinen Ehren benannten Bibliothek wurde in Dresden ein Vortrag des Professors der Universität Tomsk, des Ökonomen M.I. Bogolepov angekündigt,[15] der dem „Konstitutionalismus als Faktor der ökonomischen Entwicklung eines Staates" galt, was er am Beispiel Russlands und Sachsens aufzeigen wollte.[16] Es war, wie man annehmen darf, gerade dieser schon im Namen angekündigte liberale „Charakter", der das Bestehen der Bibliothek in der Vor-und Nachkriegszeit, das Fortbestehen der Bibliothek auch nach dem Ersten Weltkrieg (WK) in Weimar-Deutschland begünstigte. Gerade der „öffentliche Charakter" machte die Bibliothek zum bemerkenswerten, wenn nicht einzigen Beispiel für eine Bibliothek, die ihren Lesern im russischen Ausland sowohl **vor** als auch **nach** dem Oktober 1917 offen diente.

Seit ihrer Gründung am 6. Juni 1908 ist die Bibliothek in den allgemeinen und fachspezifischen Adressbüchern für Dresden verzeichnet. Vor allem aus diesen Quellen und zusätzlich aus einigen Zeitungsmeldungen erfahren wir, dass der Grundbestand der Bibliothek auf den seinerzeit beschlagnahmten Bestand der Studentischen (akademischen) Bibliothek zurückgeht (350 Bände), der ihr von der Sächsischen Polizei ausgehändigt wurde. Außerdem erhielt die Bibliothek vom Rektorat der TU Dresden 500 beschlagnahmte Bände der ehemaligen Studentischen Bibliothek des Ersten akademischen Vereins und andere

---

ständig. Die deutsche Schreibung des Namens wird hier lediglich zur (semi)offiziellen Bezeichnung der Bibliothek verwendet.

13 S. M.V. Sabašnikov: *Zapiski*, Moskva 1995, S. 77.

14 *Russische Bibliothek*, in: *Dresdner Nachrichten* 155, 5. Juni 1908.

15 M.I. Bogolepov (1879–1945), Gründungsrektor des Instituts für Volkswirtschaft (Institut narodnogo chozjajstva) (Petrograd (1920–1922); ab 1939 Korrespondierendes Mitglied der Russischen Akademie der Wissenschaften, vgl. https://tinyurl.com/ya962ubr [Zugriff: 06.06.2017]).

16 *Russische Bibliothek*, in: *Dresdner Nachrichten* 1908.

Schenkungen.[17] Zusätzlich erlaubt ein jährlicher Etat von 800 Mark (ungenannt, welcher Herkunft) Neuanschaffungen. Nach dem bereits bei Faas[18] zitierten Vortrag zum fünfjährigen Jubiläum der Bibliothek beträgt der Bestand der Bibliothek ungefähr 5.000 Bände (3.100 Bände in russischer Sprache, 500 Bände in deutscher und französischer Sprache und 1.400 Bände russischer Zeitschriften). Thematisch zerfällt der Bestand in die Gruppen: Russische Belletristik, französische und deutsche Belletristik, wissenschaftliche Bücher in verschiedenen Sprachen, russische Jugendschriften. Verzeichnet sind die Bücher in einem „handschriftlichen Soennecken-Zettel-Standortkatalog". Ob und inwieweit die Bücher inventarisiert wurden und durch Besitzstempel gekennzeichnet, entzieht sich unserer Kenntnis, da uns kein einziges Exemplar dieser Bibliothek de-visu vorlag.

Als Adresse für die Bibliothek wird für die Jahre 1908 bis 1912 die dritte „Treppe" (mit parallelem „Personenaufzug") eines repräsentativen Wohn- und Geschäftshauses genannt (Victoria Haus, Ringstr. 8, III.; das Haus ist nicht erhalten).[19] Anfang 1913 zieht die Bibliothek um in „neue Räumlichkeiten" unter der Anschrift: „Winkelmannstr. 31. part.li." (nicht erhalten).[20] Entsprechend der genauen Beschreibung in dem genannten Festvortrag bestehen diese Räumlichkeiten aus: 2 Lesezimmern (ca. 30 Quadratmeter) mit ca. 20 Plätzen, ein Raum für die Bücherausgabe und einem Raum für die Bücherei. Bis zum Jahre 1912 war die Bibliothek täglich von 09:00–22:30 Uhr geöffnet, nach Angaben des Jubiläumsvortrags aus 1913 täglich von 09:00–21:00 Uhr. Weiterhin gibt der Jubiläumsvortrag noch folgende Einzelheiten: „Der Vorstand der Bibliothek besteht aus 5 auf ein halbes Jahr gewählten Mitgliedern der Gesellschaft der Russischen Bibliothek und Lesehalle und 3 ebenso gewählten Gliedern einer Revisionskommission". Als „Vorsitzender des Präsidiums" der Lesehalle für die Jahre 1908–1913 wird in den Dokumenten Jakob Mulmann genannt (deutsche

17 Vortrag zum fünfjährigen Jubiläum (1913), in: Faass 1915, S. 141.

18 S. 140–141.

19 *Russische Bibliothek*, in: *Dresdner Nachrichten* 1908; Friedrich Kummer: *Dresden und das Elbgelände*, Dresden 1912, S. 138, https://tinyurl.com/ybyu5tzy [Zugriff: 06.06.2017].

20 *Studenčeskij listok* (im folgendenden abgekürzt als: Stud. list.) 1913. Nr. 1 (20. Mai). o.S. Adressbuch für Dresden und seine Vororte, 1914 (hier und im Folgenden nach der digitalisierten Ausgabe der SLUB http://adressbücher.sachsendigital.de/startseite/ [Zugriff: 06.06.2017]); Faass, 1915, S. 140.

Abb. 1: Victoriahaus, in dem sich in den Jahren 1908–1912 die Tschuproff-Bibliothek befindet (Quelle: https://www.deutsches-architektur-forum.de/forum/showthread.php?p=524947)

Schreibung des Namens Jakov Osipovič (Iosifovič) Mul'man, der hier und im Folgenden der Vorzug gegeben wird).[21]

Anfang 1913 verdrängt ein gewisser Ju. Brenner für ungenannte Zeit Jakob Mulmann vom führenden Posten in der Lesehalle. Was die Gründe für die Verdrängung Mulmanns ausgerechnet zu diesem Zeitpunkt sind, als die Bibliothek in der russischsprachigen Presse als „eine der besten russischen Bibliotheken im Ausland" bezeichnet wird,[22] ist uns unbekannt. Ob dies etwa damit verbunden ist, dass ausgerechnet zu diesem Zeitpunkt illegale Flugblätter sozial-demokratischen Inhalts – von wem auch immer – unter die Zeitungsstapel gelegt wurden, gelang weder uns, noch der damaligen russischsprachigen Presse aufzuklären.[23] „Was ist Wahrheit?" („Gde istina?"), fragt schon fast biblisch etwa die Berliner

21 Mulmann wird schon in einem Polizeibericht vom 3. August 1909 im Rückblick als „Vorsteher" (des Präsidiums?) der im Jahre 1906 aufgelösten Lesehalle genannt, s. Fritsche, 1970, Anh. II o.S.

22 Zagr. otkl., a.a.O., 17 fevr./ 2 marta 1913, Nr. 9, S. 3.

23 *Zagraničnye otkliki* 7 (3./16. Febr. 1913), S. 2; 9, (1913), S, 3; 10 (1913), S. 3; 11 (3./16. März 1913), S. 3.

russischsprachige Studentenzeitung *Zagraničnye otkliki* mit Blick auf diesen Fall.[24]

Mit Beginn des Ersten WK wird die Bibliothek geschlossen. Chronologisch geschieht dies etwa zu dem Zeitpunkt, als auch die Dresdner russische orthodoxe Kirche geschlossen wird (März 1915).[25] Wer der letzte Vorsitzende der Tschuproff-Bibliothek vor dem WK war (Brenner, Mulmann oder eine weitere Person?), wissen wir nicht. Wo Mulmann, unklar welcher Staatsangehörigkeit zu diesem Zeitpunkt,[26] die Kriegsjahre verbrachte, ist ebenfalls unbekannt. Folgt man den Erinnerungen der Zeitgenossen, so war es den „feindlichen Ausländern" verboten, ab dem 1. Dezember 1914 in Dresden oder seiner Umgebung im Umkreis von 10–20 km zu wohnen.[27] Ob Mulmann zu dieser Kategorie gehörte, wissen wir nicht. Im Adressbuch für 1915–1917 ist sein Name nicht verzeichnet. Lediglich im Jahre 1915 ist seine Frau Alide verzeichnet mit dem Zusatz „Sprachlehrers Ehefrau". Im „Archiv Gedenkbuch in der Jüdischen Gemeinde" Dresden heißt es: „Am 07.02.1919 kam Jakob Mulmann nach Deutschland".[28] Drei Jahre später, Ende 1922, Jahre nach Krieg und Revolution, war Dresden immer noch eine „ruhige", gar „langweilige" russische Kolonie,[29] in der es laut einem zeitgenössischen Brief vom Januar 1923 nur wenige Russen gibt[30]. Und doch begann sich russisches Leben wieder zu regen. Schon 1920, geht man vom vierjährigen Gründungsjubiläum am 20. Oktober 1924 aus[31], wurde ein „Russisch-deutscher Klub" („Russko-nemeckij klub") gegründet.

Im Februar 1922 wurde dann in Dresden von einer nicht näher definierten „Gruppe von Russen" („gruppa russkich")[32] die Gesellschaft „Russische Versammlung" („Russkoe sobranie") gegründet. Namensgleich, wenn nicht gar Filiale einer schon vor der Revolution in Russland bestehenden rechtsmonarchistischen

---

24 *Zagraničnye otkliki* 13/43 (13.April /15. März 1913) S. 3; 17 (30. März), S. 3.

25 https://tinyurl.com/yb82fsn8 [Zugriff: 08.06.2017].

26 In der „Nachweisung fremdblütige Ausländer" aus 1935 ist Mulmann als „staatenlos" verzeichnet, allerdings ohne Hinweis darauf, von welchem Zeitpunkt an (frdl. Hinweis Frau Gabr. Atanassow an G. Kratz, email vom 9.5.2017).

27 S. unveröffentlichte Erinnerungen aus nicht vor 1944: Arthur Luther: *Lebenserinnerungen*, Bd. 2 (1894–1918), S. 334 (Univ.Tübingen, Bibl.Sign. 2-KO 130.005).

28 Email G. Atanassow an G. Kratz vom 25. April 2017.

29 K-v A., *Tichaja kolonija. Pis'mo iz Drezdena*, in: *Vremja*, 28. August 1922, nachgedruckt in: A. V. Lysenko: *Golos izgnanija*, Moskva 2000, S. 347.

30 S. Zitat von aus Brief Ščerbačev in dem Beitrag von S.G. Zvereva in diesem Sammelband.

31 S. *Rul'* 1173, 11. Okt. 1924, S. 3.

32 *Rul'* 385, 21. Februar 1922, S. 5; Kurzfassung in Schlögel, *Chronik* (unter 1922, Nr. 1279)

Vereinigung, nunmehr, will man der russischen Wikipedia glauben,[33] nur noch Hüter der Traditionen des „alten“ Russland („russkoj stariny“). Und genau im Jahre 1922 wird die Tschuproff-Bibliothek wiedergegründet. Wieder mit Mulmann als deren Vertreter, wenn auch unklar in welcher Funktion.

Im Adressbuch für Dresden 1922/23–1933 heißt es lapidar: „Auskünfte über dieselbe bei Herrn J.J.Mulmann“, andernorts auch: „Auskunft erteilt J.J. Mulmann“. Deutet man diesen Ausdruck präziser als Bezeichnung dessen, der nicht nur „Auskunft erteilt“, sondern der „Rede und Antwort steht“, so lässt sich Mulmanns Funktion durchaus als „Ver-antwort-licher“ oder „ver-antwort-liche Person“ deuten, entsprechend der in russischen vergleichbaren Verzeichnissen des Buchwesens dieser Zeit benutzten Wendung („otvetsvennoe lico“).[34] Nunmehr nach der Wiedereröffnung im Jahre 1922 beginnt eine neue Etappe in der Geschichte der Bibliothek. Als ihre Anschrift nennt das Adressbuch für Dresden 1922/23 zunächst die Privatadresse Mulmanns (Gutzkowstr.11). Beginnend aber mit dem Jahr 1924/25 und bis zum Jahre 1928 findet sich die Bibliothek im „Allgemeinen Teil“ wieder unter eigener Adresse (Schnorrstr. 8, I). Eine Adresse, die, wie der Blick auf den Stadtplan zeigt, nur zwei Schritte von der letzten Anschrift vor dem Weltkrieg entfernt war in der Winckelmannstrasse (Haus nicht erhalten). Von 1930 bis 1933 erteilt „Auskünfte“ wieder Mulmann und die Bibliothek ist unter seiner Privatadresse (Gutzkowstr. 11, I) verzeichnet. Zum letzten Mal ist die Bibliothek im Adressbuch für 1937 erwähnt, immer noch unter dieser Adresse Mulmanns. Die Bibliothek gibt als ihre Öffnungszeit in den Jahren 1927/28 und 1929 täglich die Stunden von 18 bis 21 Uhr, d.h. die Zeit täglich nach Feierabend. Verständlich, arbeitete doch Mulmann im Büro einer Firma für Lacke und Schuhcremes, die dem Ehemann einer seiner Privatschülerinnen gehörte.[35] Im Adressbuch für 1929 wird zusätzlich die Öffnungszeit von 11:30 bis 13:30 an Sonntagen angeführt. Der Bestand im Jahre 1925 wird mit 4.000 Bänden angegeben.[36] Im gleichen Jahr 1925 ist die Bibliothek unter den Organisatoren eines „Tages der russischen Kultur (Den’ russkoj kul’tury)“ in Dresden genannt.[37] Unter dem Vorsitz des Fürsten Aleksej Dmitrievič Obolenskij (1855–1933) sind folgende Organisationen vereint:

---

33 Vgl. https://tinyurl.com/y5ecbsjx [Zugriff 30.7.2019].

34 S. Liste von N.A. Grinčenko, *Knižnye magaziny Sankt-Peterburga (1862–1917)*, in: *Knižnoe delo v Rossii* 18, Sankt Peterburg 2016, S. 398 (Nr. 62) und passim.

35 Brief A.A. Čuprov (jun.) an K.N. Gul’kevič vom 4. Nov. 1922 (GARF, f. 6094, op. 1, d. 117, l. 179 vo).

36 *Minerva. Jahrbuch der gelehrten Welt* 27, Berlin/ Leipzig 1925, S. 392.

37 Ja. Mul’man: *Den’ russkoj kul’tury v Drezdene*, in: *Rul’*. 1925, 13. Juni, S. 4.

- „Gemeinderat (Prichodskij sovet)" d.h. der Dresdner russisch orthodoxen Gemeinde
- „Russische Versammlung (Russkoe sobranie)", konservative monarchistische Vorkriegsvereinigung,[38] die sich nach der Februar-Revolution aus der aktiven Politik zurückzog und zu einem Kreis der Liebhaber des „alten" Russland („russkoj stariny"), zu einer Art Traditionskreis geworden.[39]
- „Russisch-deutscher Klub", in dem noch unlängst der Bruder Mulmanns, der Schauspieler Murskij, aufgetreten war[40]
- Russisches Rotes Kreuz[41]
- Schwesterverein (Armenfürsorge)
- Verband russischer Studenten in Sachsen.

Verlässliche Einzelheiten über all diese Organisationen liegen uns nur wenige vor. Ebenso wenig liegen uns, was besonders bedauerlich ist, Zeugnisse von Benutzern der an diesem „Tag" ja teilnehmenden Bibliothek selbst vor Auch nach 1933 erteilt Mulmann noch „Auskunft" über die Bibliothek. Im Januar 1939 jedoch, zwei Monate nach der sogenannten Kristallnacht, verwehrten „örtliche Schwarzhunderter", Anhänger der russischen faschistischen Vereinigung „Rond" Mulmann den Zugang sogar zur orthodoxen Kirchenbibliothek. Und das, wie er brieflich klagt, obwohl er gerade dieser Bibliothek, mehr als nur eine Bücherschenkung hatte zukommen lassen (eigener oder bibliothekseigener Bücher aus der Tschuproff-Bibliothek ist unbekannt).[42] Anschließend beendete die Tschuproff-Bibliothek ihre Existenz. Das Schicksal ihrer Bestände ist uns nicht bekannt. Das Stadtarchiv, wie unsere Rückfrage ergab, verfügt nicht über sie.[43] Die Bibliothek und Lesehalle, die im monarchischen, demokratischen und

38 S. *Rul'* 385, 21.2.1922; S. 5, periphrasierend unter Nr. 1279/1922 in Schlögel, Karl (Hrsg.): *Chronik russischen Lebens in Deutschland 1918, 1941*, Berlin 1999, in: http://russkij-berlin.org/ [Zugriff: 08.06.2017].

39 So nach Netzinformation, s. https://tinyurl.com/y8xgpkn3; [Zugriff:: 07.06.202017].

40 S. Nr. 3726/ 1924 in Schlögel, a.a.O. („Russko-nemeckij klub"); ausführlicher in *Rul'* 1173, 11.10.1924, S. 4.

41 S. I.V. Sabennikova u.a.: *Zarubežnaja Rossija. Organizacii,* Moskva, Berlin 2018, S. 212–213, in: https://tinyurl.com/y4a9rss7 [Zugriff: 25.04.2019].

42 Brief Mulman Ja.O. an A.A. Gol'denvejzer vom 15, Jan, 1939, in: Oleg Budnickij, Aleksandra Leonidovna Poljan: *Russko-evrejskij Berlin. 1920–1941.* Mokva 2013, S. 244; 383, Anm. 36, in: https://tinyurl.com/y85r5h4t, hier mit abweichender von der Druckausgabe Anmerkungszahl [Zugriff: 07.06.2017].

43 Email Tilo Bönicke namens Stadtarchiv Dresden an G. Kratz vom 30. April 2013.

beginnenden nationalsozialistischen Deutschland geöffnet war, brauchte nun niemand mehr.

Gegründet „Zum ehrenden Gedächtnis an Prof. A.I. Tschuproff"

Der Name der Bibliothek („Zum ehrenden Gedächtnis an Prof. A.I. Tschuproff") erfordert einige Worte über den Namengeber der Bibliothek: Aleksandr Ivanovič Čuprov (sen.) (1842–1908) kommt, wie auch andere Personen, die in der Geschichte des Buches bekannt und verehrt sind, ebenso wie seine Vorfahren aus dem Geistlichen Stande. Ohne die Petersburger Geistliche Akademie beendet zu haben jedoch, ging er auf die juristische Fakultät der Universität Moskau, die er auch beendete. Anschließend wurde er vor allem bekannt als Statistiker. Zuvor studierte er einige Zeit in Heidelberg. Besondere Aufmerksamkeit widmete er später der gesellschaftlichen Arbeit, der Förderung schulischer und dann auch bibliothekarischer Bildung. Er war beteiligt an der Abfassung eines Satzungsprojekts für die Moskauer Turgenev-Bibliothek und Lesehalle, die bis heute besteht.[44]

Als wahrer „Volkstümler" („narodnik") und späterer aktiver Teilnehmer in der Zemstvo-Bewegung beteiligte er sich an der Erarbeitung eines Projekts für die Moskauer Šanjavskij-Universität. Einer wahren „Volksuniversität", in deren Wänden (die später die Höhere Parteischule und dann die RGGU umschlossen) vor der Revolution eine ganze Plejade junger Leute, unabhängig von ihrer Vorbildung, lernte, die in den ersten Jahren nach der Revolution als „proletarische Dichter" und „Schmiede" der frühen Sowjetliteratur bekannt wurden.[45] Auch erste Bibliothekskurse (unter L.B.Chavkina, Direktorin des später in Moskau gegründeten Bibliotheksinstituts) fanden hier ab 1913 statt. Besonders in Universitätskreisen war Čuprov (sen.) hoch angesehen. Der Maler Vasilij Kandinskij

44 S. den unter Beteiligung von T.E. Korobkina (der damaligen Leiterin der in 1998 wiedereröffneten Turgenev-Bibliothek) herausgegebenen Sammelband (*Istorija biblioteki-čital'ni imeni I.S. Turgeneva v dokumentach i vospominanijach*, M. Dvorkina (Hrsg.). Moskva 2004. S. 31 (*Istorija moskovskich bibliotek* 4); [Zugriff: 07.06.2017 unter: http://nasledie.turgenev.ru/stat/docs/008.pdf; ferner: E.V. Nikolaeva: *Ot pervoj gorodskoj obščedostupnoj biblioteki, k sozdaniju bibliotečnoj seti Moskvy. 1884 –1937*,in *Obščedostupnye biblioteki Moskvy v kontekste istorii. 1884–1941: Sbornik statej*, Moskva 2014. S. 13.

45 G. Kratz: *Die Geschichte der „Kuznica"*, Gießen 1978, S. 16–17. (*Osteuropastudien des Landes Hessen. III. Frankfurter Abhandlungen zur Slavistik* 27).

etwa erinnerte sich an seine Studienzeit auf der juristischen Fakultät der Universität Moskau vor allem seines Lehrers Čuprov (sen.), als einer der herausragendsten Persönlichkeiten, die er je in seinem Leben getroffen.[46] Und nicht zufällig hielt gerade der aufs engste der Universität wie der Kadetten-Partei verbundene Kulturwissenschaftler und Politiker Miljukov in Moskau die Totenrede auf Čuprov.[47] Nach dem Tode von Čuprov (sen.) wurde an der Moskauer Universität eine „Tschuproff- Gesellschaft zum Studium der Gesellschaftswissenschaften" („Obščestvo im. A.I. Čuprova dlja razrabotki obščestvennych nauk") gegründet, die auch noch im Jahre 1915 bestand.[48] Verständlich daher, dass die Dresdner Bibliothek, als sie ihre Tätigkeit in 1922 wieder aufnahm, die vorrevolutionäre Bezeichnung ebenso beibehielt, wie den im Namen von Čuprov (sen.) repräsentierten „öffentlichen Charakter".

Mulmann setzte auch nach 1922 den regelmäßigen Kontakt mit dem Sohn von Čuprov (sen.), ebenfalls Aleksandr, daher Čuprov (jun.), fort. Dies belegen die von uns durchgesehenen Briefe von A. Čuprov (jun.) an K.N. Gul'kevič, einen der Führer der Kadetten in 1922–1924. Hier berichtet Čuprov (jun.) auch von seinen Kontakten zu Mulmann,[49] den er, gerade in den Jahren der galoppierenden Inflation auch finanziell unterstützte, camouflierend die Hilfe für Mulmann als Hilfe von Gul'kevič ausgebend.[50] Gul'kevič arbeitete zu diesem

46 W. Kandinsky: *Rückblicke* (1913), in: ders.: *Die gesammelten Schriften*, Bd. 1., hrsg. H.K. Röthel u.a., Bern 1980, S. 31.

47 Sabašnikov, S. 329, s. ferner *Političeskie partii Rossii. Konec XIX-pervaja tret' XX veka. Énciklopedija.* Moskva 1996, S. 688–689.

48 S. die Grußadresse der „Gesellschaft" zum fünfzigjährigen Bestehen der Zeitung *Russkie vedomosti* im Jahre 1913 (*Pjatidesjatiletnij jubilej gazety „Russkie vedomosti"*, Moskva 1915, S. 60–61). Gegründet worden war diese liberale Zeitung 1863 von dem inzwischen von Karolina Pavlova getrennt lebenden Schriftsteller N.F. Pavlov nach der Leibeigenenbefreiung. Čuprov (sen.) nutzte sie als „öffentliches Katheder" (s. Vorwort von A. Panina in: Sabašnikov 1995, S. 6). Wenn man berücksichtigt, dass im Jahre 1915, als der Jubiläumsband erschien, der Erste Weltkrieg schon in vollem Gange war, so ist es nicht erstaunlich, dass ein Grußwort der im damals feindlichen Deutschland gelegenen Dresdner Tschuproff-Bibliothek in dem Band nicht enthalten ist.

49 S. Briefe A.A. Čuprov (jun.) an K.N. Gul'kevič, in: GARF, f. 8094, op.1, d. 117 und d. 118.- Ausführlich zu K.N. Gul'kevič s. den Aufsatz von K. Wittich in dem vom Petersburger Zentrum „Russkaja ėmigracija" herausgegebenen Sammelband (Vittich K., *K.N. Gul'kevič. Biografičeskie zametki*, in: *Nansenovskie čtenija* 1997. SPb 2008, S. 107–136).

50 Brief A.A. Čuprov (jun.) an K.N. Gul'kevič, 4. Nov. 1922, in: GARF, f. 6094, op.1, d. 117, l. 179 vo.

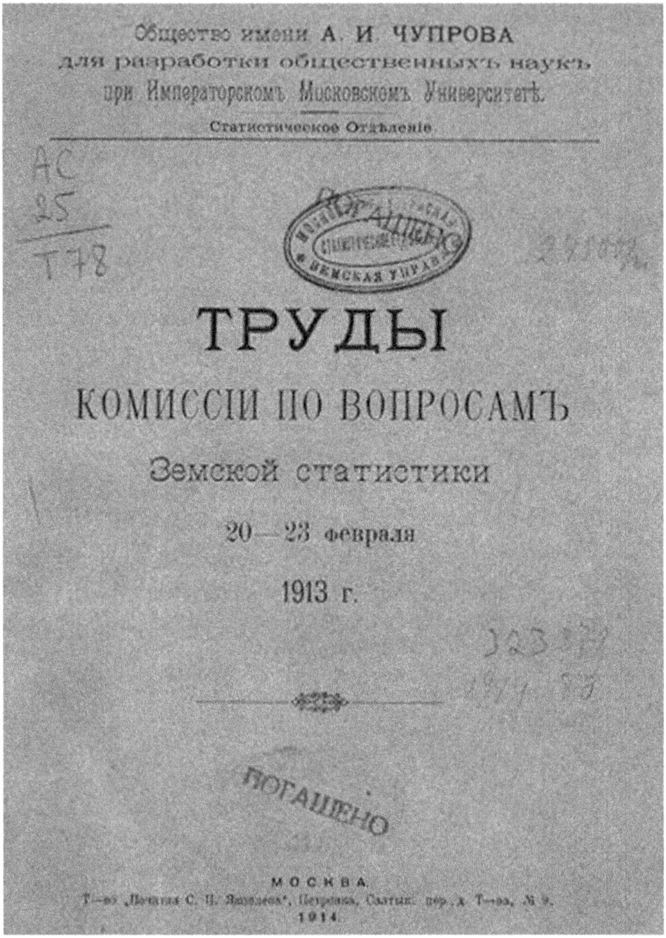
Общество имени А. И. ЧУПРОВА
для разработки общественныхъ наукъ
при Императорскомъ Московскомъ Университетѣ.
Статистическое Отдѣленіе.

ТРУДЫ
КОМИССІИ ПО ВОПРОСАМЪ
Земской статистики
20—23 февраля
1913 г.

ПОГАШЕНО

МОСКВА.
Т-во „Печатня С. П. Яковлева", Петровка, Салтык. пер., д. Т-ва, № 9.
1914.

Abb. 2: *„Abhandlungen der <Tschuproff-Gesellschaft> an der Moskauer Universität, 1913“* (Quelle: digitalisierte Bestände der GPIB, http://elib.shpl.ru/ru/nodes/17581)

Zeitpunkt schon als „Helfer“ („pomoščnik“) von Nansen bei dessen Arbeit für russische Emigranten und verfügte anscheinend zu diesem Zeitpunkt noch über Gelder der provisorischen Regierung, deren Botschafter er in Schweden war (bevor er über Dresden in die Schweiz ausreiste, wo er jetzt ansässig war). Auf die Verbindung Mulmanns mit den kulturellen Projekten der Kadetten und denen verbundener Kreise verweisen auch seine alten Verbindungen mit dem

Theaterregisseur K.S. Stanislavskij (1913).[51] Auch mit dem Kulturologen Fedor Stepun, mit dem schon mehrmals vor der bekannten Begegnung in 1938[52] Mulmanns Bruder, der Schauspieler Murskij, aufgetreten war.[53]

Und schließlich verweisen darauf auch im Jahre 1932 die Kontakte zu dem Schriftsteller Nabokov (Vladimir Nabokov-Sirin), Sohn des bekannten Führers der Kadetten, Dmitrij Vladimirovič Nabokov, mit dem Mulmanns Bruder Murskij ebenfalls schon aufgetreten war.[54] War es doch Jakov Mulmann, der Nabokov-Sirin zur Lesung in den Keller unter der orthodoxen Kirche geladen. Dort hörten ihn die Mitglieder eines Dresdner „Kreises der Förderer russischer Kultur" („Kružok revnitelej russkoj kul'tury"), die sich hier unter dem Vorsitz von A.D. Obolenskij versammelten, eines Menschen, der, nach im Netz zitierten Zeugnis von Zeitgenossen, auf Vieles mit souveränem Blick schaute („širokim vzgljadom").[55] Zeugnis dessen sind das Datum des Treffens (gerade am Tag, der dem tödlichen Attentat auf den gerade gewählten Präsidenten Frankreichs durch einen russischen Emigranten folgte) und die Auswahl der Texte Nabokovs (der die Erzählungen „Obida", „Muzyka" und „Chvat" ebenso las, wie das Gedicht „K muze"). Aus der Korrespondenz der gerade erwähnten Personen ist durchaus ersichtlich, dass sie Mulmann gegenüber stellenweise eine Ironie an den Tag legten, die schwerlich als gutmütig bezeichnet werden kann. Da erscheint er als hastiger und geschäftiger, herumwieselnder Mensch („toropyga, […] chlopotun [i] pobeguška"),[56] den man erst dazu abrichten musste

---

51 Vinogradskaja I.N., *Žizn' i tvorčestvo K.S. Stanislavskogo. Letopis'*, 4 Bde., 1863–1938. 2. Aufl., Moskva 2003, Bd. 2, S. 413 (Brief Ja.O. Mul'man an K.S. Stanislavskij. Archiv K.S. Nr. 9484). Besonderer Dank an Marija V. Mišurovskaja, die uns auf dieses Dokument aufmerksam machte. Email M.V. Mišurovskaja an G. Kratz vom 13. März 2017.

52 Budnickij 2013, S. 244,383 (Anm. 35).

53 S. die Einträge in der Schlögelschen *Chronik* (Schlögel, 1999, a.a.O.) unter den Jahren 1929 (Nr. 6244) und 1935 (Nr. 7493).

54 S. die Einträge in der Schlögelschen *Chronik* (Schlögel, 1999, a.a.O.) unter 1924 (3479) und 1928 (5877).

55 Brian Boyd, *Vladimir Nabokov: The Russian Years*. Princeton, NJ 1990, S. 379, 570; V. Naboko: *Letters to Vera*, hrsg. und übers. Olga Voronina, Brian Boyd, London 2014, S. 180, 185–186, 604, 605 („unidentified"); Ja. Mul'man: *Večer V. Sirina*, in: *Naš vek* 27 (15. Mai 1932), S. 6; über den Keller und den dort versammelten Kreis s. das Vorwort von Vl. Kantor zu: *Fedor Avgustovič Stepun*, Moskva 2012. Ohne Seitenangabe, Anm. 41; http://gefter.ru/archive/6320 [Zugriff: 07.06.2017].

56 Brief A.D. Kastal'skij an seine Ehefrau N.L. Kastal'skaja vom 17./30. Mai 1911, in dem Sammelband *Aleksandr Kastal'skij. Stat'i, materialy, vospominanija, perepiska*. Red.-sost. S.G. Zvereva, Moskva 2006, S. 918, (*Russkaja duchovnaja muzyka v dokumentach i materialach* 5)

(„dressirovat'"),[57] dass er bei all seinem Eifer zu helfen, aufhörte von einem Fuß auf den anderen zu treten („semenit' nogami").[58] Alles äußere Charakterzüge, und die auch noch verbunden mit Mulmanns bibliothekarischen Bemühungen, sind es, die Kastal'skij, den Autor dieser Wertung aus 1911, nicht nur an Vjačeslav Aleksandrovič Bulyčev erinnern, Mitgründer in Moskau einer öffentlich zugänglichen Musikbibliothek in 1907, deren Bände später in die Bibliothek des Moskauer Konservatoriums eingingen.[59] Sie sind es auch, die uns an seinen Bruder, den Schauspieler Murskij erinnerten, etwa in der Rolle des russischen Gesandten vor dem preußischen König im Film[60] oder auch im realen Leben. Hatte diesen doch der „Rat" der berufsständigen Vereinigung RTO schon 1903 als „äusserst nervösen Menschen" charakterisiert. In einigen Briefen gehen die Verfasser gar soweit, sich über den Familiennamen Jakov Mulmanns zu belustigen. Nabokov-Sirin nennt ihn „Mul'manovič",[61] was unangenehm an ein vom Zeitgenossen Čuprov (jun.) beklagtes „snobistisches Herablassen" seines Vaters (Nabokov sen.) erinnert, der gelegentlich sein jeweiliges Gegenüber durchaus habe fühlen lassen, dass er sich als Mitglied der Kadetten, obwohl sie sich ja offiziell als „Partei der Volksfreiheit" („Partija narodnoj svobody") bezeichnet, „von den Höhen des Senats" in die Niederungen der „Plebs" herablässt.[62] Oder Mulmanns Ehefrau, eine Dame, die um fünf Jahre älter ist als ihr Ehemann, erscheint in den Briefen lediglich als „mul'manša", was man – je nach Kontext – als despektierliches „die Mulmännische" (miss-?)verstehen könnte.[63] Und doch, eines konnten sie Mulmann nicht abstreiten: die Ernsthaftigkeit seines Bemühens („…no ser'ezen") um kulturelle Annäherung zwischen russischer und deutscher Kultur.[64] Eine Ernsthaftigkeit, die ihn nicht nur Verbindung zu den Kadetten halten ließ, sondern auch Kontakte zur ehemals monarchistischen „Russischen Vereinigung" und zur sowjetfreundlichen „Gesellschaft der Freunde des Neuen Russland" und dabei

57 Brief A.A. Čuprov (jun.) an K.N. Gul'kevič, 17. März 1922, (GARF, f. 6094, op.1, d. 117, l. 110 v-o)

58 Brief A.D. Kastal'skij an seine Ehefrau N.L. Kastal'skaja vom 17./30. Mai 1911, in: *Kastal'skij*, 2006, S. 918.

59 https://ru.m.wikisource.org/wiki/БСЭ1/Булычев,_Вячеслав_Александрович [Zugriff 23.06.2019])

60 https://m.youtube.com/watch?v = cIjOH809L4Q, unter 7:17 [Zugriff: 07.06.2017].

61 V. Nabokov 2014, S. 186.

62 Brief A.A. Čuprov (jun.) an K.N. Gul'kevič, 3. April 1922, (GARF, 6094, op.1, d. 117, l. 118 v-o).

63 Brief A.A. Čuprov (jun.) an K.N. Gul'kevič, 19. Januar 1922, (GARF 6094, op.1, d-. 117, l. 96 vo).

64 Kastal'skij 2006, S. 918.

dreißig Jahre lang der russischen wie der deutschen Sprache durch Übersetzungen und Übernahme der Verantwortung für die Bibliothek zu dienen.

„Auskunft erteilt J.O. Mulmann“

Kaum jemand kennt heute den Namen Jakob Osipovič (Iosifovič) Mul'man (Mulmann).[65] Am ehesten taucht er bei den Autoren heutiger Texte, bis hin zu Kommentatoren, die bei westlichen Forschern als Autorität gesehen werden, als „unidentified“ Person auf.[66] Oder aber er wird zitiert, wie in einer unlängst im angesehenen Moskauer Verlag NLO erschienenen Arbeit, mit einer Vielzahl von Briefen an Aleksej Aleksandrovič Gol'denvejzer,[67] die zeigen sollen, was einen „normalen Menschen“ („čeloveku obyknovennomu“) der dreißiger Jahre bewegte in seinen Briefen aus Deutschland an das Mitglied im Exekutivkomitee der Organisation „Sojuz russkich evreev“ („Verband russischer Juden“).[68] Auffallend ist dabei nur, dass die Autoren des Buches an die russische Namensform „Mul'man“ den Vornamen „Michail“ und den Beruf „Jurist“ knüpfen. Und das, obwohl Mulmann selbst in Briefen an Gol'denvejzer (die im Bachmeteff-Archiv von New York erhalten sind und stichprobenweise von uns als Scan gegengeprüft wurden) seine Initialien als „I.I.“ in damaliger lateinischer Schreibung als „J.J.“ angibt (so auch im Druck, etwa auf dem Titelblatt seiner „Fibel“ 1912 und 1913) und er sich im Druck umgangssprachlich in Kyrillisch als „Ja.O.“ für „Ja[kov] O[sipovič]“, bzw. amtlich als „Ja.I.“, für „Ja[kov] I[osifovič]]“ abkürzt

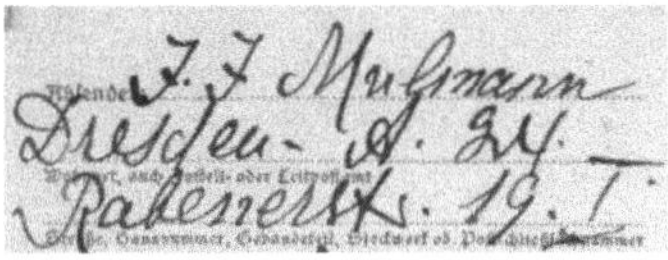

Abb. 3: Handschriftliche Absenderangabe von J. Mulmann auf Postkarte an Mr. Alexis Goldenweiser vom 25.5.1938 (Quelle: Bakhmeteff Archive)

65 Ausführlich zur Biographie von Jakob Mulmann s.u. unseren Aufsatz in diesem Band über ihn als Übersetzer der deutschen Nationalhymne (Deutschlandlied) und unten den Aufsatz von Sv. Zvereva über ihn als Vermittler und Betreuer des Chores der Don-Kosaken unter Serge Jaroff (Sergej Žarov)

66 V. Nabokov: *Letters to Vera*, London 2014, S. 605 („unidentified“).

67 Budnickij 2013, S. 269.

68 Budnickij 2013, S. 249.

Die von den Autoren des genannten Buches vorgenommene Attribution muss daher als unrichtig angesehen und zumindest vorläufig der Gruppe der „alternative facts“ zugerechnet werden. Zumindest solange die Autoren keine dokumentarischen Belege dafür anführen, dass Gol'denvejzer mit einem „Juristen“ namens „Mul'man“ und Vornamens „Michail“ korrespondierte.[69] Im Gegensatz zu diesem Buch wird Jakov Mul'man (Mulmann) in wissenschaftlichen Arbeiten sachlich richtig als „Direktor der Dresdner russischen Lesehalle“ identifiziert.[70]

Geboren ist Jakov Osipovič (Iosifovič) Mul'man (Mulmann) am 7. Dezember 1865 in der Stadt Starokonstantinov (ukr.: Starokostjatyniv), Volynskoj gub., einem „stettl“ in der Westukraine[71] von 16.000 Einw. (Volkszählung 1897), die zur Hälfte jüdischer Herkunft waren.[72] Auch noch in seiner Dresdner Heiratsurkunde von 1909 ist er in der Rubrik „Religion“ weiterhin als „mosaisch“ eingetragen.[73] Seine Eltern, der Rabbi Josef Mulmann[74] und dessen Frau Fejga, geb. Eichenbaum, lebten schließlich in Berdjansk am Ufer des Asowschen Meeres, wo Jakob das Gymnasium mit dem Reifezeugnis im Jahre 1885 beendete.[75] Anders sein leiblicher Bruder Aleksandr, der unter dem Künstlernamen Aleksandr Aleksandrovič Murskij bekannte Theater- und Filmschauspieler, der im Jahre 1881 die Schule vorzeitig und ohne Abschluss verließ.[76] Vor dem Ersten Weltkrieg (WK) auf den Bühnen vieler Theater in Russland auftretend, nach dem Kriege angesehener Schauspieler auf den Bühnen des Russischen Berlin

69 Ausführlich zu den breitgestreuten Kontakten von Gol'denvejzer s. M. Ural'skij: *Neizvestnyj Trockij. Il'ja Trockij, Ivan Bunin i ėmigracija pervoj volny*, Ierusalim/Moskva 2017, S. 290–293.

70 Zvereva 2006, S. 1010.

71 https://www.stsg.de/cms/dresdner-juden?suchwort = Mul&beginn = Beginn+des+Namens [Zugriff23.06.2019],https://ru.m.wikipedia.org/wiki/%D0%A1%D1%82%D0%B0.html [Zugriff 23.06.2019].

72 http://myshtetl.org/khmelnitskaja/staroconstantinov [Zugriff 23.06.2019].

73 Heiratsurkunde vom 26.3.1909 (Heiratsurkunde Mulmann/ Neumann. Standesamt Dresden. Reg. Nr. 185/ 1909), laut Xerokopie Stadtarchiv Dresden vom 15.5.2017). Kommerziell wird die Urkunde vertrieben von der Fa „ancestry“, s. https://tinyurl.com/y9z4sf4h [Zugriff: 08.06.2017].

74 In der Regionalforschung auch mit Vatersnamen erfasst: „Mul'man, Iosif Benediktovic“, s. http://ri-urbanhistory.org.ua/Projects/Dopovid'%20Liman.docx [Zugriff 23.06.2019]).

75 http://www.i-lyman.name/BerdjanskGymn19Cent/Docs/25Years/Vypuskniki.html [Zugriff 23.06.2019].

76 http://history.org.ua/LiberUA/966-8847-32-6/966-8847-32-6.pdf [Zugriff 23.06.2019]).

in den Jahren 1922–1935. Beleg dafür sind die vielen Dokumente zu ihm im RGALI,[77] wie auch die häufigen Erwähnungen Nennungen seines Namens in Zeitungsmeldungen aus dem Russischen Berlin, wie sie vor allem in der Chronik von Karl Schlögel zusammengestellt sind.[78] Ein weiterer Bruder Mulmanns war ebenfalls Schauspieler unter dem Künstlernamen „Michail Aleksandrovič Majkov."[79] In welchem Verwandtschaftsverhältnis jedoch der in Mulmanns Heiratsurkunde von 1909 genannte „Tonkünstler" Benjamin Mulmann zu ihm steht, ließ sich von uns nicht ermitteln. Ebenso unbekannt ist der Zeitpunkt, wann genau Mulmann nach Deutschland übersiedelte. Im Adressbuch für Dresden ist

77 Besonderer Dank an Maria V. Mišurovskaja (RGBI), die uns ihre Exzerpte aus den Akten des RGALI zur Verfügung stellte, soweit sie Aleksandr Mul'man ([1869]-1943) betrafen, bekannt unter dem Künstlernamen („po teatru") Aleksandr Aleksandrovič Murskij) (s. http://www.rgali.ru/search/simple?sPs%5B0%5D.tV=%D0%BC%D1%83%D0%BB%D1%8C%D0%B-C%D0%B0%D0%BD&lc = ru# [Zugriff: 17.6.2017]; Warum er sich den Vatersnamen „Aleksandrovič" zulegte, ist unbekannt. Möglicherweise ebenfalls als Teil seines Bühnennamens. Dass er der „leibliche Bruder" („rodnoj brat)" Jakobs war, bestätigen die Memoiren des Sängers der Kuban- und später der Don-Kosaken P.I. Alekseev, die unter dem Pseudonym „Dobrovolec Ivanov" und unter dem Titel „S pesnej po belu svetu" erschienen (http://cossacksmusic.ru/turne-po-shvejczarii.html#disqus_thread [Zugriff 23.06.2019]. Vor dem Ersten WK, folgt man den Akten des RGALI, spielte er in verschiedenen Theatern in Moskau. Nach dem Kriege ist er eine bekannte Erscheinung im Russischen Berlin, wie die in der „Chronik" von Karl Schlögel zusammengestellten Materialien zeigen (Schlögel, 1999, a.a.O., passim). In der Emigration betätigte er sich auch als Regisseur, zeitweise leitete er ein eigenes Theater. Viele derjenigen Personen, mit denen er während seiner Berliner Periode in Kontakt war, erscheinen auch auf dem Lebensweg seines Dresdner Bruders Jakob, der fast in jedem seiner Briefe an Gol'denvejzer diesen erwähnt. Dem deutschen Zuschauer ist Murskij als Schauspieler im Stummfilm bekannt (von einem frühen Film nach Edgar Wallace, über die Rolle des Erstdruckers der Lutherbibel Hans Lufft in dem gerade restaurierten und aus Anlass des 500jährigen Reformationsjubiläums wiedergezeigten Film), sowie von Rollen im Tonfilm. Vor allem in den 1930er Jahren spielt er in UFA-Filmen (so als russischer Gesandter am Dresdner Hof in dem Film *Flötenkonzert in Sanssouci* von 1930). In den 1940er Jahren erwähnt die nationalsozialistisch ausgerichtete Berliner russische Zeitung „Novoe slovo" (Nr. 28, 7. April 1943) unter dem Pseudonym „A. P-ij" das Ableben von Murskij in Toulouse (Frankreich), ohne jedoch dessen wahren Familiennamen zu erwähnen.

78 Schlögel 1999.

79 RTO, in RGALI; op. 1, ed.chr. 1443, 38 l.

er seit 1898 verzeichnet.[80] Unter der gleichen Adresse, unter der seine spätere Frau verzeichnet ist, Alide Emilie Maria Neumann, „Inhaberin einer Fremdenpension“. Auch nach dem Ersten WK vermietet sie Wohnraum an Untermieter („žil'cam“).[81] Seit 1910 ist Mulmann als ihr Ehemann dort erfasst.[82] Genauere Angaben zu ihr ergeben sich aus der Heiratskurkunde „Mulmann/ Neumann“ vom 26.03.1909 und aus den Geburts- und Taufeinträgen der St.Jacobi-Kirche in Riga. Danach ist sie am 26. November 1860 in Riga geboren und wurde einige Tage später am 26.11.1860 lutherisch getauft als Tochter des „Schneidergesellen Ludwig Neumann“,[83] der schon im Jahre 1909, zum Zeitpunkt der Eheschließung seiner Tochter, in Petersburg verstorben war und dessen Frau Margarete, geb. Treu.[84] Mulmann selbst ist im Adressbuch Dresden, mit Ausnahme der Kriegs- und Nachkriegsjahre (nach dem Ersten WK) von 1898 bis 1940 verzeichnet. Als Beruf gibt er „Russ. Sprachlehrer“ an (1898). Über ein Universitätsstudium ist nichts bekannt. Nach Angaben, die uns von Mitarbeitern der Jüdischen Gemeinde Dresden (Archiv Gedenkbuch) mitgeteilt wurden, hörte er Vorlesungen an den Universitäten Kiev und Odessa.[85] Als „Russischer Sprachlehrer“ arbeitete Mulmann viele Jahre: 1912 spricht er im Vorwort seiner „Fibel“ davon, seit mehr als einem Vierteljahrhundert Russisch zu unterrichten, d.h. seit Ende der Achtziger Jahre. Aus den Erinnerungen von Zeitgenossen wissen wir, dass er zeitweise auch an der Sächsischen Militärakademie in Dresden Russisch unterrichtete.[86] Im Druck erscheint er im Jahre 1912 als Autor einer *Neuesten Russischen Fibel für den Schul- und Selbstunterricht*.[87] Im gleichen Jahr

80 Hier, wie auch im sonstigen Textzusammenhang, wurde die digitalisierte Ausgabe des „Adressbuches für Dresden und Vororte“ in der SLUB benutzt (s.o.). Der Familienname Mulmann wird in den einzelnen Jahrgängen unterschiedlich eingeordnet: mal innerhalb, mal ausserhalb der alphabetischen Reihe des Familiennamens „Muelmann“.

81 A.A. Čuprov (jun.). K.N. Gul'keviču. Brief vom 23.1.1924, in: GARF, f. 6094, op.1, d. 118, l. 82.

82 Im Postskriptum Mulmanns vieler meist handgeschriebener Briefe an Gol'denvejzer findet sich der Zusatz „Privet ot Lidii Karlovny“, vielleicht in Ersetzung des Vatersnamens seiner Frau als einer mglw. stilistisch zu teutonisch empfundenen „Ludvigovna“ durch ein eher germanisches „Karlovna“

83 Geburts- und Taufeintrag Alide; Nr. 161 vom 22. November, bzw. 26. November 1860, in: *Kirchenbuch St Jacobi*, Riga, Bl. 221 (raduraksti.lv; [Zugriff 23.06.2019]).

84 Heiratsurkunde, 1909.

85 Email Gabriele Atanassow an G. Kratz vom 25.4.17.

86 S. die Erinnerungen des „Dobrovolec Ivanov“. http://cossacksmusic.ru/turne-po-shvejczarii.html#disqus_thread [Zugriff: 07.06.2017].

87 J.J. Mulmann: *Neueste Russische Fibel für den Schul- und Selbstunterricht. Eingeführt im Dresdner Reform-Fortbildungsverein- Dresden*, Leipzig 1912. Eine zweite Auflage

ist er Konsultant der 5. Auflage eines weit verbreiteten Sprachlehrbuchs, das ein Jahr später erscheint.[88] Im Druck erscheint auch seine (Mit-) Übersetzung aus Žukovskijs Briefen über „Eine Reise durch die Sächsische Schweiz".[89]

Schließlich erscheinen vor allem seine Übersetzungen von Liedtexten aus dem Russischen (*Stenka Rasin*) und aus dem Deutschen (*Deutschlandlied*, s. folgenden Beitrag, bis hin zur russischen Übersetzung von Schuberts *Serenade*). Veröffentlicht wurden diese Liedtexte in „Textbüchern", die, z.T. zusammengestellt und übersetzt von Mulmann, auf den Konzerten der Sängerchöre der Don- (1929 und 1933) und Kubankosaken (1927) vertrieben wurden. Am engsten war Mulmann mit dem Chor der Don-Kosaken unter Sergej Žarov (Serge Jaroff) verbunden. Im Jahre 1931 schloss er gar einen Vertrag mit dem Chor, der ihn zu dessen regulärem Angestellten machte.[90] Übersetzungen fertigte er für den Chor bis zum Jahre 1938,[91] bis hin zu seiner dem Kosaken-Chor zur Aufführung empfohlenen – horribile dictu – Übersetzung des *Horst Wessel-Liedes*, der Parteihymne der NSDAP, ins Russische.[92] Zu singen nach einem noch zu schreibenden Arrangement von Žarov, der im Zeitungsdeutsch der Sprache des Dritten Reiches bald zum „Führer" des Donkosakenchores wurde.[93]

Die berufliche Bindung an den Chor unter Žarov wird umso verständlicher, wenn man sich an die Verbindung Mulmanns mit A.D. Kastalskij erinnert, den Regent des Moskauer Synodalchores schon während dessen Gastauftritt in Dresden im Jahre 1911,[94] oder im Jahre 1912 an die Kontakte mit V.V. Andreev,

---

dieses Titels ist in der heute in Halle aufbewahrten Privatbibliothek des Slawisten D.I.Tschiżewskij erhalten; s. https://tinyurl.com/y9p9zg99 [Zugriff: 07.06.2017].

88 Nikolai Iwanoff: *Sprechen Sie Russisch*, 5. verb. Aufl. Dresden/Leipzig 1913.

89 *Eine Reise durch die Sächsische Schweiz vor 100 Jahren. Aus d. Briefen d. russ. Dichters W. A. Schukowsky an d. Großfürstin Alexandra Feodorowna*, [Hrsg.] Mulmann, Jakob; Petzoldt, Alfred, in: *Dresdner Anzeiger. Wissenschaftliche Beilage*: *Dienstags-Beilage des Dresdner Anzeigers* 3, Dresden 1926, S. 2–4 [Xerokopie per Fernleihe ohne genaue Datumsangabe erhalten, GK]; erneut in den Literarischen Blättern der frühen Rundfunkgesellschaft MIRAG (Mitteldeutsche Rundfunk AG): *Mitteldeutsche Monatshefte (Sächsische Heimat)* 10/8, Dresden Mai 1927, S. 425–431.

90 Hinweis S.G. Zvereva in Email an G. Kratz vom 3. Mai 2014.

91 S. maschinenschriftl. Brief Mulman an Gol'denvejzer vom 30.10.1938. Besonderen Dank an Frau Tanya Chebotarev (Bachmeteff-Archiv New York) für die Anfertigung und Übersendung dieses Scans sowie Abb.3.

92 Mitteilung S.G. Zvereva an G. Kratz.

93 *Konzert der Donkosaken*, in: *Chemnitzer Tageblatt*, 6.1.1936.

94 S. Kastal'skij, 2006, Zur besonderen Rolle von S.A. Žarov und seinem Chor in der Geschichte der russischen geistlichen Chormusik der russischen Emigration (1920–1940) s. den Beitrag von S.G. Zvereva in einem unlängst erschienenen Kongressband

Balalaikavirtuose und Gründer eines „Großrussischen Orchesters" von Volksmusikinstrumenten, die er im Auftrag, wie Mulmann schreibt, von Frau „Marija Pavlovna, Baronesse Knorring, geborene Gräfin Šuvalova" knüpfte.[95] Oder wenn man an die allsonntäglichen Treffen der Dresdner russischen „Melomanen" in der Wohnung Mulmann denkt,[96] nicht allen Teilnehmern zur Freude,[97] oder an das Interesse Mulmanns sogar an solchen eher unbedeutenden Ereignissen, wie der Trennung der im Dritten Reich so populären rumänischen Opernsängerin Maria Cebotari von ihrem damaligen Mann, dem ehemaligen Schauspieler des Moskauer Künstlertheaters (MChAT) Aleksandr Aleksandrovič Vyrubov.[98]

All diese Tätigkeiten, bis hin zu den regulären Korrespondenzen (vor[99] und nach[100] dem WK) in die überregionalen Berliner russischen Periodika über kulturelle Ereignisse in der russischen Kolonie Dresden (Tournees und Gastspiele), charakterisieren ihn als wahren „Förderer" russischer Kultur in Dresden, der nicht nur an den Treffen des Kreises um Fürst Obolenskij teilnahm, sondern auch an Morgenveranstaltungen der „Gesellschaft der Freunde des Neuen Russland", veranstaltet aus Anlass der Ankunft des Moskauer Kammertheaters. All diese Tätigkeiten und Kontakte vollziehen sich vor dem Hintergrund von Veranstaltungen der Kadetten, was, zusammengenommen, Mulmann als wahren Mittler zwischen russischer und deutscher Kultur sehen lässt. Spiegel dieser vielseitigen Tätigkeit ist seine Verantwortung für die Bibliothek, die er bis zum Ende der 1930er Jahre trägt. Solange eben, bis ihm im Januar 1939, nur einige Wochen nach der Kristallnacht (9/21. Nov 1938), auf Initiative der Dresdner faschistischen Gruppe der „Schwarzhunderter" (Rondisten) der Zugang zur Bibliothek

---

in englischer Sprache (*Transcending the Boarders of Countries, Languages and Disciplines in Russian Emigré Culture*, hrsg. Chr. Flamm, Roland Marti, Ada Raeff, Newcastle upon Tyne 2018, S. 261).

95 S. Brief Mulmann an Vasilij Vasilevič Andreev vom 26./13. 9. 1912, in: RGALI, f. 695, op.1,d. 573, l. 1. Besonderer Dank Herrn A.V. Popov für die elektron. Übersendung einer Kopie.

96 A.A.Čuprov (jun.) an K.N. Gul'kevič, 19.1.1922, in: GARF, f. 6094, op.1, d. 117, l. 96 vo

97 Čuprov (jun.) an K.N. Gul'kevič, 8.1.24, in: GARF, f. 6049, op. 1. D. 118, l. 80.

98 S. den oben aus dem Bachmeteff-Archiv New York (Fonds GOLD) von der Kuratorin des Archivs Frau *Tanya Chebotarev* z.V. gestellten Brief Mulman an Gol'denvejzer, vom 30.10.1938.

99 *Pis'ma iz Drezdena,* in: *Zagraničnye otkliki* 2, 1912, 12. Juni, S. 3; 1912, Nr. 4, 26. Juni, S. 3.

100 Ja. Mul'man: *Den' ruskoj kul'tutry v Drezdene,* in: *Rul'*, 13. Juni 1925, S. 4; *Drezden. Gastrol' mokovskogo kamernogo teatra,* in: *Rul'* 19. Jun 1925, S. 4; *Večer V. Sirina. Pis'mo iz Drezdena,* in: *Naš vek* 15. Mai 1932, S. 6.

der Dresdner orthodoxen Gemeinde verwehrt wird (s.o.).[101] Im Juni 1939 wird er gezwungen, sich als amtlichen Zweitnamen den Namen „Israel" zuzulegen.[102] Es folgt der Zwang, seine Wohnung zu verlassen und der Umzug in ein sogenanntes Judenhaus in der Sporerstr. 2, wohin auch andere Paare umgesiedelt wurden, die in sogenannter Mischehe lebten und daher zunächst von der Deportation in eines der deutschen Vernichtungslager ausgeschlossen waren. Erst ganz am Ende des Krieges erhielten auch die Bewohner der Sporerstr. 2, darunter Mulmann, einen Gestellungsbefehl, der auf den 16. Februar 1945 angesetzt war. Gerade einige Tage zuvor jedoch begann die Bombardierung Dresdens. Am ersten Tag der Bombardierung am 13. Februar 1945 verbrannte auch das Haus in der Sporergasse und, „mit hoher Wahrscheinlichkeit"[103] wurden auch seine Bewohner zum Opfer der alles vernichtenden Flammen.

Jetzt gab es niemanden mehr, der Auskunft oder Rede und Antwort hätte stehen können für die Dresdner Tschuproff-Bibliothek und Lesehalle und deren Bücher.

101 Budnickij, 2013, S. 244, 383, Anm. 36.

102 S. Stempel und handschriftlichen amtlichen Zusatz auf dem Formular der Heiratsurkunde (Heiratsurkunde 1909, a.a.O.) vom 16. Juni 1939.

103 Email Gabriele Atanassow an G. Kratz vom 25.4.2017.

Gottfried Kratz (Münster)

Jakob Mulmann und seine Übersetzung des „Deutschlandliedes“[1]

Abstract: On the hitherto widely unknown 1927 Russian rendering of the German national anthem by Jacob Mulmann, the director of the Russian Tschuproff Library in Dresden. This version was created to be sung by the Russian Cossack Chorus of Semjon Ignatieff (S.D. Ignat'ev)

Keywords: Deutschlandlied, Hoffmann von Fallersleben, „Trotz“-Strophe, „Ade, Deutschland“, Kuban-Kosaken, Don-Kosaken

„Дойчланд – родина, во век!“
(„Deutschland – Heimatland für immer!“)[2]

„В ноябре месяце начнется регистрация всех иностранцев. Кому будет дано разрешение на дальнейшее пребывание в Германии, покажет ближайшее будущее.“
(„Im November beginnt die Registrierung aller Ausländer. Wer dann die Erlaubnis zum weiteren Aufenthalt in Deutschland erhält, wird erst die nächste Zukunft zeigen.“)[3]

---

1 Eine erweiterte Fassung dieses Aufsatzes unter abweichendem Titel, jedoch vom selben Verfasser G. Kratz (Kratz, G., *Von „deutscher Treue“ und „edler Tat“. Zu einer 1927 erschienenen Übersetzung des Deutschlandliedes durch den Vorsitzenden der Dresdner russischen Lesehalle J.J. Mulmann*), ist an anderem Ort in einer Zeitschrift zur Veröffentlichung eingereicht (ebenfalls in deutscher Sprache). – Gelegentliche inhaltliche Überschneidungen der vorliegenden, für Publikum in Deutschland bestimmten Arbeit (vor allem im zweiten Teil) mit der unveröffentlichten und ursprünglich für Publikum in Russland bestimmten Arbeit zur Tschuproff-Bibliothek in russischer Sprache, waren unvermeidbar. Sie blieben erhalten, um die inhaltliche Kohärenz der jeweiligen Arbeit zu wahren.

2 Aus der Übersetzung des Deutschlandliedes (Deutschland, Deutschland, über alles …) Russisch von J.J. Mulman [1927].

3 Aus einem Brief von J. Mulmann vom 30. Oktober 1938.

Am letzten Tag des Jahres 2016 machte der Radiosender WDR seine Hörer mit jüngsten Arbeiten zur Geschichte des Deutschlandliedes (DL) bekannt.[4] Danach ist die Melodie der Hymne ursprünglich aus der Türkei, dann, über Volksweisen auf der „Balkanroute" in die Österreichische Kaiserhymne Haydn's und schließlich nach Deutschland gelangt. Obwohl mehrfach im Äther wiederholt: ein Blick auf das genaue Datum der Erstsendung (1. April 2016) lässt diese Meldung jedoch schnell in Facebook-Beiträgen[5] als Aprilscherz erkennen und somit als frühen Vorläufer der inzwischen allgemein bekannten Gattung der „fake news". So leicht sich eine solche Meldung in die heutigen Bemühungen um Schaffung einer „Willkommenskultur" in Deutschland einfügen ließe, so schwer machte es der Text.

Heinrich Hoffmann (nach seinem Herkunftsort:) von Fallersleben (1798–1874), nach Jahren akademischer, bibliothekarischer und künstlerischer Tätigkeit, vornehmlich als Dichter volkstümlicher Lieder („Winter ade, scheiden tut weh", „Alle Vögel sind schon da", „Kuckuck, Kuckuck, ruft's aus dem Wald"), hatte vor dem Hintergrund deutschen Einigungsstrebens im Jahre 1841 das „Lied der Deutschen" gefasst. Im Jahre 2016 gar mit einer Sonderbriefmarke der Deutschen Bundespost zum 175 jährigen Jubiläum der Entstehung geehrt. Ursprünglich in drei Strophen zu je acht Versen geschrieben, ließ jedoch nur das graphische Bild diese Strophen jeweils als Oktett verstehen. Die Reimung dagegen zeigt sie als traditionellen Vierzeiler mit Zäsur, im 8-füßigen Trochäus gesetzt. Handschriftlich findet es sich im Netz.[6] Gedruckt liest es sich an gleicher Stelle wie folgt:

Das Lied der Deutschen
Deutschland, Deutschland über alles,
Über alles in der Welt,
Wenn es stets zu Schutz und Trutze
Brüderlich zusammenhält,
Von der Maas bis an die Memel,
Von der Etsch bis an den Belt –
Deutschland, Deutschland über alles,
Über alles in der Welt!

Deutsche Frauen, deutsche Treue,
Deutscher Wein und deutscher Sang

---

4 http://www1.wdr.de/mediathek/audio/zeitzeichen/audio-ismet-mustafa-uezguerlue-komponiert-das-deutschlandlied--100.html [Zugriff: 27.5.2017].

5 https://www.facebook.com/deutschefrauengegenturkeibashing/posts/1760012394228289 [Zugriff: 27.5.2017].

6 https://de.wikipedia.org/wiki/Das_Lied_der_Deutschen [Zugriff: 27.5.2017].

Sollen in der Welt behalten
Ihren alten schönen Klang,
Uns zu edler Tat begeistern
Unser ganzes Leben lang –
Deutsche Frauen, deutsche Treue,
Deutscher Wein und deutscher Sang!

Einigkeit und Recht und Freiheit
Für das deutsche Vaterland!
Danach lasst uns alle streben
Brüderlich mit Herz und Hand!
Einigkeit und Recht und Freiheit
Sind des Glückes Unterpfand –
Blüh' im Glanze dieses Glückes,
Blühe, deutsches Vaterland!

Fallersleben stellt in der Ersten Strophe Deutschland global – unausgesprochen, ob in individueller oder kollektiver Sicht und ebenso unausgesprochen, in wessen Namen – „über alles in der Welt“. Politisch die geographischen Grenzen des zu dieser Zeit (1841) nicht als Zentralstaat bestehenden Deutschland mit dessen Sprachgrenzen identifizierend: bis ins heutige Belgien (Maas), Polen (Memel), Südtirol in Italien (Etsch) und Dänemark im Norden (Belt). Dabei schreibt er selbst sein *Lied der Deutschen* auf der Insel Helgoland, die damals – englisch (wie die Insel Föhr – dänisch). In der Zweiten Strophe sieht er unser aller „edle Tat“ angespornt durch „deutsche Treue“, die wiederum gerahmt wird durch „deutsche Frauen“, „deutschen Wein“ und „deutschen Sang“. In der dritten Strophe schließlich ruft er als „des Glückes Unterpfand“ des deutschen „Vaterlandes“ die Werte „Einigkeit“ und „Recht“ und „Freiheit“. Von den deutschen Zeitgenossen wurden sogleich und vornehmlich die nationalistischen, wenn nicht gar chauvinistischen Züge der Ersten Strophe des Liedes gesehen. Besonders nachdem nach der Reichsgründung 1871 diese Sicht deutscher Überhöhung auf die deutschsprachigen Sprachinseln außerhalb des Reichsgebietes ausgedehnt wurde. Dies vor allem nach Gründung des Alldeutschen Vereins 1891, der mit der Reichsgründung „die staatliche Entwickelung [!] des deutschen Volkes nicht für abgeschlossen“ hielt.[7] Und eigentlich nur symptomatisch, dass Versammlungen, etwa, wie die des „Moskauer Männergesangvereins“, mitten im Moskau des Jahres 1909, möglicherweise bei sperrangelweit geöffneten Fenstern, mit dem

7 Klappentext eines vom Alldeutschen Verein herausgegebenen Vortrags, s. Kuhlenbeck, Ludwig, *Rasse und Volkstum*. München, Lehmann's Verlag 1905. o.S.

Intonieren des Deutschlandliedes gerahmt wurden.[8] Nach dem Ersten Weltkriege schließlich wurden alle drei Strophen des DL zur Nationalhymne erklärt. Eingang in die vorwiegend mündliche Tradition vor allem rechter Kreise fand auch die sorgenannte „Vierte" oder „Trotz"-Strophe. Eine nach dem als „Unglück" verstandenen Versailles von anderer Hand hinzugedichtete Strophe („Deutschland, Deutschland über alles// Und im Unglück nun erst recht// […]"). Bis heute ist sie am Glockenturm zu Wyk auf Föhr im Nachhinein zur Erinnerung an den Volksentscheid 1920 für die staatliche Zugehörigkeit der Insel zu Deutschland festgemauert. Sie bleibt in der Übersetzung ignoriert. Entweder gab es sie noch nicht, oder sie war dem Übersetzer ins Russische nicht bekannt oder genehm. Unter Hitler wurde jedoch nur die erste Strophe gesungen, weshalb sie, vor allem im Ausland, bis heute mit Hitler identifiziert wird.[9] Lässt doch allein ein „Über" allem stehendes abstraktes Deutschland das konkrete Individuum, selbstredend, zum „Unter"-Menschen werden. Hatten doch die Zeitgenossen und deren nachfolgende Generationen der Nachbarländer gerade in den ersten Zeilen nationale Hybris und – verstärkt etwa z.B. durch die Übersetzung des „Schutz und Trutz" der Ersten Strophe als „pour se défendre et attaquer"[10] – zudem eine eindeutig militaristische Tendenz des Liedes gesehen.

Nach dem Zweiten Weltkrieg, bedingungsloser Kapitulation Deutschlands und Auflösung des Staates Preußen (als „Träger des Militarismus […] in Deutschland") wurde das DL im westlichen Teil des Landes nur noch unter Auslassung der Ersten und Zweiten Strophe gesungen. Bekräftigt wurde der 1952 gefasste Beschluss zur Bewahrung der dritten Strophe als Nationalhymne auch nach Beitritt der DDR zur Bundesrepublik in 1991. Dies Beschränken auf die Dritte Strophe erleichterte zudem das Singen der Nationalhymne bei feierlichen Anlässen unter dem Schirm der Europäischen Union.[11] Fallersleben selbst hatte sich schon lange zuvor selbst von seinem Lied distanziert, wenn er, kaum fünf

---

8 S. G. Kratc: *Nemeckie ob"edinenija v Moskve 1920-ch godov*, in: *Nemcy v Rossii. Vstreči na perekrestke kul'tur*; hrsg. Ditmar Dal'man/ Galina Smagina. Sankt Peterburg/ Rostok 2011, S. 179.

9 http://edition.cnn.com/2017/02/13/tennis/usta-german-nazi-era-national-anthem/ [Zugriff: 27.5.2017].

10 Wikipedia verweist auf die Übersetzung des französischen Philosophen Alfred Fouillée in seinem *Esquisse psychologique des peuples européens* 1903, S. 299) (s. https://books.google.de/books?id = Y8JDAQAAMAAJ&q = attaquer [Zugriff: 27.5.2017].

11 Vgl. Dorle Obländer: *Holde Freiheit, sei gegrüßt*, Hanau 2013, S. 2.

Abb. 4: Glockenturm zu Wyk auf Föhr (© Kratz)

Jahre nach Verfassen des DL, auf die Melodie eines bekannten Volksliedes sein „Ade, Deutschland (1846)“ reimt:

'Raus, 'raus, 'raus und 'raus,
Aus Deutschland muss ich 'raus:
Ich schlag' mir Deutschland aus dem Sinn
Und wandre jetzt nach Texas hin.
Mein Glück will ich probieren,
Marschieren.

Versuche, die Widersprüche durch Textänderungen zu beheben, hat es immer wieder gegeben. Bis in die jüngste Zeit sogar. Gendermäßig etwa Anfang 2018 ein Änderungsvorschlag der Frauenbeauftragten der Bundesregierung; abgelehnt jedoch von der Kanzlerin, die nach Medienberichten „keinen Bedarf einer Änderung“ sieht und mit der Nationalhymne in ihrer jetzigen Gestalt „sehr zufrieden" ist.[12] Vor allem aber Änderungsvorschläge von Seiten derer, die, durch Herkunft oder Lebenserfahrung bedingt, über nationale Beschränktheiten hinaus sahen. So hatte sich der deutsch-amerikanische Germanist Christian Gellinek, symbolträchtig am Reformationstag (31. Oktober) 2010 in einem gleichlautenden Brief an die Kabinette des Kanzleramtes und des Bundespräsidialamtes gewandt, doch den Jahrestag des damals gerade zwanzig Jahre zurückliegenden Beitritts der DDR zur Bundesrepublik für eine leichte Änderung des DL zu nutzen.[13] Dabei dem Brief seine eigene Fassung mit behutsamen Änderungen beilegend: gender- und grenzkonform. Von beiden Ämtern erhielt er umgehende Ablehnung. Inwieweit die Schreiber dieser Absagen oder auch deren Auftraggeber (die Briefe waren „i.A." unterzeichnet), zur Absage angeregt waren, dass sie ihre nationale Erst-Prägung noch durch die seinerzeit vom Politbüro des ZK der SED angeforderte DDR-Hymne erhalten hatten, müsste im Einzelnen geprüft werden. Ebenso, ob sie vielleicht Erklärungsnöte befürchteten, den Islam, erst seit einigen Tagen (seit dem 3. Oktober 2010) präsidial als zu Deutschland gehörend erklärt, mit den nicht nur in der Neujahrsnacht zu singenden Werten des „Vaterlandes": den „deutschen Frauen", ganz zu schweigen von „deutscher Treue", „deutschem Wein" und „deutschem Sang", nun schon in Einklang zu bringen.

Besondere Aufmerksamkeit verdient vor dem Hintergrund des anhaltend widersprüchlichen Verständnisses des DL eine um 1927 veröffentlichte und allem Anschein nach in der Emigration entstandene Übersetzung in die russische Sprache durch J.J. Mulmann. Sie vermeidet jedwede Anrufung eines kollektiven und sich global „über alles" erhebenden abstrakten Deutschland und spricht an deren Stelle von einem konkreten, näher an den Einzelnen gebundenen, subjektiven und eher inneren Empfinden. Von Deutschland als einem Land, das unsereinem („nam") doch „schöner" („kraše") und „lieber"(„milej"), kurz: „heimischer" („rodnej") und somit näher sei, als alles in der Welt.[14] Formal besteht die Übersetzung aus zwei Strophen, in denen jeweils die Halbverse der deutschen Fassung zusammengefügt sind und die Reimung sichtbarer

12 https://www.tagesschau.de/inland/merkel-nationalhymne-101.html [Zugriff 23.06.2019].

13 S. Email Christian Gellinek an G. Kratz vom 13. August 2015 mit Hinweis auf: Chr. Gellinek: *Deutsches Elternland: Eine geographisch-historische Untersuchung*, Münster 2013, S. 120–132.

14 *Textbuch der vom Kubanj-(Kaukasus) Kosaken-Chor u. d. Leitung des Dirigenten Semjon Ignatjeff vorgetragenen Gesänge und Lieder* [..].Verl. u. Eigentum des Kubanj-Kosaken-Chores [1927], S. 32, Nr. 79.

wird. In der Ersten Strophe ist die Reimung AAAA beibehalten. In der Zweiten ist, auffallenderweise, die Reimung BBCC, gegeben, was auf einen bewussten oder im Rahmen des „Textbuches" räumlich bedingten inhaltlichen Wegfall des zweiten Teils der Zweiten (BB[BB]) und Ersten Teils der Dritten Strophe ([CC]CC) des Originals weisen mag (Verse 15–22). Die sogenannte „Vierte Strophe" fehlt ganz. Gleichzeitig wird die deutsche Hymne in einen russischen literarischen Kontext gestellt. Der erste und vierte Vers („Dojčland, Dojčland, vsego kraše, vsego v mire nam rodnej"/ „Deutschland, Deutschland, du bist schöner, für uns heimischer, als alles in der Welt") ist nämlich nichts anderes als die Paraphrase eines sprichwörtlichen Verses aus Griboedovs Komödie „Verstand schafft Leiden (III: 22)" vom Anfang des 19. Jahrhunderts: „Ach! Francija! Net v mire luče kraja!" / „O, Frankreich! Es gibt kein schöner Land in dieser Welt" (Übers G.K.).[15] Jedem Schulkind in Russland, wie dem Leser der Emigration, geläufig.

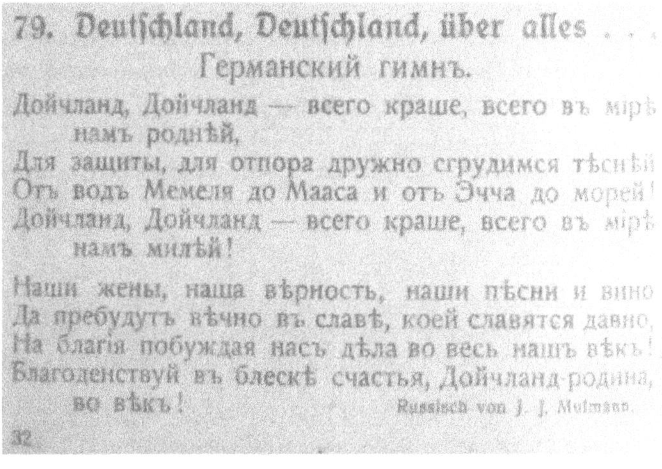
79. Deutschland, Deutschland, über alles . . .

Германский гимнъ.

Дойчланд, Дойчланд — всего краше, всего въ мiрѣ
намъ роднѣй,
Для защиты, для отпора дружно сгрудимся тѣснѣй
Отъ водъ Мемеля до Мааса и отъ Эчча до морей!
Дойчланд, Дойчланд — всего краше, всего въ мiрѣ
намъ милѣй!

Наши жены, наша вѣрность, наши пѣсни и вино
Да пребудутъ вѣчно въ славѣ, коей славятся давно,
На благiя побуждая насъ дѣла во весь нашъ вѣкъ!
Благоденствуй въ блескѣ счастья, Дойчланд-родина,
во вѣкъ!

Russisch von J. J. Mulmann.

32

Übersetzte man diese Verse zurück, so ergäbe sich, wenn auch etwas ungelenk, ungefähr folgender Text:

Deutschland, Deutschland, du bist schöner, näher uns, als alles in der Welt
Zu Schutz und Trutz lasst näher du uns zusammenrücken
Von der Memel bis zur Maas, von der Etsch bis an das Meer
Deutschland, Deutschland, du bist schöner, lieber uns als alles in der Welt

---

15 Griboedov A.S.: *Gore ot uma*, Berlin 1923, S. 89.

Unsre Frauen, unsre Treue, unsre Lieder, unser Wein
Mögen sie ewig in dem Ruhme verbleiben, der sie seit langem ziert
Und uns zu edlen Taten anregen
Im Glanze diese Glücks, o Deutschland, auf immer unser Heimatland

Veröffentlicht wurden diese Verse in dem oben bereits zitierten und (bedingt) auf 1927 datierten Liederbuch („Textbuch") des frühen Chors der Kuban-Kosaken, die mit diesem Lied wohl ihre jeweiligen Konzerte in Deutschland beendeten. Gegründet um 1926 hatten sie ihre Auftritte unter der Leitung des – wie der Leiter des Don-Kosaken Chores Jaroff (Žarov) – aus der orthodoxen Kirchenmusik kommenden Semen Dmitrievič Ignat'ev (Semjon Ignatieff, 1891, Pskovskaja gub. – 1974, San Francisco) und tourten bis zur Auflösung des Ensembles im Jahre 1941.[16] Ob der Chor auch nach 1933 noch das DL intonierte, ist unbekannt, war doch Ignat'ev um Weihnachten 1935 von der Leitung zurückgetreten, die Mitgliederzahl zurückgegangen und auch das Renommee des Chores, ungeachtet anhaltenden finanziellen Gewinns, im Vergleich zu dem der Don-Kosaken, wesentlich geringer.[17]

Als Übersetzer des DL wird „J.J. Mulmann" genannt. Als „Vorsitzender" der russischen Lesehalle in Dresden, als Verantwortlicher, der „Auskunft erteilt", der also Rede und Antwort steht und buchstäblich ver-antwort-lich ist, ist er – wenn auch mit Unterbrechung – von 1908 bis 1937 in den Adressbüchern aufgeführt. In der hier herangezogenen Literatur ist er nur der Forscherin einer auf den

16 *Museum of Russian Culture Microfilm Collection, Russian Version*, [elektr. Version, S. 19], zugeschickt von Svetlana Zvereva am 5.2.2017; dto die zwischen 1967 und 1971 erschienenen Erinnerungen von „Dobrovolec Ivanov" [Pseud. von P.I. Alekseev] *S pesnej po belu svetu*, in: http://cossacksmusic.ru/yugoslaviya-1926.html#disqus_thread [Zugriff: 27.5.2017].

17 Ein deutschsprachiger Brief vom 9. Juli 1936 an „Herrn M. Tschijitchenko, Bremen" spricht von zunächst 25, dann aber nur noch 18 namentlich auf einer beiliegenden Liste aufgeführten Sängern, s. die Dokumente im United Nations Archive Geneva (UNOG) unter C1186/82/53.2 Kuban-Kosaken Chor, 1933.09.21–1936.10.16 (Document), in: http://biblio-archive.unog.ch/detail.aspx?ID = 174724 [Zugriff: 27.5.2017]; vgl. auch französischsprachigen Brief ohne Unterschrift unter gleichem Datum an „A l'Office International Nansen pour les Refugieés, Geneve"; mein Dank an die Herren Oberson und Robertson, die mir frdlw Scanzugang zu der entsprechenden Akte im Archiv des UNOG gaben. S. Zvereva: *Russkaja duchovnaja muzyka za predelami SSSR v 1940-e gody*, in: *Russkoe zarubež'e. Muzyka i pravoslavie*. M. 2013, S. 298, 319, Anm. 47. Ferner: E.A. Aleksandrov: *Russkie v Severnoj Amerike*, Chėmden, Sankt Peterburg 2005, S. 220; ausführliche Beschreibung des Fonds Ignat'ev im Museum of Russian Culture, San Francisco, http://www.oac.cdlib.org/findaid/ark:/ [Zugriff: 27.5.2017].

Grund gehenden Arbeit zur russischen geistlichen Chormusik als „Direktor der russischen Lesehalle in Dresden" bekannt.[18] In neueren Arbeiten aus 2013–2014 ist er den Autoren jedoch „unbekannt" („unidentified").[19] Er sei daher hier etwas ausführlicher vorgestellt.[20]

Jakob Mulmann (vom Autor selbst genutzte deutsche Variante der russischen Namensfassung Jakov Iosifovič /volkssprachlich: Osipovič/ Mul'man), wurde am 07.12.1865 (a.St.) in einem Ort („Stettl") in der Westukraine geboren, dessen Einwohner mehrheitlich jüdischer Herkunft waren[21] Sein Vater war, folgt man Jakob Mulmanns Dresdner Heiratsurkunde von 1909,[22] der Rabbiner Joseph Mulman,[23] seinerseits verheiratet mit Fejga (geb. Eichenbaum), derzeit wohnhaft in Berdjansk am Asowschen Meer. Als Jakobs leiblicher jüngerer Bruder wird in Erinnerungen der Zeitgenossen der unter dem Pseudonym Aleksandr Aleksandrovič Murskij (deutsche Schreibung: Murski, 1869 [?]-1943) bekannte UFA-Filmschauspieler genannt.[24] Die Auflösung dessen Pseudonyms für den

18 So im Register zu: *Aleksandr Kastal'skij.*[…] Red.-sost, avtor vstupitel'nych statej i komm. S.G. Zvereva. Moskva 2006 (*Russkaja duchovnaja muzyka v dokumentach i materialach.*, Bd. 5.), S. 1010.

19 Boyd, Brian, *Vladimir Nabokov. The Russian Years.* Princeton, NJ 1990, s. 379, 570; Nabokov, Vl., *Letters to Vera.* Transl. and ed. by Olga Voronina and Brian Boyd. London, Penguin 2014, S. 605 („unidentified").

20 Der folgende Text überschneidet sich inhaltlich mit unserem russischsprachigen Aufsatz über die Dresdner russische Tschuproff-Bibliothek [Mskr., Mai 2017], der hier in deutscher Bearbeitung abgedruckt ist (s.o.).

21 _http://myshtetl.org/khmelnitskaja/staroconstantinov; https://ru.m.wikipedia.org/wiki/%D0%A1%D1%82%D0%B0.html [Zugriff: 26.5.2017].

22 S. Heiratsurkunde Mulmann/ Neumann, Standesamt Dresden, Reg.nr. 185/1909; ebf. abrufbar über ancestry (https://tinyurl.com/y9z4sf4h, [Zugriff: 26.5.2017].

23 Ein Dokument im RGALI weist auf die Initialen „I.B." des Iosif Mulman in Berdjansk (frdl. Mitteilung M.V. Mišurosvskaja, Email an G. Kratz vom 29.5.17).

24 A.A. Murskij, war vor dem 1. Weltkrieg (seit 1883) als Theaterschauspieler in Russland (mit Gastspielen bis nach Japan) tätig, Dies zeigen die im RGALI erhaltenen Dokumente (http://www.rgali.ru/search/simple?sPs%5B0%5D.tV =%D0%BC%D1%83%D0%BB%D1%8C%D0%BC%D0%B0%D0%BD&lc = ru# [Zugriff: 17.6.2017]; besonderen Dank an Marija V. Mišurovskaja (RGBI), die ihre Exzerpte aus diesen Akten für die Anfertigung dieser Arbeit zur Verfügung stellte). Nach dem Weltkrieg (s. die Vielzahl der in der Chronik von Karl Schlögel zusammengestellten Zeitungsmeldungen, in: Schlögel, Karl (Hrsg.), *Chronik russischen Lebens in Deutschland 1918 - 1941.* Berlin: Akad.-Verl. 1999, in: http://russkij-berlin.org [Zugriff: 08.06.2017] war Murskij vor allem in der deutschen Ufa-Filmproduktion der 1920–1930er Jahre beschäftigt: vom gerade frisch renovierten Luther-Stummfilm des Jahres 1927 (als Drucker

Namen Aleksandr Mul'man findet sich auch unter dessen persönlichen Papieren im RGALI über seine Anstellung im Moskauer „Malyj teatr" in den Jahren 1901–1903,[25] sowie über seine Theatertätigkeit in Russland vor dem Ersten Weltkrieg. Als weiterer Bruder wird in den im RGALI erhaltenen Dokumenten der ebenfalls unter dem Pseudonym tätige Schauspieler Michail Aleksandrovič Majkov (Mul'man) genannt.

Zurück zu Jakob Mulmann, so erscheint er seit 1898 im Dresdner Adressbuch. Ab 1915 mit Ausnahme der Kriegs- und Nachkriegsjahre, und dann bis 1937 als Verantwortlicher der Bibliothek und bis 1940 als Privatperson im Adressbuch von Dresden aufgeführt. Zunächst unter gleicher Adresse wie Alide Emilie Maria Neumann wohnend, „Inhaberin einer Fremdenpension", ist er ab 1910 als deren Ehemann im Adressbuch verzeichnet. Folgt man der Dresdner Heiratsurkunde und Alidens Geburtsurkunde,[26] so sind Jakob, 44 Jahre und „mosaischen Glaubens" und Alide, 49 Jahre und „evg.-luth.Glaubens", geboren am 22.11.1860 in Riga als Tochter des zum Zeitpunkt der Hochzeit bereits in Petersburg verstorbenen damaligen „Schneidergesellen Ludwig Neumann", seit dem 26.3.1909 standesamtlich verheiratet. Als Berufsangabe von Mulmann findet sich im Adressbuch ausschließlich die Bezeichnung „Russ. Sprachlehrer" (1898), „Lehrer der russ. Sprache" (1903–1914, 1920–1923) und „Sprachlehrer" (1924–1937). Von einem abgeschlossenen Studium ist nichts bekannt. Besuch der Universitäten Odessa und Kiev ergibt sich aus den der Dresdner jüdischen Gemeinde heute vorliegenden Papieren.[27] Möglicherweise war Jakob Mulmann

---

der Luther-Bibel Hans Lufft) bis zu den Fridericus-Filmen (als russischer Gesandter am Dresdner Hof im „Flötenkonzert zu Sansscoussi", 1930), wie es in youtube zu sehen: https://m.youtube.com/watch?v = cIjOH809L4Q, 7:17 [Zugriff: 28.5.2017]; s.a. kurze anerkennende Notiz anlässlich des Todes von Murskij, in: A. P-ij, *Končina A.A. Murskogo*, in der nationalsozialistisch ausgerichteten russischsprachigen Zeitung „*Novoe slovo*" (Nr. 28, 7 aprelja 1943, o.S.); ferner die Erinnerungen an Mulmann und Erwähnung Murskijs als dessen „leiblichen" Bruders („rodnoj") und nicht eines Vetters („dvojurodnyj brat") in den Memoiren des ursprünglich aus dem Kuban-Chor zu den Don-Kosaken gestossenen Sängers P.I. Alekseev (unter dem Pseudonym eines „Freiwilligen Ivanov"): Dobrovolec Ivanov, *S pesnej po belu svetu*, in: http://cossacksmusic.ru/turne-po-shvejczarii.html#disqus_thread.[Zugriff: 27.5.2017]. Von daher kann der Vatersname („Aleksandrovič") auch als Teil des Pseudonyms gesehen werden.

25 http://www.rgali.ru/object/236 418337#!page:1/o:236418337/p:1 [Zugriff: 27.5.2017]

26 Geburts- und Taufeintrag Alide; Nr. 161 vom 22. Nov., bzw. 26. Nov. 1860, in: Kirchenbuch St Jacobi, Riga, Bl. 221, in: raduraksti.lv [Zugriff: 27.5.2017].

27 Email G. Atanassow an G. Kratz vom 25.04.2017.

auch schon vor 1898 als „Sprachlehrer“ aktiv. Im September 1912 spricht er im Vorwort zu seiner „Fibel“ von „über ein[em] Vierteljahrhundert langer Lehrtätigkeit“.[28] So vor dem Ersten Weltkrieg an der Sächsischen Militärakademie in Dresden (erwähnt in den Erinnerungen des zeitgenössischen „Dobrovolec Ivanov“),[29] später als Privatlehrer.[30]

Diese Fibel aus dem Jahre 1912 wie auch die Überarbeitung und Neuauflage eines populären Lehrbuchs in 1913, in dem Jakob Mulmann im Vorwort als „geborenem Russen“ für „Durchsicht“ und „Verbesserungen“ gedankt wird, zeigen ihn auch im Druck.[31]

28 J.J. Mulmann: *Neueste Russische Fibel für den Schul- und Selbstunterricht. Eingeführt im Dresdner Reform-Fortbildungsverein*. Dresden/Leipzig 1912, S. 3. Eine zweite Auflage, bibliothekarisch auf die Nachkriegszeit datiert als „[ca. 1920]“, hat sich in der Halleschen Privatbibliothek des Slavisten Tschižewskij erhalten (https://tinyurl.com/y9p9zg99, Zugriff: 27.5.2017]

29 Dobrovolec Ivanov, a.a.O.

30 S. Brief von A.A. Čuprov (d. i. Čuprov-Sohn oder Čuprov jun.), Dresden, an K.N. Gul'kevič vom 4. November 1922, in: GARF f. 6094, op. 1, d. 117, l. 179ob.

31 Vgl. Verlagsanhang der *Fibel* (S. 30, 32) und das Vorwort des Lehrbuchs selbst (N. Iwanoff: *Sprechen Sie Russisch?* 5. verb. Aufl. Dresden/Leipzig 1913.

J. J. Mulmann Я. О. Мульманъ

Neueste
Russische Fibel
für den Schul- und Selbstunterricht
In 2 Stunden Russisch lesen
und schreiben lernen

Eingeführt im Dresdner Reform-Fortbildungsverein

Dresden und Leipzig
C. A. Kochs Verlagsbuchhandlung (H. Ehlers)
1912

Stärker noch ist seine im Druck erschienene Übersetzungstätigkeit zu erwähnen. Weniger die Übersetzung von Prosa (Žukovskij)[32] als vielmehr die Übersetzung von geistlichen (Abteilung: „Kirchengesänge") und weltlichen Liedern

32 *Eine Reise durch die Sächsische Schweiz vor 100 Jahren. Aus d. Briefen d. russ. Dichters W. A. Schukowsky an d. Großfürstin Alexandra Feodorowna,* [Hrsg.] Mulmann, Jakob;

(Abteilung: „Weltliche Lieder") bis zu „Stenka Razin" in den von ihm herausgegebenen und gewinnbringend in den Konzertpausen verkauften „Textbüchern" in Deutschland tourender Kosakenchöre. So aus dem Russischen ins Deutsche im Textbuch der Don-Kosaken aus 1929 und 1933 (aber ohne Übersetzung des DL). Aber auch schon vorher den Kuban-Kosaken, wie hier im „Textbuch" von 1927, verbunden sogar mit einer Übersetzung aus dem Deutschen, wie hier dem „Deutschlandlied".[33]

Wer allerdings der Übersetzer der in der Abteilung „Kirchengesänge" des „Textbuches" der für Kuban-, wie Don-Kosaken zusammengestellten geistlichen Lieder ist („Kirchengesänge"), bleibt offen. Ob und inwieweit er bereits bestehende Übersetzungen, wie die Berliner Übersetzungen der Maltzewschen Ausgaben, nutzte, wäre im Einzelnen zu prüfen.[34] Auffallend ist es, hatte er doch Vergleichbares bereits 1911 dem Leiter des Moskauer Synodalchores auf dessen Deutschlandtournee vorgeschlagen, wie dieser in einem Brief aus Dresden schreibt: einige der Gesänge ins Deutsche zu übertragen und mit einem „Textbuch" in hiesigen „Kirchen" unter Orgelbegleitung vortragen zu lassen.[35] Eine Aufführungsvariante, die finanziell den nach dem Zweiten Weltkrieg in Deutschland tourenden Kosakenchören („Schwarzmeer-Kosaken") das Überleben erleichterte.

Eine Verbindung zur Musik, die auch in anderem zu sehen ist. Schon in 1912 die Kontaktaufnahme mit dem Balalaikavirtuosen und Gründer des Großrussischen Orchesters der Volksmusikinterpreten V.V. Andreev, die er „i.A." der Vorsitzenden des Kuratoriums der Dresdner Botschaftskirche (Marija Pavlovna Baronin Knorre, geb. Gräfin Šuvalova) initiierte.[36]

Petzoldt, Alfred, in: *Dresdner Anzeiger. Wissenschaftliche Beilage, Dienstags-Beilage des Dresdner Anzeigers.* Dresden 1926, Bd., S. 2–4.

33 *Textbuch der vom Kubanj-(Kaukasus) Kosaken-Chor [...] vorgetragenen Gesänge und Lieder* [..]. [... 1927], a.a.O.

34 Zu Maltzew s. unseren inzwischen in deutscher Sprache erschienenen Aufsatz: zu Maltzew G. Kratc: *Darstvennaja nadpis' berlinskogo prot. o. Alekseja Mal'ceva*, in: *Berega*, SPb 21, Sankt Peterburg 2017, S. 23–32.

35 S. Zvereva, 2006, S. 918.

36 Brief Jakob Mulmann an Vasilij Vasil'evič Andreev vom 26./13.9.1912, in: RGALI, f. 695, op. 1, d. 573, l. 1; Herrn Andrej Popov Dank für Besorgung und elektr. Übersendung der Kopie am 21.2.2017

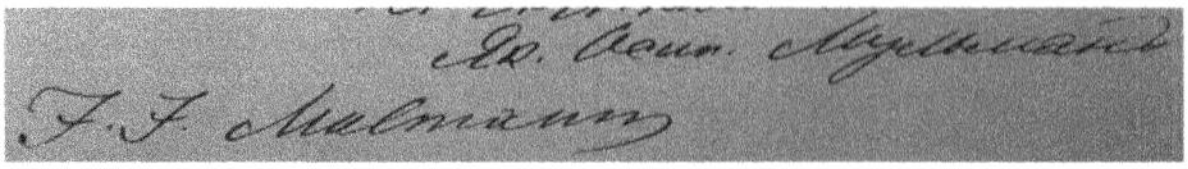

Abb. 5: E.h.Unterschrift (zweisprachig) Brief J.J. Mulmann an V.V. Andreev vom 26./13. IX.1912 (RGALI, a.a.O., l. 2)

Darüber hinaus die bis in die letzten Jahre regelmäßig wiederkehrende Sorge um Konzertabonnements, die all sonntäglichen Treffen der Dresdner „Melomanen" in der Wohnung der Mulmanns,[37] wenn auch einzelnen Teilnehmern zur Last.[38] Und gar die Weitergabe von Klatsch aus der Künstlerwelt (über die Trennung der Sängerin Maria **Cebotari** von ihrem damaligen Mann, dem ehemaligen Mitglied des Moskauer Künstlertheaters Aleksandr Vyrubov).[39]

All diese vielfältigen Tätigkeiten zeigen ihn nicht nur als begeisterten Musikfreund, sondern auch beruflich der Chormusik verbunden. Den Don-Kosaken unter Jaroff in 1931 gar als „fester Angestellter mit einem monatlichen Gehalt",[40] der nicht nur in der zweiten Hälfte der 1920er Jahre, sondern sogar noch in

37 Brief Čuprov jun. an K.N. Gul'kevič vom 19.1.22, in: GARF, f. 6094, op. 1, d. 117, l. 96ob.

38 Brief Čuprov jun. an K.N. Gul'kevič vom 8.1.24, in: GARF, f. 6094, op. 1, d. 118, l. 80.

39 Schreibmaschinenbrief J. Mulmann an A.A.Goldenvejzer vom 30.10.1938 (Scan dieses Briefes wurde freundlicherweise von Frau T. Chebotarev an mich.übersandt); Budnickij (Oleg Budnickij und Aleksandra Poljan, *Russko-evrejskij Berlin 1920–1941*. Moskva. 2013, S. 250, S. 359, Anm. 55) zitiert diesen Brief mit der Quellenangabe des Bakhmeteff-Archive: „Gold-4". Auffallend ist dabei, dass Mulmann in diesem und im übrigen Kontext von den Verfassern dieser Mehrverfasserschrift unter einem Vornamen „Michail" und einer Berufsbezeichnung „Jurist" gesehen wird. Die Überprüfung nun de visu einiger in diesem Buch zitierten handschriftlichen Dokumente aus dem Bakhmeteff Archiv durch den Verfasser des vorliegenden Aufsatzes zeigt Mul'man nirgends mit diesem Vornamen oder dieser Berufsbezeichnung. Sie zeigt ihn eindeutig mit den auch auf dem Titelblatt der Fibel gegebenen Initialen „J.J.". So z.B. auf der Absenderangabe einer handschriftlichen Postkarte an Gol'denvejzer vom 25.5.38 aus dem Bakhmeteff-Archive. Auch im Druck tritt Mulman lateinisch als J.J. oder kyrillisch „Ja.I." und öfter, weltlicher, als „Ja.O." auf. Die Zuschreibung „Michail" und „Jurist" aus dem zitierte Band muss daher, bis zu einem dokumentarischen Beleg dieser „alternativen Fakten", als Falschinformation gesehen werden. Ausführlich zu Goldenvejzer s. jetzt auch M. Ural'skij: *Neizvestnyj Trockij. Ilja Trockij, Ivan Bunin i ėmigracija pervoj volny*. Ierusalim/ Moskva 2017, S. 290–293.

40 Freundliche Mitteilung S. Zvereva an G. Kratz in Email vom 3. Mai 2014.

1938 deren zu singende Texte übersetzte.[41] Sie machen ihn darüber hinaus zu einem wahren Förderer russischer Kultur und Vermittler zwischen russischer und deutscher Kultur in Dresden, wie sie Anfang der dreißiger Jahre im Kreis der Freunde und Förderer der russischen Kultur („Kružok revnitelej russkoj kul'tury“) unter Fürst A.D. Obolenski vertreten sind.[42] Dies auch wenn über seine Kontakte zu dem Regisseur Konstantin Stanislavskij (8. Sept. 1913)[43], zu dem Kulturwissenschaftler Fedor Stepun (in 1938)[44], oder dem Schriftsteller Vladimir Nabokov (in 1932) im „Keller“ unter der Dresdner orthodoxen Kirche[45] nur Punktuelles bekannt ist.

Dokumentiert werden diese weitgespannten Interessen Mulmanns vor allem durch seine Funktion als „Vorsitzender“ (1908–1913-?) und später „Verantwortlicher“ (1922–1937) der Dresdner „Russischen Bibliothek und Lesehalle“. Gegründet in 1908, folgt man dem deutschen Namen: „zum ehrenden Gedächtnis an Prof. A.J. Tschuproff“, erscheint im Russischen lediglich als „Biblioteka-čital'nja imeni prof. A.I. Čuprova“. Sie behielt den Namen A.I. Čuprovs auch nach Wiedereröffnung in 1922 bis 1937. War doch der gerade vor Gründung der Bibliothek in Deutschland verstorbene ehemalige Absolvent der Geistlichen Akademie und spätere Professor der Statistik der Universität Moskau A.I. Čuprov aufs Engste den aus der Zemstvo-Bewegung hervorgekommenen weitausgreifenden Volksbildungsbestrebungen verbunden (Teilnahme an der Ausarbeitung eines Status für die in Moskau zu gründende Turgenev-Bibliothek, Vorbereitung der Gründung der Moskauer Šanjavskij-Universität, einer außeruniversitären Volksuniversität u.ä.), wie sie im Umkreis der liberal demokratischen Partei der Konstitutionellen Demokraten (umgangssprachlich „Kadetten“) gepflegt wurden. Einer Partei, deren Vorsitzender P. Miljukov nicht zufällig die Leichenrede auf A.I. Čuprov hielt.[46] Und das bei gleichzeitigen Kontakten der Bibliothek zur

41 Schreibmaschinenbrief Mulmann an Goldenvejzer vom 30. 10. 1938, a.a.O.

42 Ja. Mul'man: *Večer V. Sirina*, in: *Naš vek*, Nr. 27, 15. Mai 1932, S. 6.

43 I. N. Vinogradskaja: *Žizn' i tvorčestvo K.S. Stanislavskogo. Letopis'* 5, 4 Bde. 1863–1938. 2. Aufl. Moskva 2003. Bd. 2. 1906–1917, S. 413: (Brief Ja.O. Mul'man an Stanislavskij. Archiv K.S. Nr. 9484).- Frdl. Hinweis M. Mišurovskaja in Email an G. Kratz vom 13. März 2017.

44 Budnickij, 2013, S. 244; 383, Anm. 35.

45 Boyd, Brian, 1990, S. 379, 570; Nabokov, Vl., 2014, S. 180, 185–186, 604, 605 (unidentified); Ja. Mul'man: *Večer V. Sirinu* 1932, S. 6; Vl. Kantor: *Chranitel' vysšich smyslov, ili Skvoz' katastrofy XX veka*, in: *Fedor Avgustovič Stepun*, hrsg. V.K. Kantora, Moskva 2012, S. 5–34; Anm. 41, in: http://gefter.ru/archive/6320 (Zugriff: 27.5.2017]).

46 M.V.Sabašnikov: *Zapiski*, Moskva 1995, S. 329.

Vereinigung „Russkoe sobranie", etwa bei der Organisation des „Tages der russischen Kultur" („Den ‚russkoj kul'tury'") 1925. Hatte sich doch diese Vereinigung, sollte sie eine Fortsetzerin der russischen rechtsmonarchistischen Vorkriegsvereinigung „Russkoe sobranie" sein, sich von einer politischen Vereinigung nun nach dem Kriege in der Emigration zu einem Kreis von Liebhabern des Alten Russland gewandelt hat, will man *Wikipedia* glauben. „Verantwortlicher" der nach Čuprov benannten Lesehalle blieb nun auch nach 1933 nahezu bis Kriegsbeginn Mulmann, folgt man dem Dresdner Adressbuch. Im Januar 1939 jedoch (also nach der sogenannten Kristallnacht vom 9./10.Nov. 1938) wird ihm auf Veranlassung eines Dresdner Ablegers der russischen Faschisten („rondisty") der Zutritt sogar zur orthodoxen kirchlichen Gemeindebibliothek verwehrt.[47] Ende 1939 musste er seinem Namen den Beinamen „Israel" hinzufügen.[48] Etwa auf diesen Zeitpunkt dürfte auch das Ende der Tschuproff-Bibliothek zu datieren sein. Ob die Kubankosaken nach 1933 die Mulmannsche Übersetzung des DL überhaupt noch unter Hinweis auf ihn als Übersetzer intonierten, also auf einen Angehörigen „unserer Rasse", wie er an den Juristen im Vorstand der „Vereinigung russischer Juden" („Sojuz russkich evreev") Aleksej Goldenvejzer klagt, ist unbekannt.[49]

Und die „deutsche Treue"? Der in Moskau in der Familie eines der Söhne des ehemaligen Direktors der BASF in Moskau, damaligen Botschaftsmitarbeiters und späteren Lektors am Dolmetscher-Institut in Germersheim geborene[50] Übersetzer Alexander Kämpfe in seinem Aufsatz über den Übersetzer Ginsburg wagt sich an diesen schwierigen Versuch: im DL die Zeile mit der „deutschen Treue", „eine der sonderbarsten [Zeilen] der deutschen Poesie", zu deuten.[51]

---

47 Und dies obwohl Mulmann dieser Bibliothek, nach eigenem Zeugnis (s. Brief Mulmann an Goldenvejzer vom 15.1.1939, zit. in Budnickij, 2013, S. 244; 383, Anm. 36), viel vermacht, sei es aus eigenen Beständen oder Beständen der Tschuproff-Bibliothek.- Folgt man den Angaben eines Artikels im Gemeindeblatt auf der Seite der Dresdner orth. Simeon Divnogorcev Kirche, so sind die Bestände dieser Bibliothek in Zahl und Thematik eher begrenzt (s. http://www.orthodox-dresden.de/stsimeon/index.php/de/texte/124-die-russisch-orthodoxe-kirche-in (Zugriff: 17.6.2017]; der Autor dieses Artikels ist aus eher kirchenfernen Publikationen der DDR bekannt).

48 S. hs. Nachtrag vom 16. Juni 1939, in: Heiratsurkunde Standesamt Dresden, 1909.

49 s. Brief Mulman an Goldenvejzer vom 30.10.1938, zit. in: Budnickij, 2013, S. 244.

50 Keiper, Gerhard und Martin Kröger (Bearb.), *Biographisches Handbuch des deutschen Auswärtigen Dienstes. 1871–1945*. Bd. 2. Paderborn usw., Schöningh 2005, S. 458.

51 A. Kaempfe: *Lew Ginsburg auf der Reise nach Günzburg. Deutschland, Russland, Judentum und die Schriftsteller*, in: *Börsenblatt*, Nr. 26, 31.3.1983, S. 860–861.

Schon durch die SS sei dieser Begriff der Treue „besudelt", da sie ihn als Wahlspruch ab 1932 „usurpierte" und im Blick auf die Person Hitlers einengte. Die „Taten" zu denen der Wahlspruch sie anspornen sollte, konnten nur noch von Himmler als edel verstanden werden, als „Ruhmesblatt" in der Posener Rede von 1943.

Als deutscher Ausdruck von „Treue", von einem Wort, welches, nach Himmler, „die Russen" nicht in ihrem „Wortschatz" haben.[52]

Mulmann, der die Erste Zeile des DL in der Übersetzung vom Odium des Chauvinismus befreit, sah vor diesem Hintergrund keinen anderen Weg mehr, als – Tage vor dem deutschen Überfall auf die UdSSR (die Erforscher seiner Briefe weisen darauf) – in höchster Not die sowjetische Vertretung um Ausstellung eines nunmehr sowjetischen Passes für die Rückkehr in das für ihn doch im Geburtsort „heimische" Russland zu bitten. Er wurde jedoch an der Schwelle zurückgewiesen.[53] Er kehrte nach Auskunft der in der jüdischen Gemeinde in Dresden vorliegenden Dokumente[54] nach Dresden zurück. Wohnte zunächst noch in einem sogenannten „Judenhaus" (einem von mehreren) in der Sporergasse 2 mit den in Dresden verbliebenen Schicksalsgenossen, die, wie er, mit einem nichtjüdischen Ehepartner in sogenannter „geschützter Ehe" lebten. Mit der im DL besungenen „deutschen Frau" eben, die ihre Treue und Bindung an den Ehemann unabhängig von national gebundener Treue verstand. Ein ärztliches Attest noch aus dem Januar 1945, für den jetzt Achtzigjährigen kann als letztes Lebenszeichen gesehen werden.[55] Weitere Nachrichten oder Zeugnisse von ihm sind nicht bekannt. Vor allem nicht für die Zeit nach der Bombardierung Dresdens, in der sein letzter Wohnsitz in der Sporergasse, „mit hoher Wahrscheinlichkeit"[56] auch mitsamt allen Bewohnern, im Feuersturm des 13. Februar 1945 ein Opfer der Flammen wurde und restlos verbrannte.

Was bleibt, ist die durch Mulmann im russischen DL bezeugte allumfassende Treue. „Unsere Treue" in der sich zusammenfinden Übersetzer und Dichter unterschiedlichster Zeiten und nationaler Herkunft. Von Žukovskij, dessen Mutter türkischer, über Karolina Pavlova deren Vater deutscher bis zu dem Übersetzer Ginzburg und zu Mulmann selbst, deren Vorfahren ja jüdischer Herkunft

52 http://www.1000dokumente.de/pdf/dok_0008_pos_de.pdf [Zugriff: 28.5.2017].

53 Budnickij, 2013, S. 269.

54 Email G. Atanassow an G. Kratz vom 25.4.2017.

55 Email G. Atanassow, a.a.O. („Dr. Katz, der letzte jüdische Arzt in Dresden, stellt im Januar 1945 fest, dass Jakob Mulmann nicht einsatzfähig war.").

56 Email G. Atanassow, a.a.O.

waren. Hier nun sind sie vereint, in wahrer Treue und zu edler Tat: zum Dienst am deutschen Wort, fernab jeder national gebundenen „deutschen" Treue.[57]

Insel Föhr, im Mai 2017

---

57 Für Gespräche und Unterstützung bei der Literaturbeschaffung danke ich (in alphabetischer Folge) den Damen und Herren Gabriele Atanassow (Archiv Gedenkbuch in der Jüdischen Gemeinde Dresden), Tilo Bönicke und Frau Hoppe (Stadtarchiv Dresden), Tanya Chebotarev (Kuratorin Bakhmeteff-Archiv, New York), Dirk-Gerd Erpenbeck (Erforscher baltischer Genealogien), Christian Gellinek (Prof. em., Münster), N. Lopatina (VGBIL), Maria V. Mišurovskaja (RGBI, Moskau), Jacques Oberson und Lee Robertson (UNOG, United Nations Archives at Geneva), Andrej Popov (Archivnyj Institut, RGGU, Moskau), Manfred Schruba (PD, Dr. phil., Bochum; jetzt (08.05.2018): Prof. Dr. phil. Università degli Studi di Milano), Anatol Shmelev (PhD, Museum of Russian Culture, San Francisco, USA), Salih Wrede (Stadtbibliothek Bielefeld) und Svetlana G. Zvereva (Dokt. d. hist. Wiss., Moskau, Glasgow), sowie allen hilfsbereiten Kollegen der ULB Münster.

Svetlana G. Zvereva (Glasgow/ Moskau)

Jakob Mulmann und sein Dienst am Chor der Don-Kosaken des Serge Jaroff

Abstract: A study of Jakob Mulmann's (director of the Russian Tschuproff Library in Dresden) work editing and translating texts of songs sung at the concerts of the Don cossack chorus of Serge Jaroff (S.A. Žarov). The article is based on the lyrics published as „Textbooks" of these concerts and on unpublished documents, mainly letters, written by Mulmann, copies of which are kept in the archive of this paper's author.

Keywords: Russische Musik in Deutschland, Kosakenchöre, Chor der Don-Koskaen, Dresden, Jakob Mulmann, Deutschlandlied, Horst-Wessel-Lied

Vorbemerkung: Kosakenchöre aus Russland gelten, bis in die Presse unserer Tage und vor allem auf Tournee, als „Kulturbotschafter" ihres Landes. War es doch in den Jahren nach der Oktoberrevolution vor allem der Don-Kosaken Chor des Serge Jaroff (Sergej A. Žarov), der in der Emigration das in geistlichen und weltlichen Liedern enthaltene Erbe des vorrevolutionären, s.g. „alten" Russland bewahrte. Nicht geringen Anteil daran hatte der Vorsteher der Dresdner russischen Bibliothek Jakob Mulmann. Ihm und seinem Dienst am Chor der Don-Kosaken ist der folgende Beitrag gewidmet. Es ist die Übersetzung eines Teils einer wesentlich größeren Arbeit zur Geschichte des Don-Kosaken Chores in Deutschland, die die Verfasserin in russischer Sprache („Chor Donskich kazakov Sergeja Žarova v Germanii") über den „Chor der Don-Kosaken des Sergej Žarov in Deutschland" unter Mitwirkung von Gottfried Kratz zur Veröffentlichung vorbereitet.

Russische musikalische Präsenz im Deutschland der Zwischenkriegszeit

Die wachsende russische Präsenz im Ausland während der Zwischenkriegszeit ging einher mit einer zunehmenden Verbreitung russischer Musik im Ausland. Das Erscheinen einer ganzen Heerschar russischer ausführender und komponierender Künstler im Ausland, unter denen so bekannte Namen waren wie Šaljapin, Prokof'ev und Rachmaninov (dessen Konzerttätigkeit gerade in Deutschland bis heute universitäre Abschlussarbeiten gewidmet werden) führte auch zu einem ständig anschwellenden Strom russischen musikalischen Schaffens. Andererseits war der Markt in Westeuropa fast schon überschwemmt von bereits ansässigen hochklassigen Berufsmusikern und es gelang nicht allen aus dem Ausland hinzugekommenen, so sehr sie dies auch wünschten, eine breitere Hörerschaft anzusprechen.

Zitiert sei ein Brief des Komponisten V.V. Ščerbačev vom 6. Januar 1923 aus Dresden, wo er sich im Verlauf einer „künstlerischen Auslandsreise" („tvorčeskaja komandirovka") aufhielt. Adressiert ist er an seine Kollegen in Petersburg, die von einer Karriere im Ausland träumten:

> *Generell rate ich, äußerst vorsichtig gegenüber Berichten von angeblich schwindelerregenden Erfolgen russischer Künstler in Deutschland zu sein. [...] Sämtliche staatlichen Einrichtungen werden aus Steuermitteln finanziert, und Neue lässt man ungern herein ....*[1]

Und am 25. Februar des gleichen Jahres 1923 schreibt Ščerbačev über den nach Deutschland gekommenen bekannten russischen Pianisten und Komponisten Nikolaj Medtner: „Der Arme. Er ist in einer ganz schlimmen Verfassung, die Deutschen wollen ihn nicht anerkennen und er will wieder zurück nach Russland."[2]

Anders das russische Repertoire: es bahnte sich, wenn auch nicht ohne Mühe, einen Weg. In Deutschland fanden in den zwanziger Jahren Aufführungen der russischen „Klassik" und von Opern statt – von Musorgskij, Čajkovskij oder Rimskij-Korsakov. Von den zeitgenössischen russischen Autoren war der als Emigrant in Paris lebende Stravinskij am gefragtesten. Auch von Musikkritikern wurde die russische Oper durchaus rezipiert, wenn auch nicht immer ihrem Wert entsprechend. So schreibt z.B. der gerade zitierte Ščerbačev nach einer Premiere des *Boris Godunov* von Musorgskij (nach einem ursprünglich von Puškin dramatisch angelegten Stück) im Dresden des 28. Dezember 1923:

> *Die Kritiken waren überwiegend begeistert. Aber es gab auch auffallend törichte. In einer heißt es, die Oper sei nach einem bekannten Roman von Puškin geschrieben, in einer anderen, dass Puškin gemeinsam mit Musorgskij das Libretto geschrieben habe (dies nur zu den kultivierten Deutschen!). Das Wort „jurodivyj" [Narr in Christo, AdÜ] wurde als „fantastischer Idiot" übersetzt und der Sänger weigerte sich, nach der Premiere weiter zu singen und meldete sich krank, weil er sich schämte einen „Idioten" zu singen, was für ihn schlimmer war, als selbst als solcher zu gelten.*[3]

Ščerbačov pflichtete der Dresden lebende Übersetzer und Publizist Jakob Mulmann (eingebürgerte Schreibung für: Jakov Iosifovič [Osipovič] Mul'man)

1 V.V. Ščerbačev: *Stat'i, materialy, pis'ma*, hrsg. R. Slonimskaja; Leningrad 1985, S. 114.
2 S. 126.
3 S. 129.

bei, wie das folgende Zitat aus der in Berlin erscheinenden russischen Zeitung *Rul'* zeigt:

> *Einige Worte möchte ich noch über unsere Rezensenten sagen, die sich in ihrer Kritik russischer Kunst durchaus in aller „Pracht" zeigten. Der außergewöhnliche Erfolg der Oper konnte von ihnen nicht geleugnet werden. Die hiesigen Rezensenten aber schrieben ihn eher den Ausführenden als dem Werke selbst zu, kritisierten sowohl Puškins „Roman" Boris Godunov, als auch die Musik von Musorgskij, in der ein Melodiensüchtiger keine solchen finden konnte […] und vergaßen bei all dem auch nicht, noch auf russisches Asiatentum (?), auf Wodka usw. hinzuweisen.*[4]

Geboren im Russischen Reich und seit Langem in Deutschland lebend, verstand Mulmann sehr wohl, dass die russische Musik in Deutschland eingeführt und popularisiert werden muss. Dass ohne die Hilfe von Übersetzern, Verlegern, Pädagogen und Musikschriftstellern, russische musikalische Werke, die dem Wort verpflichtet (Opern, Chöre, Romanzen, Lieder) nur sehr schwer, wenn gar überhaupt nicht, nationale kulturelle Grenzen überwinden können. Als Übersetzer fand sich Mulmann besonders in der russischen Chormusik. Für sie begeisterte er sich bereits 1911, als er zum ersten Mal in Dresden den dort gastierenden Moskauer Synodalchor hörte. Unter N.L. Danilin gab der Chor drei Konzerte in Dresden, die ein begeistertes Echo bei Zuhörern und Kritikern fanden. Mulmann gehörte allem Anschein nach zu denen, die an der Organisation dieser Konzerte teilnahmen. Jedenfalls haben sich entsprechende Hinweise erhalten. Demnach ließ er dem den Chor begleitenden Komponisten Aleksandr Kastal'skij, dessen Werke in diesen Konzerten zur Aufführung kamen, verschiedenerlei Unterstützung angedeihen (Kastal'skij war Direktor der Synodalschule für Kirchengesang, in der die Sängerknaben des Synodalchores unterrichtet wurden; unterstellt war der Schule auch der gesamte Synodalchor). Nach einem dieser Konzerte schlug Mulmann Kastal'skij vor, einige der geistlichen Kompositionen ins Deutsche zu übersetzen, damit auch Musiker in den westlichen Kirchen sie während des Gottesdienstes aufführen könnten.[5] In einem Brief an seine Ehefrau nach Moskau schreibt Kastal'skij über Mulmann mit offener Sympathie. Dabei erinnerte ihn sein neuer Bekannter an den bekannten Moskauer Dirigenten Vjačeslav Bulyčev: „Er ist genau so ein hastiger, von einem Fuss auf den anderen tretender und geschäftiger, herumwieselnder Mensch, und doch

4 Ja. Mul'man: *„Boris Godunov" Musorgskogo v Drezdene. Ot sobstvennogo korrespondenta*, in: *Rul'* 691, 8. März. 1923.

5 Soviel wir wissen, hat Kastal'skij diese Bitte damals nicht erfüllt; nach der Revolution jedoch nahm er solche, unternahm er derartige Übertragungen ins Englische zur Aufführung in den USA, wohin er emigrieren wollte.

sehr ernsthaft".[6] Siebzehn Jahre danach, am 27. Januar 1928, findet sich Mulmanns Name im Tagebuch des bekannten Chormusikers Michail Klimov, der in Deutschland mit der als „Russischen Staats-Chor" affichierten Leningrader akademischen Sängerkapelle auftrat,[7] wie nach der Revolution der andere große vorrevolutionäre russische Chor, die Petersburger Sängerkapelle des Hofes nun hieß. Klimov schreibt[8] über diese Begegnung vom 27. Januar 1928 folgendes:

> *Um [...] 8 Uhr abends fand das Konzert statt. Voller Saal. Nach dem Konzert kam Jakov Osipovič Mul'man, der seit 33 Jahren in Dresden lebt. Geboren ist er in Kiev, mit Begeisterung empfängt und begleitet er alle russischen Künstler, hilft mit Ratschlägen, kleinen Dienstleistungen - all dies ohne Eigennutz. Er ist sehr sauber gekleidet, sogar modisch. Mir hat er den Rat gegeben, irgendetwas Geistliches als Zugabe zu singen.*[9]

Die Konzerte des Leningrader Chores unter Leitung von Klimov in Berlin fanden in engster zeitlicher Nähe zu den Konzerten des Emigrantenchores der Don-Kosaken unter Serge Jaroff (Žarov) statt.[10] Letzter hatte das Gastspiel seines Chores so gelegt, dass er die Möglichkeit hatte, den nach der Revolution zur „staatlichen" und „akademischen" Sängerkapelle umbenannten Leningrader Chor zu hören. Žarov selbst hatte bis zum Jahre 1917 der Moskauer „Synodal-Musikhochschule" für Kirchengesang angehört. Noch als Knabe war er mit dem Synodalchor 1911 zu dem Dresdner Gastspiel gekommen. Auch Klimov war Absolvent der Synodal-Musikschule. Nur beendete er sie viel früher (1900) und diente später in der Petersburger Hofsänger Kapelle. Nach der Revolution befanden sich

---

6 Aleksandr Dmitrievič Kastal'skij: *Zagraničnye pis'ma*, in: *RDM*. Bd. 1: *Sinodal'nyj chor i učilišče cerkovnogo penija. Vospominanija. Dnevniki. Pis'ma*, hrsg. S.G. Zverevoj A.A. Naumova. M.P. Rachmanovoj. Moskva 1998, S. 284.

7 Klimov war seit 1902 der Sängerkapelle des Hofes („Pridvornaja pevčeskaja kapella") verbunden, die in den Kirchen des Winterpalais in Petersburg auftrat. Das war der erste sowjetische Chor, der die Erlaubnis zu Gastspielen im Ausland erhielt. Die Konzerte fanden vom 1. Januar bis 24. Februar 1928 in Lettland, Deutschland, Schweiz und Italien statt. Insgesamt fanden 33 Konzerte mit zwei Programmen statt. Ersteres waren Lieder der Völker der Sowjetunion, das zweite war die „Mitternachtsmesse" von Rachmaninov und russische Volkslieder.

8 Mit gewissen Unzuverlässigkeiten Mulmanns Geburtsort und Einreisejahr nach Deutschland betreffend [AdÜ.].

9 *Zarubežnaja gastrol' Leningradskoj kapelly v 1928 godu. Dnevnik M. Klimova i otzyvy pressy*, in: *Chorovoe iskusstvo* 2, Leningrad 1971, S. 118.

10 Hier und im folgenden Text wird die eingebürgerte westliche Schreibung („Serge Jaroff") neben der russischen (Sergej Alekseevič Žarov) genutzt. Zu ihm s. S.G. Zvereva: *Žarov, Sergej Alekseevič*, in: *Pravoslavnaja ėnciklopedija*, Moskva 2008, Bd. 18, S. 123–124 http://www.pravenc.ru/text/182199.html [Zugriff 23.06.2019].

die beiden Musiker auf verschiedenen Seiten der trennenden Grenze. Während Klimov der Einberufung zum Militär entging und im Jahre 1922 schon einem großen staatlichen sowjetischen Chor vorstand, kämpfte Žarov zur Zeit des Bürgerkriegs auf Seiten der Weißen und wurde mit der Armee der Don-Kosaken in ein Lager nach Çilingir (Nähe Istanbul) in die Türkei evakuiert. Dort entstand der Chor der Donkosaken, der im hier besprochenen Jahre 1928 schon in vielen Ländern der Welt bekannt war. Und Jakov Mulmann, der mit Klimov in Dresden zusammenkam, war gerade der Mann, der in bedeutendem Masse zum Ruhm des Don Kosaken Chores von Sergej Žarov in Deutschland beigetragen hatte. Als Vermittler und Betreuer des Chores von Žarov betätigte er sich als Übersetzer der zur Aufführung vorgesehenen Werke, stellte die „Textbücher" (in russischem Kontext im Plural als „tekstbuchi" bezeichnet, AdÜ) der Konzerte zusammen, kümmerte sich um deren Herstellung, korrigierte, wählte die Fotos aus, verschickte die fertigen Exemplare an die notwendigen Adressen, verhandelte mit den Konzertdirektionen, half dem Chor in Alltagsfragen, bis hin zur Auswahl von Erhohlungsorten, führte Verhandlungen über den Ankauf eines Tourbusses. Und schließlich sorgte er sich auch darum, als eine Art „maitre de plaisir" Unterhaltung für die Kosaken und deren Frauen („kazaki i kazački") zu organisieren. P.I. Alekseev, einer der Sänger des Chores, erinnert sich:

> *Erwähnt werden müssen unbedingt jene ungezwungenen und lebensfrohen Ballabende, die die Dresdner russische Kolonie für den Chor veranstaltete. Hauptorganisator und Seele dieser Abende war Ja. I. Mul'man, ein leiblicher Bruder des Schauspielers Murskij. Mul'man liebte die russische Kultur, russische Kunst und war dem Chor so verbunden, dass er fast als Mitglied der „Familie" des Chores empfunden wurde. In den Sälen des besten Dresdner Hotels, in sorgenfreier Fröhlichkeit kamen hier die Familien der Satins, Skalons, Gersdorf, oder des Fürsten Obolenskij mit unseren Chormitgliedern zusammen, die auch dort immer in ihrer Konzertuniform erschienen. – Unsere Chordamen, und das waren nicht wenige, glänzten durch ihre Jugend und Toilette, waren interessant. Verteilt auf die einzelnen Räume des Ballhauses waren das eigentlich nicht so viele Leute, aber zum Eröffnungswalzer war der grosse Ballsaal von tanzenden Paaren nur so überfüllt. Als erster eröffnete immer Mul'man mit einer der jungen und zauberhaften Chordamen. Mul'man war damals schon ein älterer Mann von über 70 Jahren, aber er fühlte sich noch so frisch und munter, dass er gar noch eine Mazurka hinlegte.*[11]

11 Dobrovolec Ivanov [Alekseev P.I.]: *S russkoj pesnej po belu svetu*, in: *Rodimyj kraj*, [Pariž] 1967, Nr. 74,S. 30. (zu dem auch im deutschen Film bekannten Schauspieler Murskij s. die unten gegebene Anmerkung).

Mulmann war auch der Autor des allerersten Artikels über ein Konzert des Chores, als Jaroff (Žarov) zum ersten Mal mit seinem Ensemble im Jahre Juni 1924 nach Dresden kam. Dort heißt es:

> *Am Samstag und Sonntag trat bei uns in Dresden der aus 35 Männern zusammengestellte Don-Kosaken Chor auf, mit herrlichen Stimmen und seltener Musikalität, der in den letzten zwei Jahren mit gewaltigem künstlerischen und materiellen Erfolg eine grosse Tournee durch die europäischen Länder gemacht hat. Das hiesige Publikum, schon gut bekannt mit dem wunderbaren Chorgesang des Synodalchores, des Chores von Aleksandr Archangel'skij, eines Teils des Chores von O.A. Košic' unter Leitung von Ju. Kiričenko, folgte diesmal mit besonderer und einhelliger Begeisterung. Ihr schlossen sich die Dirigenten („regenty") zahlreicher hiesiger orthodoxer Kirchenchöre ebenso an, wie die Mitglieder von Sängervereinigungen und Musikkritiker, die heute solche Rezensionen druckten, wie wir sie hier über russische Künstler noch nicht gelesen haben. Kein Wunder, dass die Direktion des Zoologischen Gartens, in dessen Konzertsaal der Chor auftrat, das Ensemble für zwei weitere Konzerte engagierte (für heute und morgen). Anschliessend wird der Chor erneut nach Stuttgart weiterfahren, wohin er für eine neue Serie seiner Konzerte geladen ist. Das Programm des Chores besteht aus geistlichen und weltlichen Liedern, sowie aus Volksliedern und endet immer mit einem Kosaken-Tanzlied, wobei zwei muntere Kosaken mit solch unnachahmlicher Kunst tanzen, dass jeder beliebige Balletttänzer nur neidisch werden könnte. Der junge Dirigent des Chores S.A. Žarov ist ein Zögling der Moskauer Synodalschule, Absolvent ihres letzten Abschlussjahres 1917. Er setzt die besten Traditionen der in seiner Alma mater gelehrten Dirigierkunst fort.*[12]

Nach den ersten triumphalen Gastspielreisen in Deutschland erschien der Chor schon im Jahre 1925 auf Schallplatten. Es war der erste Kosakenchor, dem ein solches Angebot gemacht wurde. Es versteht sich, dass ohne die Unterstützung bereits im Ausland lebender früherer Landsleute ein solcher Höhenflug für die Angehörigen dieses Chores kaum möglich gewesen wäre.

Der Don-Kosaken Chor unter Sergej Žarov und andere Kosaken-Chöre der Zeit

Chöre mit Angehörigen der ehemaligen Zarischen Armee sprossen wie Pilze aus dem Boden. So begann etwa seit Juni 1926 der Chor der Kuban-Kosaken unter Semen Ignat'ev in Deutschland mit Erfolg Konzerte zu geben. Kurz darauf sah man auf Konzertplakaten den Namen Andrej Šoluch und seiner Ural-Kosaken prangen.

Sie alle, Kuban-, Ural- und andere Kosakenchöre (wie z.B. der „Kosakenchor" von Ušakov, der von einem „Balalaikachor" begleitet wurde, der von einer Dame

12 Ja. Mulman: *Drezden. (Ot našego korrespondenta)*, in: *Rul'* 1078, 22. Juni 1924, S. 7.

(Gorskaja) geleitet wurde oder der „Tscherkessenchor" des Grigorij Slatkov), nahmen Ende der 1920er-Anfang der 1930er Jahre Schallplatten auf.

Zu Konzerten in Deutschland kam auch der 1926 in Prag gegründete und nach Ataman Platov benannte Don-Kosakenchor unter Leitung von Nikolaj Kostrjukov. Und Anfang der 1930er Jahre machte ein weiterer Kosaken Chor von sich reden, zunächst als Don-Kosaken Chor auftretend und dann schnellstens umbenannt. Dieser wurde zunächst von Herzog Nikolaj Lejchtenbergskij geleitet. Nach dessen Tode kam der Chor 1937 unter die Leitung des aus Paris angereisten Boris Ledkovskij, der jedoch bald einen neuen Chor gründete, den der Schwarzmeer-Kosaken, mit denen er 1940 bis Anfang 1941 in Konzerten auftrat.

Die Dokumente des Chores der Don-Kosaken erlauben den Rückschluss, dass die Konkurrenz unter den russischen Soldatenchören sehr groß war. 1927 bis 1928 traten einige Sänger aus dem Kuban-Kosaken Chor in den Chor von Jaroff (Žarov) über. Einer von ihnen, P.I. Alekseev hinterließ eine interessante Beschreibung dessen, was den Chor von Jaroff (Žarov) von den übrigen Ensembles unterschied:

> *In dem Chor gab es etwas Neues. Man fühlte strengste Disziplin und äußerste Ausfeilung des Gesangs. Besonders beeindruckten uns die geistlichen Gesänge, wo der Chor Kraft und unvergleichliches Pianissimo, … Rezitative und breite Entfaltung („širota razmacha") zeigen konnte. Das weltliche Repertoir des Chores von Žarov konnte in dieser Zeit nicht mit den geistlichen Liedern konkurrieren. Gut die Hälfte der weltlichen Lieder war schwächer als die geistlichen, aber auch sie waren sorgfältig ausgearbeitet.*[13]

Der Zeitplan der Gastspielreisen des Donkosakenchores war außerordentlich gedrängt. Nach Angabe der in Paris erscheinenden Kosakenzeitschrift *Stanica* gab der Chor alleine bis zum Jahre 1935 insgesamt 2785 Konzerte, besuchte die Länder West-, Mittel-, Süd- und Nordeuropas, sowie Nord- und Südamerika, Australien und Neuseeland.[14] 1939 machten sich der Chor und sein Leiter auf die Reise in die USA und blieben dort für immer. Im Jahre 1943 erhielten sie die amerikanische Staatsbürgerschaft.

In Deutschland, wo die Žarov-Sänger (noch vor Dresden, AdÜ) zum ersten Mal im Mai 1924 in Stuttgart vor deutschem Publikum auftraten, hörte man den Chor unter Serge Jaroff (Žarov) besonders gerne. Anfang der 1930er Jahre erinnerte sich Žarov:

---

13 Dobrovolec Ivanov (Alekseev P.I.) *S russkoj pesnej* 71, 1967, S. 40–41.

14 [Anon.]: *Dvenadcat' let*, in: *Stanica* 15, Paris 1935, S. 5.

„Am stärksten strebte ich nach Deutschland und am meisten fürchtete ich es. Wie wird es uns empfangen, die ehemaligen Feinde, die Kosaken mit den roten Streifen, wird es unseren Gesang schätzen? Und schließlich standen wir vor deutschem Publikum. Deutschland gab uns einen rauschenden Empfang. Die Konzerte waren ausverkauft und entfachten jedes Mal einen wahren Sturm der Begeisterung beim deutschen Publikum. Umsonst hatten wir uns gefürchtet. Alleine in Dresden gaben wir 10 Konzerte. Später spielte gerade diese Stadt eine besondere Rolle im Leben des Chores.“[15]

Soweit dies nach den erhaltenen Dokumenten festzustellen möglich ist, war das Stammlager der Chores in Deutschland, wo er in den 1920 und 1930er Jahren mit solchen Konzertdirektionen zusammenarbeitete wie H. Wolff & J. Sachs (Berlin), C. und E. Ebner, Konzertdirektion und Musikalienhandlung Franz Ries (Dresden, später F. Plötner).[16]

In den großen Städten hat man den unter Žarovs Leitung stehenden Chor immer gleich zu mehreren Konzerten geladen.[17] Alekseev, der dem Chor 1927 beigetreten war, erinnert sich dass der Chor besonders häufig in Dresden auftrat. Er schrieb, dass im Verlauf der ersten sieben Jahre seiner Zugehörigkeit, der Chor während einer Konzertsaison in Dresden zwölf bis dreizehn Konzerte gab: drei Konzerte hintereinander im Herbst, sechs bis sieben an Weihnachten und zwei bis drei im Frühjahr:

In Berlin und Dresden hatte der Chor unter den Zuhörern solche Freunde gefunden, die bis zu hundert Konzerte besuchten. Als Žarov davon hörte, ordnete an, diesen kostenlose Dauersitze zu geben. Sie wurden zu Ehrengästen.[18]

In Dresden lebten auch die Familien einiger Chormitglieder. Nach den Erinnerungen von Alekseev kehrte der Chor Ende 1927 nach einem Gastspiel in der Schweiz zur Ruhepause nach Dresden zurück: „die Verheirateten unter ihnen brachten ihren Frauen Seidenstoffe mit, und alle zusammen – verheiratet oder nicht – das unübertroffene Schweizer Konfekt.“[19] Dort fanden auch die Proben

---

15 Klinskij, Emeljan: *Sergej Žarov i ego Donskoj kazačij chor*, Berlin,1931. S. 31–32.

16 Die Abhängigkeit des Chores von den Konzertdirektionen war ziemlich stark. Am 15. September 1927 etwa schreibt Žarov an den Kosakenataman (und ehem. General Afrikan Bogaevskij) in Paris: „Was die Frage der notleidenden Russen betrifft, so lege ich all mein Bemühen darein, materielle Mittel zu Ihrer Verfügung aufzutun. Noch kann ich nichts Bestimmtes sagen, denn ich muss noch mit unserer Konzertdirektion sprechen, von der wir sehr stark abhängen“ (GARF, f. 6461, op. 1, Nr. 49, l.8–8 vo.).

17 G.A. [Gavriil Abanšin]: *K 35-letnemu jubileju žarovskogo chora*, in: *Rossija* 5866, 25. Oktober, [Pariž], 1956.

18 Dobrovolec Ivanov: *S russkoj pesnej* 72 1967, S. 29.

19 Dobrovolec Ivanov: *S russkoj pesnej* 72 1967, S. 31.

vor den Weihnachtskonzerten statt.[20] Die Dresdner Konzerte hatten immer einen großen Erfolg und waren ausverkauft.

Im Jahre 1935 als der Chor in der New Yorker Carnegie Hall, in der er sein 3.000 Konzert als Jubiläumskonzert gab, schrieb ein unbekannter Autor einen Artikel, in dem er eine Statistik gab (anscheinend aus einem Konzertprogramm entnommen), die für sich selbst spricht:

> *Was bedeutete es für den Chor 3.000 Konzerte zu singen? Dies bedeutete 27 verschiedene Länder zu besuchen und Konzerte in mehr als 800 verschiedenen Städten. Um diese Länder und Städte besuchen zu können, musste der Chor mehr als 650.000 Meilen Wegs zurücklegen, davon 60.000 Meilen auf dem Wasserwege. Was die Häufigkeit der Auftritte in einem Lande betrifft, so steht Deutschland an erster Stelle: dort trat der Chor 1.226 mal auf, in 202 verschiedenen Städten. Allein in Dresden trat der Chor 86 mal auf, etwas seltener in Berlin (69; hier und im Folgenden die Zahl der Auftritte in Klammern, AdÜ), in Hamburg (62) und in Leipzig (42). Des Weiteren verteilten sich die Konzerte nach Grossstädten und Hauptstädten wie folgt: Wien (69), London (36), Paris (30), Budapest (30), New York (24), Sidney (22), Melburne (17), Zürich (21), Bucharest (18), Prag (16), den Haag (15), Belgrad (9) Mexico City (25), Oakland (Neu Seeland) (7), Lissabon (7), Madrid (5), Stockholm (8), Oslo (8) usw. Die Rekordzahl an Besuchern eines einzigen Konzertes waren über 10.000 Besucher in der Albert Hall in London. 10mal ist der Chor auf Überseedampfern aufgetreten. Im Verlauf seiner sechs Besuche in USA hat der Chor ungefähr 300 Städte besucht und 400 Konzerte gegeben.*[21]

Wie man sieht, ist Deutschland das Land in dem der Chor am häufigsten aufgetreten, mit Dresden an erster Stelle unter den Städten. Am 16. April 1939, unmittelbar vor Abreise in die USA, hat der Chor gerade in Dresden sein einhundertstes Jubiläumskonzert gegeben. Den Reingewinn der Veranstaltung hat der Chor, wie das „Protokoll" des Chores aussagt, für karitative Zwecke in Dresden bestimmt[22]. Man kann annehmen, dass auch Žarov in Dresden wohnte, in den Ruhepausen nach den Konzerten, ehe er nach seiner Heirat (mit Neonila [Nila] Nikolaevna Kudaš am 8. November 1929), zu seiner Frau nach Berlin umzog. Sieht man die privaten Briefe der Familie Žarov, so wurde Deutschland für sie zur zweiten Heimat.

---

20 Dobrovolec Ivanov: *S russkoj pesnej* 72 1967, S 32.

21 *Trechtysjačnyj koncert kazačego chora Žarova*, in: *Russkoe slovo* 44, [(Varšava, Vil'no, L'vov) 1935].

22 *Kniga postanovlenij Donskogo kazačego chora. Protokol zasedanij administrativnoj komissii ot 20 fevralja 1939 god. Amsterdam.* Dies im Rahmen einer Veranstaltung zugunsten der parteigebundenen und kirchliche Wohltätigkeitsorganisationen verdrängenden karitativen Organisation der Nationalsozialistischen Volkswohlfahrt [NSV AdÜ.]

Für Žarov hatten die Konzerte in Dresden eine besondere Bedeutung, weil er sich mit dem regelmässig dort weilenden Sergej Rachmaninov treffen konnte, wo ja auch die Verwandten von dessen Frau Natal'ja Aleksandrovna [geb. Satin, AdÜ] wohnten. Ergiebig war auch die Bekanntschaft Žarovs mit einem anderen russischen Musiker, mit I.A. Dobrovejn (in deutschen Texten überkommene Schreibung: Dobrowen), der im Jahre 1922 in Dresden war, und der ebenfalls zu den dort wohnenden Verwandten seiner Ehefrau fuhr.[23] Gerade Dobrovejn war es, der in den ersten Jahren der Konzerttätigkeit des Chores für den Chor von Žarov die Arrangements bekannter russischer Musik schrieb. Eines der von Dobrovejn arrangierten Lieder („Stenjka Rasin") ging ein in den 1927 in Berlin erschienenen Band der populärsten „Hits" des Chores. Die meisten jedoch der beim Publikum beliebten Lieder erschienen in der Bearbeitung von Žarov selbst. Die Bearbeitungen fast aller Lieder waren von Žarov gefertigt und von Dobrovejn redigiert, der sie nach Möglichkeit der deutschen Übersetzung anpasste, die parallel zum russischen Text gegeben war. Dobrovejn fertigte auch die Klavierbegleitung des Chores. Gleichzeitig war damit den deutschen Musikliebhanern die Möglichkeit gegeben, diese Werke in ihrer Muttersprache zu singen.[24]

Dies war der erste Sammelband, der einen Teil des frühen Repertoires des Chores von Žarov dokumentiert. Beteiligt an ihm war auch Jakob Mulmann. Wird er doch in der Ausgabe als Redakteur der Übersetzung der russischen Texte ins Deutsche genannt. Wörtlich heißt es auf der Rückseite des Titelblatts, dass die „Deutsche Übersetzung unter Mitarbeit J.J. Mulmanns" erfolgte (s. Abb.).[25]

---

23 M.P. Prjašnikova: *Rossija-Germanija. Kul'turnye svjazi, iskusstvo, literatura v pervoj polovine dvadcatogo veka*, in: *Materialy naučnoj konferencii „Vipperovskie čtenija"* 34, 1996, Moskva 2000, S. 449–460; M.P. Prjašnikova: *Vospominanija M.A. Dobrovejn (iz semejnogo archiva v Norvegii)*, in: *Russkie muzykal'nye archivy zarubežom Zarubežnye muzykal'nye archivy v Rossii. Materialy meždunarodnych konferencij* 2, Moskva 2002, S. 71–77.

24 *„Zieht fest an" („Ehj uchnjem!") aus dem Repertoir des Don Kosaken Chors. Dirigent Serge Jaroff*. Revidiert und für Klavier bearbeitet von Prof. I. Dobrowen. Verlag und Eigentum des Don Kosaken Chors.

25 S. Illustr.

Erster Sammelband, der einen Teil des frühen Repertoires des Chores von Žarov dokumentiert.

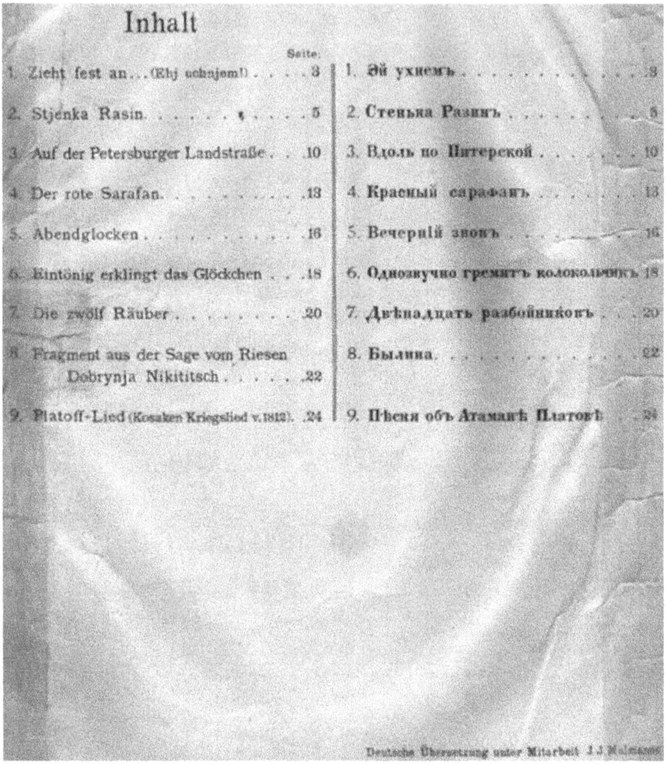

Inhalt

Deutsche Übersetzung unter Mitarbeit J.J. Mulmanns

Inhaltsverzeichnis dieses Bandes dokumentiert in einer Fussnote, dass die „Deutsche Übersetzung unter Mitarbeit J.J. Mulmanns“ erfolgte.

Abb. 6: Hinweis auf die „Mitarbeit J.J. Mulmanns“ als „Mitarbeiter“ der deutschen Übersetzung in einer nicht in allen Details mit den übrigen Auflagen des Jahres 1927 identischen Auflage.

Die Kirche zum „Hl. Simeon vom wunderbaren Berge“ in Dresden und das russische kulturelle Leben der Stadt

Treffpunkt der russischen orthodoxen Kolonie in Dresden (Reichenbachstrasse) war die schon 1874 dem „Hl. Simeon vom wunderbaren Berge“ („Svjatitelja

Simeona Divnogorca") geweihte Kirche.[26] Wir wissen aus einigen Briefen des Geistlichen dieser Kirche, Erzpriester Ioann Možarovskij, dass er Rachmaninov und den Chor Žarovs darum bat, die Kirche materiell zu unterstützen.[27] Eine Bitte, die diese auch erfüllten.[28] Bekannt sind auch Nachrichten über den Chor der Kirche im Jahre 1923. Ščerbačev schreibt in einem Brief vom 6. Januar 1923:

> *Die Kirche ist hier sehr schön, der Gottesdienst wird in russisch oder griechisch gehalten (Russen gibt es hier, Gott sei Dank, nur wenige). Heute hat der Chor russisch gesungen. Weil die Sänger aber nur für diesen Zweck engagierte Deutsche sind, die die russische Sprache überhaupt nicht kennen, sind alle Texte mit deutschen (d.i. lateinischen, AdÜ) Buchstaben geschrieben, was gelegentlich zu Missverständnissen führt (qui pro quo).*[29]

Nach Ostern des gleichen Jahres 1923 schreibt N.K. Medtner an seinen Bruder Emil:

> *Am Ostersamstag (…) sind wir zur Morgenmesse in die Dresdner orthodoxe Kirche gefahren. Statt auf Glocken, wurde auf Eisenbahnschienen geschlagen, gesungen haben echte Sachsen unter Leitung eines sächsischen Dirigenten („Regenten"). Du kannst dir ja vorstellen, wie die kirchenslavischen Worte geklungen haben! Beim Kreuzgang (um die Kirche herum) ging ein echter sächsischer Schutzmann vorneweg – ein exotisches Bild.*[30]

Wie in vielen russischen Kirchen vor der Revolution und in den ersten Jahren nach ihr sangen auf dem für den Chor vorgesehenen Platz (russ.: „kliros") in den russischen Kirchen oft Einheimische, die keine Kyrillica lesen konnten. Man kann jedoch davon ausgehen, dass in Dresden wie in anderen Kirchen des russischen Auslandes im Laufe der Zeit auch russische Emigranten den Chorplatz einnahmen. – Lässt sich doch schwer vorstellen, dass bei der Hochzeit der Tochter Rachmaninovs Irina mit Petr Volkonskij am 24. September 1924 in Dresden

---

26 Es war sicher kein Zufall, dass ausgerechnet hier am 9. April 1923 die Bekanntschaft der Komponisten Ščerbačev und Medtner stattfand, s. V.V.Ščerbačev: *Stat'i, materialy, pis'ma*, S. 140.

27 S. Brief des Erzpriesters Ioann Možarovskij an den Kosakenchor unter Žarov vom 29. September 1925 (zit. In Kopie im Archiv der Autorin). Nach einem weiteren Brief des Erzpriesters Možarovskij vom 5. Oktober 1925 spendeten Chormitglieder an die Kirche und sangen die Liturgie am 4. Oktober 1925.

28 Library of Congress, Music Division, Rachmaninoff Archives. Section B2. Box M, Folder Mo. 2 Briefe (vom 10. Juli 1924 und 22. Juli 1927) des Vorsitzenden des Gemeinderats der Dresdner Kirche und Vorstehers der Gemeinde Erzpriester Ioann Možarovskij an S.V. Rachmaninov.

29 V.V.Ščerbačev: *Stat'i, materialy, pis'ma*, S. 113

30 N.K. Metner: *Pis'ma*, hrsg. Z.A. Apetjan. Moskva 1973, S. 249

ein Chor gesungen haben könnte, der aus einheimischen Sachsen zusammengestellt war.

Gemeindeältester bis zu seinem Tode im Jahre 1933 war Fürst A.D. Obolenskij. In der Vergangenheit vielseitig aktiv und in vielerlei Hinsicht ein bedeutender Mann („krupnyj obščestvennyj dejatel'"), der Senator, Mitglied des Staatsrates und im Jahre 1909 gar Vize-Präsident der Kaiserlichen Russischen Musikgesellschaft („Imp. Russkoe muzykal'noe obščestvo") war. Einer seiner Korrespondenten in diesen Jahren war S.V. Rachmaninov.[31] Fürst Obolenskij, zudem Oberprokuror des Hl. Synods der Jahre 1905–1906, war ein Mensch, der äußerst informiert war, vor allem zu Fragen des kirchlichen Lebens. Gerade unter ihm fanden die Vorbereitungen zu dem Landeskonzil der russischen orthodoxen Kirche statt, das 1917–1918 dann endlich abgehalten wurde. Man darf wohl annehmen, dass er die Schlüsselposition des russischen kulturellen, kirchlichen und gesellschaftlichen Lebens in der Hauptstadt Sachsens war. Auch unterstützte er Žarov und dessen Chor, half den Kontakt herzustellen zu den im Ausland lebenden Angehörigen der russischen ehemaligen kaiserlichen Familie, die ihrerseits wieder die Möglichkeit hatten, dem Chor Einreisevisen nach Schweden und Dänemark zu besorgen.[32] Mitglied der Kirchengemeinde war zudem S.V. Rachmaninov.[33]

Die Rolle eines „eigenen Korrespondenten", der die in Berlin erscheinende große russische Zeitung „Rul'" mit Dresdner Material versorgte, übernahm Jakob Mulmann. Als Mensch, der im Zentrum der Ereignisse des gesellschaftlichen und kulturellen Lebens in Dresden stand, schrieb er über Aufführungen russischer Opern im Dresdner Opernhaus, wo seiner Meinung nach der Dirigent Fritz Busch der russischen Musik besonders gewogen war. Die Aufsätze von Jakob Mulmann beleuchteten nicht nur die oben bereits erwähnte Premiere des

---

31 S. Rachmaninov: *Literaturnoe nasledie.* Bd. 2. *Pis'ma.* Moskva 1980. S. 38–40, 42. Genauer zu Fürst A.D. Obolenskij s. D.N. Šilov: *Gosudarstvennye dejateli Rossijskoj imperii. Glavy vysšich i central'nych učreždenij. 1802–1917. Biobibliografičeskij spravočnik*, 2. Aufl., Sankt Petersburg 2002, S. 526–528.

32 Unter den Dokumenten im Žarov–Archiv wurden auch zwei Briefe von A.D. Obolenskij an gefunden vom 8. und 13. Dezember 1924 an S.A. Žarov. In ihnen rät Obolenskij dem Dirigenten, wie er am angemessendsten die Angehörigen der kaiserlichen Familie anreden solle, die in Dänemark, Schweden und Deutschland lebten. Aus dem Text ergibt sich ferner, dass Fürst Obolenskij unmittelbar an der Herstellung des Kontaktes beteiligt war.

33 V.K. Kantor: *Drezdenskie razmyšlenija. Rossijskie motivy*, in: *Voprosy filosofii* 12.04.2012 http://vphil.ru/index.php?id = 487&option = com_content&task = view [Zugriff: 6.5.2019]

„Boris Godunov“ in 1923 (zu deren Bühneninszenierung gar Dobrovejn herangezogen wurde), sondern auch die Aufführung des *Evgenij Onegin* in Dresden und der *Pikovaja dama* von Čajkovskij oder die Komposition von Igor Stravinskij und dessen Oper-Oratorium *Ödipus Rex*.[34] Aber auch der Besuch von Šaljapin und des *Malyj teatr* entgingen seiner Aufmerksamkeit nicht. Und freilich schrieb er auch über die Auftritte der Kosakenchöre – des Chors der Kuban-Kosaken unter Semen Ignat'ev ebenso, wie der Don-Kosaken unter Žarov.[35]

Besondere Aufmerksamkeit verdienen die von Mulmann zur Zeit der Wirtschaftskrise geschriebenen Korrespondenzen. So ist in einer von ihnen unter der Überschrift „Kazačij chor vspominaet Štresemana“ („Der Kosakenchor gedenkt Stresemanns“) die Rede von einem Konzert in Dresden von Anfang Oktober 1929. In ihm, so schreibt Mulmann, hat der Chor Žarovs als als Bekundung des Beileids mit dem „deutschen Volk“ und zur Erinnerung an den tags zuvor verstorbenen Reichskanzler und Aussenminister Deutschlands Gustav Stresemann den orthodoxen Totengesang *So svjatymi upokoj* angestimmt.[36] Durchaus anteilnehmenden Charakter hatte auch eines der Weihnachtskonzerte in Dresden, das im Jahre 1930 für Arbeitslose veranstaltet wurde.[37] Es ist nicht ausgeschlossen, dass die Empfehlung, solche Zeichen der Verbundenheit „dem deutschen Volke“ zu schenken, von Mulmann ausging.

Dafür spräche auch ein Brief Mulmanns an Žarov vom 18. Mai 1933. In ihm gibt er nicht nur den Rat, das „Deutschlandlied“ in russischer Übersetzung Mulmanns[38] jetzt auch dem Repertoire des Don-Kosaken Chors zuzufügen.[39] Zusätzlich empfiehlt er, die jetzige nationalsozialistische Parteihymne (*Horst Wessel-Lied*), die Sturmabteilung SA und Hitler rühmt, ebenfalls in der

---

34 Ja. Mul'man: *„Evgenij Onegin“ redivivus (Ot našego drezdenskogo korrespondenta)*, in: *Rul'* 996, 14. März 1924; *V Drezdene. P. Čajkovskij, I. Stravinskij, K. Gorbatov*, in: *Rul'* 2491, 5. Februar 1929, S. 4; *F. Stravinskij v Drezdene*, in: *Rul'* 2495, 9. Februar 1929, S. 4. Ja. Mul'man: *Drezden. Koncerty chora Kubanskich kazakov*, in: *Rul'* 1675, 9. Juni,1926, S. 6; *Drezden [Dva koncerta kubanskich kazakov]*, in: *Rul'*, 1926 1818, 24. November, S. 4.

35 *Drezden. Koncerty chora Kubanskich kazakov*, in: *Rul'* 1675. 9. Juni,1926, S. 6; *Drezden [Dva koncerta kubanskich kazakov]*, in: *Rul'* 1818, 24. November 1926, S. 4.

36 *Rul'* 259, 10. Oktober 1929, S. 6.

37 *Rul'* 2772, 9. Januar 1930, S. 4.

38 die er bereits 1927 den Kuban-Kosaken ins „Textbuch“ geschrieben, [AdÜ]. S. den Beitrag von G. Kratz im vorliegenden Band.

39 Zu einer 1927 erschienenen Übersetzung des Deutschlandliedes durch den Vorsitzenden der Dresdner russischen Lesehalle J.J. Mulmann, s. Aufsatz Kratz im vorliegenden Sammelband.

Übersetzung Mulmanns in das Repertoire der Don-Kosaken aufzunehmen. Melodie des Horst-Wessel Liedes und dessen Übersetzung ins Russische durch Mulmann wurden ebenfalls an Žarov gesandt. Seine Aufführung garantiere, nach Meinung Mulmanns, den Erfolg des jeweiligen Konzertes. Hier die entsprechende Passage:

> *Beiliegend übersende ich Ihnen Motiv und russischen Text eines patriotischen Liedes, welches man hier jetzt bei allen offiziellen und nichtoffiziellen Gelegenheiten singt und mit dem das alltägliche Radioprogramm beginnt. Ich empfehle Ihnen, es in das Repertoire aufzunehmen. In der Interpretation des Chores und in Ihrem Arrangement wird es einen gewaltigen Erfolg haben, der Ihnen die Sympathien des Publikums zuträgt. Ich empfehle, es auf Russisch zu singen, weshalb ich die Worte „SA" und „Hitler" belassen habe. Auch wäre es ratsam, die bisherige deutsche Nationalhymne bereit zu haben, die Ihnen ebenfalls in meiner Übersetzung vorliegen sollte.* (Brief Mulmann an Žarov vom 18.05.1933, Kopie in Archiv der Vfin, AdÜ)

Auffallend jedoch: Spuren einer Realisierung dieses Vorschlags von Mulmann, d.h. einer Intonierung des Horst-Wessel Liedes durch den Don-Kosaken Chor von Žarov ließen sich in den hier untersuchten erhaltenen Noten, Schallplatten, Archivdokumenten und Textbüchern oder Programmheften nicht finden. Möglicherweise wurden Dokumente dieser Art vernichtet.

Es fällt schwer, sich vorzustellen, dass der Chor im Dritten Reich keine deutsche National- und/oder Parteihymne (bis hin zu Konzerten im Rahmen des nationalsozialistischen Ersatzes der Gewerkschaften DAF noch in 1938, wie entsprechende Zeugnisse im Netz zeigen, AdÜ) gesungen hat. Naheliegend wäre es, solche „Neuerungen" in den Programmen seit Mitte der 1930er Jahre zu erwarten. War es doch so, dass im Jahre 1935 von „schändlichen Denunziationen" („pozornye donosy") „des derzeitigen Regimes und der Regierung in Deutschland" in Briefen von Žarov und Mitgliedern des Chores die Rede ist („ob" javili v nelojal'nosti […] k nynešnomu režimu i pravitel'stvu nemcev"). Dies ausgehend von Mitgliedern des gerade in München in engster Verbindung mit der nationalsozialistischen Freizeitorganisation KdF gegründeten „europäischen" (im Gegensatz zum damals schon zunehmend als „amerikanisch" gesehenen Kosakenchor unter Jaroff [Žarov]) „Chor der Donkosaken nam[ens] General Kaledin" unter Leitung des Herzogs Nikolaus Herzog von Leuchtenberg[40]. Das führte dazu, dass sogar der verwandtschaftlich Lejchtenbergskij verbundene M.N. Grabbe, Ataman des Don-Kosaken Heeres („ataman Vojska donskogo"),

40 *Nikolaj Nikolaevič Lejchtenbergskij, 1896–1937*, s. http://www.freundeskreis-leuchtenberg.de/nikolaus_3/, AdÜ.

als Vermittler eingeschaltet werden musste[41]. Anscheinend war damit die Angelegenheit erledigt und irgendwelche negativen Folgen hatten diese Denunziationen nicht. Ganz im Gegenteil bewahrte Žarov ein dankbare Erinnerung an Deutschland und verzichtete, nach dem mündlichen Zeugnis des Bruders der Ehefrau von Žarov, auf finanzielle Wiedergutmachung für die zerbombte Berliner Wohnung, wie sie ihm nach dem Krieg zugestanden hätte[42] (noch das Berliner Adressbuch für 1937 verzeichnet „Jaroff, S., Dirigent" als wohnhaft in der Lietzenburger Str. 13, AdÜ).

Jakob Mulmann und seine Tätigkeit für den Chor der Don-Kosaken

Sieht man auf die Briefe Jakob Mulmanns, so erhellen sie gerade den Teil der Konzertvorbereitungen des Chores, der üblicherweise nicht von den Historikern untersucht wird. Gemeint ist hier die Vorbereitung jener gedruckten Materialien, so wichtig für die Tätigkeit eines Konzertkollektivs, vor allem wenn der Chor vor einem nichtrussischen Auditorium auftritt. Der Chor trat unter Leitung von Žarov in russischer und kirchenslavischer Sprache auf, was es notwendig machte, den Hörern eine Übersetzung der Gesänge an die Hand zu geben. Und hier war es gerade Mulmann, der in der Zeit der Entstehung und wachsenden Popularität des Chores ihm in höchstem Masse nützlich war als Übersetzer und Herausgeber. So erinnert sich P.I. Alekseev:

> *[Mulmann] war im Chor derjenige, der den Text eines jeden neuen Programms ins Deutsche übersetzte, das Programm dann in zehntausenden von Exemplaren drucken liess und der in der Sommerpause, als der Chor einen Fotografen einlud, einige Aufnahmen des Chores machen liess, von denen er wiederum einige besonders gelungene ebenfalls in zahntausenden von Exemplaren als Ansichtskarte drucken liess. Diese Fotografien, Textbücher und Programme wurden auf jedem Konzert verkauft und der somit erhaltene Gewinn ging in eine besondere Kasse, aus der Ausgaben des jeweiligen Sommers bestritten wurden.*[43]

Bedenkt man das kontaktfreudige Wesen Mulmanns, seine Liebe zu russischem Chorgesang und sein Streben, Landsleuten und Künstlern behilflich zu sein, kann man annehmen, dass Mulmann schon im ersten Jahr der Ankunft des Chores in Dresden in 1924 mit dem Chor Bekanntschaft machte. Mulmann assoziierte Žarov mit dem legendären Synodalchor. So gesehen wurde der Don-Kosaken

41 Briefe P. Popov an S.A.Žarov, New York, 4. und 27. Dezember 1935, AdÜ.
42 Mündl. Zeugnis des Bruders der Ehefrau von Žarov gegenüber der Verfasserin.
43 Dobrovolec Ivanov (Alekseev P.I.): *S pesnej po belu svetu* 74, 1967, S. 30.

Chor von ihm als Erbe der Tradition der bekannten Moskauer Kapelle gesehen, die nach der Revolution aufgelöst wurde.[44]

Die Dokumente und Erinnerungen zeigen, dass die Hilfe Mulmanns hauptsächlich darin bestand, dem Chor bei der Vorbereitung der Druckmaterialien zu helfen. Außerdem erfüllte er die verschiedensten Aufträge und Bitten, gelegentlich gar den einzelnen Sängern persönlichen Gefallen erweisend. Auch mit dem Bruder Mulmanns, dem Filmschauspieler Murskij, war der Chor in Kontakt. So auch in dem UFA- Film *Der weiße Teufel*,[45] in dem neben Murskij auch Mitglieder des Kosakenchores mitwirkten.

Die Kosaken schätzten die Hilfe Mulmanns sehr. Dies zeigt auch die Anstellung und Einfügung Mulmanns in die Organisationsstruktur des Kosakenchores. Ein außergewöhnlicher Fall. Andere Hinweise, dass ein Nicht-Musiker eine feste Stelle im Chor in den 1920–1930er Jahren hatte, ließen sich nicht feststellen. Wie lange tatsächlich Mulmann mit dem Chor arbeitete, zeigt ein Blick auf das Verzeichnis der der Beschlüsse des Kollektivs. Danach findet sich der früheste von uns gefundene Eintrag über einen offiziellen Dienst auf den 2. Juni 1931 datiert:

> *Nach dem Vortrag von V.I. L'vov über die Tätigkeit für den Chor wurde beschlossen: Ja.O. Mul'man im Status eines festen Mitarbeiters des Chores zu belassen, mit einem Monatsgehalt von 40 Mark und zusätzlich besonderen Prämien.*[46]

Der Text erlaubt zudem die Schlussfolgerung dass Mulmann schon in der vorangehenden Konzertsaison tätig war[47] Mulmanns Tätigkeit wird dort als „nützlich“

---

44 So die Meinung in Russland lebender ehemaliger Mitglieder des Synodalchores Aleksandr Petrovič Smirnov: *Vospominanija o Sinodal'nom učilišče i chore*, in: *Russkaja duchovnaja muzyka v dokumentach i materialach*, Bd. 1. *Sinodal'nyj chor i učilišče cerkovnogo penija. Vospominanija, dnevniki, pis'ma*, hrsg. S.G. Zvereva, A.A. Naumov, M.P. Rachmanova. Moskva 1998, S. 502.

45 Zur 45jährigen Schauspieltätigkeit von A.A. Murskij, s. die Meldungen in: *Rul'* 16, 21, und 27, März 1930; *Novoe russkoe slovo* 10. April 1930; *Segodnja*. 22. März 1930; *Illjustrirovannaja Rossija* 15, 1930 (S. ausführlicher die oben zitierten Funde von M. Mišurovskaja in den Beiträgen von G. Kratz [AdÜ.]).

46 Eine Kopie dieser Quelle wurde uns von dem inzwischen verstorbenen Sammler der Don-Kosaken Materialien Max Zingg (s. https://www.trauerportal-ostschweiz.ch/traueranzeige/max-zingg) [Zugriff 30.7.2019] zur Verfügung gestellt.

47 Aus dem gleichen Heft wird klar, dass der Chor an Mulmann auch Sonderzuwendungen gab. So erbat er am 25. Nov. 1931 Geld für die Wiederherstellung des Grabmals des in Dresden begrabenen Astronomen V.P. Engel'gardt. (V. d'Engelhardt [so in lateinischer Schreibung], 1828–1915, war aufs Engste dem deutschen [Fr. Liszt] wie dem russischen Musikleben [M.I. Glinka] verbunden [AdÜ.]).

für den Chor bezeichnet, er selbst als „poleznyj dejatel'" (so in einem Vortrag des Administrators des Chores A.P. Jarovickij in der Allgemeinen Versammlung des Chores am 20. August 1933). Und doch, wie man aus der gleichen Quelle weiß, wurde sein Gehalt von Jahr zu Jahr herabgesetzt. Im Protokoll der Allgemeinen Versammlung des Chores vom 1. Oktober 1932 etwa heißt es, dass Mulmann auch in der kommenden Konzertsaison im Dienst belassen wird, dass aber „angesichts des Rückgangs seiner Arbeit für den Chor und angesichts dessen schwerer finanzieller Lage" (in Folge der allgemeinen Krise [Weltwirtschaftskrise, AdÜ]) die Zuwendung von 40 auf 25 Mark im Monat gekürzt wird. Auch in 1934 erhielt er noch ein Gehalt, wenn auch erneut gekürzt. So heißt es im Protokoll der Allg. Versammlung des Chores vom 24. August 1934:

> *Es wurde beschlossen Herrn Mulmann (für die zur kommenden Saison angefertigte Übersetzungsarbeit) eine Summe von 180 Mark für die gesamte kommende Konzertsaison zu zahlen. Dabei bleibt es Herrn Mulmann gänzlich überlassen, zu bestimmen, ob ihm diese jährliche Summe in 12, 10 oder weniger Raten ausgezahlt werden soll.*

Die gleiche Summe erhielt Mulmann auch zu Beginn der Konzertsaisons 1935/1936 und 1937/1938. Im folgenden Heft der Beschlüsse des Don-Kosaken Chors, das am 28. September 1938 einsetzt, wird der Name Mulmann kein einziges Mal erwähnt. Man muss wohl davon ausgehen, dass in der zweiten Hälfte des Jahres 1938 die Zusammenarbeit Mulmanns mit dem Don-Kosaken Chor unter Žarov endete. Der Grund dafür liegt allem Anschein nicht in dem zunehmenden Alter Mulmanns oder im Abnehmen seiner Möglichkeiten, dem Chor zu helfen. Auch nicht in der Rassenpolitik des Dritten Reiches, die auch den Don-Kosaken Chor betraf.[48] Vielmehr lag der Grund wohl darin, dass der Chor ab 1930 zunehmend auf eigenen Füssen stand, in Deutschland und anderen

48 So findet sich im Žarov-Archiv eine Briefkarte aus dem Jahre 1936 aus dem Amt des Präsidenten der Reichsmusikkammer, in der der Sänger Volkov auf die „Durchführungsverordnung zum Nürnberger Gesetz" verwiesen wurde, in der reguliert wurde, wer als Jude zu bezeichnen sei (laut Netzauskunft federführend verfasst von dem späteren Staatssekretär im Bundeskanzleramt, dann auch Träger des deutschen Bundesverdienstkreuzes und des portugiesischen Christusordens, Dr. Hans Globke, s. http://www.fritz-bauer-archiv.de/index.php/genocidium/der-fall-globke [Zugriff 23.06.2019], AdÜ.). Volkov wurde aufgefordert, für sich und seine nächsten Angehörigen (deutscher Staatsangehörigkeit?) bis zum 10. August 1936 Urkunden über seine und deren Abstammung bereitzuhalten und eine entsprechende „Erklärung über arische Abstammung" abzugeben. Inwieweit auch die übrigen Mitglieder des Chores einer solchen Prüfung unterzogen wurden, ist aus den Papieren im Žarov-Archiv nicht ersichtlich.

Ländern Europas Erfolg hatte und das Hauptgewicht seiner Aktivitäten auf die USA verlegte, wohin er mehrmals in den 1930er Jahren Tourneereisen unternahm, ehe er im September 1939, also nur Tage nach dem deutschen Überfall auf Polen (1. Sept.) und Beginn des Zweiten Weltkrieges, Deutschland verließ.[49] Mulmann war dem Chor „nützlich" in seiner Entstehungszeit, als er hauptsächlich in Deutschland auftrat. Er hatte seinen Anteil an dem beispiellosen Erfolg, den der Chor erreichte, er schenkte ihm all seine Kraft und übertrug seine Liebe zur russischen Gesangeskunst auch auf die, die sie über den Erdball trugen.

Das Hauptaugenmerk Mulmanns, geht man von seinen Briefen aus, die an V.I. L'vov gerichtet sind, den Sekretär des Chores, war auf das Erstellen der „Textbücher" gerichtet. D.h. der Broschüren, die die Übersetzungen aller Texte zu Kompositionen enthielten, die in einer konkreten Konzertsaison aufgeführt wurden.

Mit der Edition von Textbüchern, vor allem wenn es sich um Auftritte ausländischer Künstler handelte, waren die Žarov-Sänger keine Ausnahme. In Briefen Mulmanns vom 6. Dezember 1927 und 9. August 1929 finden sich Erwähnungen, dass Textbücher auch zu den Konzerten von F.I. Šaljapin oder den Chor der Kuban-Kosaken eingesetzt wurden. Soweit wir sehen, wurden diese Quellen noch nie in den Untersuchungen zur russischen musikalischen Praxis besprochen. Und das, obwohl sie wertvollste Informationen über das Repertoire der Konzerte geben, das sonst nur mühsam aus Reklameanzeigen, Plakaten, Noten, Artikeln zusammengesucht werden kann. Momentan liegen uns vier Textbücher des Chors der Don-Kosaken vor, die es uns erlauben ein ziemlich vollständiges Bild des Repertoires der Konzerte der Jahre 1925–1934 zu erhalten. Die so gewonnene Information ist umso wertvoller, als ein bedeutender Teil verloren oder über die ganze Welt verstreut ist.

Das früheste uns bekannte Textbuch erschien im September 1925 und enthielt das Repertoire der Konzertsaison 1925/1926.[50] Dies war schon das zweite Jahre im Konzertleben des Chores und es ist nicht ausgeschlossen, dass Mulmann auch an der Vorbereitung von Textbüchern der vorhergehenden Saison beteiligt war.

---

49 G.I. Abanšin, Sekretär der Don-Kosaken, schreibt in einem Brief vom 30. Juni 1939 dass der Chor vom 14.-20. September in Berlin wohnen wird, noch am gleichen Tag, dem 20., ein Konzert in Hamburg geben wird und am 21. September nach Amerika abreisen wird.

50 *Textbuch der vom Don-Kosaken-Chor unter Leitung des Dirigenten Serge Jaroff vorgetragen Lieder und Gesänge*, Verlag und Eigentum des Don-Kosaken-Chores. 9. Auflage (40. Tausend). Verbessert und ergänzt von J.J. Mulman-Dresden. September 1925. Für die Zusendung einer Kopie dieser Ausgabe unser Dank an Gottfried Kratz.

Gegenwärtig sind uns Textbücher des Chors der Donkosaken bekannt, die in den Jahren 1929, 1933 und 1934 unter der Redaktion von Mulmann erschienen.[51] Sie alle wurden in Dresden gedruckt, jeweils zu Beginn der entsprechenden Konzertsaison. die Ende August-Anfang September einsetzte und im Mai des Folgejahres endete. Es ist bekannt, dass manchmal im Verlauf der Konzertsaison ergänzende Auflagen gedruckt wurden, die Rückschlüsse auf leichte Veränderungen im Programm erlauben.

Worin bestand nun der persönliche Beitrag Mulmanns in der Zusammenstellung dieser Broschüren, die bis zu 70 Texte geistlicher und weltlicher Gesänge und Lieder enthielten? Vorneweg sei gesagt, dass in dem oben zitierten Fragment aus den Erinnerungen des Sängers Alekseev eine Ungenauigkeit ist: Mulmann war nicht der Übersetzer der Mehrheit der Texte in den Textbüchern, als vielmehr ihr Redakteur. Der Sekretär des Chores,V.I. L'vov schickte ihm in Absprache mit Žarov die Texte, die dann in das „Textbuch" aufgenommen werden sollten. Oft erhielt Mulmann schon fertige Übersetzungen, die an anderem Ort bereits früher erschienen waren (z.B. bei Maltzew). War es doch so, dass das russische Lied in Deutschland durch eine Reihe von Ausgaben bekannt war. So war der Sammelband russischer Lieder weit bekannt, der von Dr. Heinrich Möller herausgegeben war, der eine ganze Serie unter dem Titel *Das Lied der Völker: eine Sammlung von fremdländischen Volksliedern, ausgewählt, übersetzt, und mit Benutzung der besten ausländischen Quellen und Bearbeitungen* publizierte, Der erste Band dieser Serie war gerade dem russischen Lied gewidmet.[52] Der „Boom" dieser musikalischen Literatur fällt auf die 1920er Jahre. Wahrscheinlich hing dies zusammen mit dem wachsenden Interesse in Deutschland

51 *Don-Kosaken-Chor. Textbuch der vom Donkosaken Chor unter Leitung des Dirigenten Serge Jaroff vorgetragen Gesänge und Lieder*, Verlag und Eigentum des Don-Kosaken-Chores. Neueste Ausgabe XXIV. Schriftleitung von J.J. Mulmann. Dresden. September 1929; Don-Kosaken-Chor. *Textbuch der vom Donkosaken Chor unter Leitung des Dirigenten Serge Jaroff vorgetragen Gesänge und Lieder. Verlag und Eigentum des Don-Kosaken-Chores*, XXXI. September 1933. Schriftleitung J.J. Mulmann, Dresden; *Don-Kosaken-Chor. Textbuch der vom Donkosaken Chor unter Leitung des Dirigenten Serge Jaroff vorgetragen Gesänge und Lieder*, Verlag und Eigentum des Don-Kosaken-Chores. XXXII. August 1934. Schriftleitung J.J. Mulmann, Dresden. Kopien der Ausgaben von 1929 und 1933 wurden uns ebenfalls von G. Kratz zur Verfügung gestellt.

52 *Das Lied der Völker: eine Sammlung von fremdländischen Volksliedern, ausgewählt, übersetzt, und mit Benutzung der besten ausländischen Quellen und Bearbeitungen.* Herausgegeben von Dr. Heinrich Möller. Band 1. *Russische Volkslieder*, Mainz [1900]. https://www.worldcat.org/title/lied-der-volker/oclc/77983775/editions?editionsView = true&referer = br [Zugriff 23.06.2019].

am russischen Lied. So erschien im Jahre 1920 der Band *Wo die Wolga rauscht Eine Sammlung der schönsten Rußlandlieder*, in dem 54 bereits früher in anderen Ausgaben erschienene Lieder veröffentlicht waren.[53] Mehrere Auflagen erlebte auch der Band mit dem Titel *50 russische Volkslieder für Gesang und Klavier*, zusammengestellt von E.L. Zverkov, der in den 1920er Jahren ein Balalaikaorchester in Berlin leitete.[54]

D.h. ein Problem welches Material Žarov in das Repertoire des Chores einfügen konnte, bestand in den 1920er Jahren nicht. Auch bestand zu dieser Zeit die Möglichkeit, Noten direkt aus Sowjet-Russland zu bestellen. Zeugnis dessen ist eine nicht gezeichnete und undatierte Briefkarte im Archiv der Verfasserin die der Don-Kosaken Chor an den Moskauer Staatsverlag (ehem. Verlag P. Jurgenson) schickte und in der der Autor darum bittet, an die Adresse der Konzertdirektion Wolff und Sachs in Berlin, namentlich an S. Žarov, die auf Lager befindlichen Noten russischer Volkslieder in der Bearbeitung für Männerchor zu senden.

Schwer zu sagen, ob Žarov die erbetenen Noten erhielt. Wir wissen jedoch genau, dass in seiner Bibliothek frühe sowjetische Editionen der 1920er Jahre für gemischten Chor waren. Auch besass er ein im Berlin des Jahres 1920 erschienenes Liederbuch („Pesennik"), das ausschließlich Musik in russischer Sprache enthielt.[55]

Zusammengefasst lässt sich sagen, dass dem Leiter des Chores eine große Palette zur Verfügung stand. Das gleiche lässt sich auch über die vorhandenen Übersetzungen sagen, die Mulmann entweder redigierte oder verwarf (und stattdessen eigene einfügte). Es ist zu konstatieren, dass sich Mulmann als Übersetzer durchaus durch Professionalität auszeichnete. Gegenüber den ihm vorliegenden Übersetzungen ins Deutsche verhielt er sich sehr kritisch und schonte keine Mühen, diese zu ändern oder zu verbessern. So heißt es in einem Brief an V.I. L'vov vom 9. August 1929:

---

53 „*Wo die Wolga rauscht*": *eine Sammlung der schönsten Russlandlieder: Klavier- und Liederalbum*, Berlin 1920.

54 *50 russische Volkslieder für Gesang und Klavier. Bearbeitet von E.L. Swerkoff*, Deutsche Übersetzung von August Scholz. *Sbornik populjarnejšich russkich narodnych pesen dlja rojalja v 2 ruki s podvedennym tekstom*, sost. I garmoniziroval E.L. Zverkov, dirižer Velikorusskogo orkestra Leipzig, Berlin [1921].

55 *Novyj polnyj pesennik. S notami dlja igry i penija. Romansy, narodnye, soldatskie, cyganskie i studenčeskie pesni*, Berlin 1920.

Seit Montag warte ich mit jeder Post auf einen Brief von Ihnen mit den mir fehlenden Texten, bzw. mit dem Text des „Ermak", den ich zu gerne neu übersetzen möchte, ohne eine fremde und zudem unzureichende Übersetzung heranziehen zu müssen.

Auch bemüht er sich die genauen Ausgangstexte für seine Übersetzung zu finden. So heißt es in einem Brief vom 24. Juli 1931 an den gleichen Korrespondenten, der ihm zur Redaktion eine Übersetzung des Gedichts „Zimnij večer" (Burja mgloju nebo kroet) von Puškin zugesandt hat:

Nur die zweite Strophe des mir zugesandten Gedichts gefällt mir nicht in der Übersetzung. Anscheinend haben Sie sie aus dem Gedächtnis geschrieben oder jemand hat es Ihnen nur deklamiert, denn in der dritten und vierten Zeile sind weder Rhythmus noch Reim gegeben. Vielleicht finde ich ja irgendwo den Ausgangstext.

Was die Übersetzungen russischer Texte in andere als die deutsche Sprache betrifft (besonders englische und französische), so bemühte er sich um Muttersprachler, ohne den vorhandenen Übersetzungen russischsprachiger zu trauen. Und was die Übersetzung kirchenslawischer Texte ins Deutsche betrifft, so bemühte er sich qualitativ gute Übersetzung von geistlichen Gesängen und Psalmen zu finden (bis hin zu Rückgriff auf die unten im Beitrag Kratz erwähnten Maltzewsche Übersetzungen, etwa des „Otče naš" und „Verju", wie deren Vergleich mit den Fassungen im „Textbuch" von 1929 zeigt).[56] Als Übersetzer aus dem Deutschen ins Russische (abgesehen von der oben im Aufsatz von G. Kratz vorgestellten Übersetzung des „Deutschlandliedes" im „Textbuch" der Kuban-Kosaken, AdÜ) finden wir ihn im Textbuch der Don-Kosaken (1929) nur ein einziges Mal: als Übersetzer des Textes der Schubertschen „Serenade" (Ständchen. „Leise flehen meine Lieder…").

Häufiger sind seine Übersetzungen vom Russischen ins Deutsche: *Vniz po matuške, po Volge* (*Wolga-Lied*) (Textbuch 1929, 1934, 1933[57]), *Kasackaja kolybel'naja pesnja* (*Kosaken-Wiegenlied*) nach einem Gedicht von M. Ju. Lermontov (Textbuch 1933 und 1934), *Polosyn'ka* (*Der Rain*) (Textbuch 1929), *Sten'ka Razin* (*Stjenjka (Stephan) Rasin*) (1929, 1933, 1934, 1935). Gerade die Übersetzung des letzten Liedes mag von Interesse sein. So ist im frühesten uns bekannten „Textbuch" aus 1925 eine ganz andere Übersetzung, mit der Mulmann wohl sehr unzufrieden war, gegeben. In der Folge ersetzte er sie durch eine eigene

56 S. Maltzew, *Die göttlichen Liturgien*, Berlin 1911, S. 1–2, 41–42. http://bibliothek.orthpedia.de/pdf/buecher/Maltzew/Maltzew_Liturgie_1911_ocr.pdf [Zugriff 20.7.2019, AdÜ.].

57 In Textbuch von 1925 ist die gleiche Übersetzung gegeben, wie in den späteren Ausgaben, jedoch ohne Angabe von Mulmann als Übersetzer.

Übersetzung der ersten Liedersammlung des Chors der Don-Kosaken, die 1927 unter der Redaktion von Dobrovejn erschien. Diese neue Übersetzung des Jahres 1927 schlug Mulmann nun dem Chor der Kuban-Kosaken vor[58] Danach wurde die Übersetzung Mulmanns zur „kanonischen" Übersetzung und ging ein auch in das Repertoire des Chors der Don-Kosaken.

Vier Jahre später jedoch als im Jahre 1938 unter der Redaktion des Komponisten Konstantin Švedov in New York ein zweiter Band aus dem Repertoire des Don-Kosaken Chors erschien, wurden alle bisherigen Übersetzungen ins Deutsche durch absolut neue ersetzt.[59] Als Autor der Übersetzungen ins Englische und Deutsche ist für diesen Band nun „T. Gerzenstein" angegeben – ob identisch mit dem Namen der Übersetzerin Tat'jana Nikolaevna Gercenštejn, geb. Smirnova, verdient besondere Untersuchung [AdÜ]. Was der Grund für diese Änderung war, ist uns unbekannt. Man kann nur annehmen, dass Švedov es vorzog, keine alten Übersetzungen zu nutzen, um Autorenrechte der Übersetzer nicht zu verletzen. Wenn auch im Blick auf die Übersetzungen von Mulmann eine solche Vorsicht unangebracht war: in Mulmanns Brief an V.I. L'vov vom 4. März 1928 hat er auf jedes Recht zugunsten des Chores verzichtet. Wörtlich heißt es dort:

> *Was mich betrifft, so nutze ich die Gelegenheit gerne, schriftlich gegenüber dem Chor zu erklären, dass ich Ansprüche auf meine Übersetzungsarbeiten für den Chor von meiner Seite und erst recht nicht von Seiten irgendwelcher meiner Verwandten, stelle oder stellen werde. Alles, was in den „Textbüchern" gedruckt ist oder in Zukunft unter meiner Redaktion gedruckt wird, ist unveräusserliches Eigentum des Chores der Don-Kosaken unter der Leitung von Sergej Alekseevič Žarov.*

---

58 *Text-buch der vom Kubanj-(Kaukasus) Kosaken-chor unter Leitung des Dirigenten Semjon Ignatjeff vorgetragenen Gesänge und Lieder*. Verlag und Eigentum des Kubanj-Kosaken-chores [1927], S. 23.

59 *Album of Russian folk songs, from the repertoire of Don Cossack chorus under the direction of Serge Jaroff. Edited by Constantin Shvedoff.* [New York], [C. & C. music Print. Co.], [1938]. (s. Copyright Eintrag 1938, in: https://books.google.de/books?redir_esc = y&hl = de&id = BVBjAAAAIAAJ&q = album#v = snippet&q = album&f = false, [Zugriff 23.06.2019, AdÜ.])

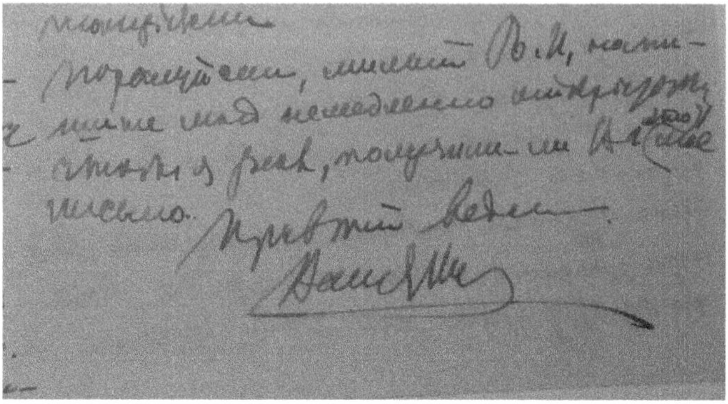

Abb. 7: E.h. Brief u. Unterschr. Mulmann an V.I. L'vov vom 04. März 1928 (aus dem Archiv der Vfin)

Um nochmals zu Mulmann als Redakteur und Übersetzer zurückzukommen, sei unbedingt angemerkt, dass seine Arbeiten sich durchaus durch literarischen Geschmack und übersetzerisches Können auszeichnen. Zusätzlich strebte er danach, die Hörer der Konzerte mit genauer und wahrhaftiger Information über die Traditionen in der Wiedergabe der einen oder anderen Komposition und des jeweiligen Autors zu versorgen. In den Fällen, in denen eine Wiedergabe des Textes in Gedichtform schwierig war (hauptsächlich entstand diese Frage bei der Wiedergabe bäuerlicher Folklore), gab Mulmann eine adäquate Nacherzählung und Erläuterung des Inhalts. Auch sei erwähnt, dass im „Textbuch" von 1929 und zweier Folgebände ein Aufsatz Mulmanns über die Geschichte des Don-Kosaken Chores eingestellt war: knapp, aber genau und erschöpfend. Gerichtet waren die Bände an ein interessiertes und intelligentes Publikum.

Die hier im Text zitierten Briefe des J.O. Mulmann sind nur ein Teil einer ehemals großen Korrespondenz, die er im Blick auf Angelegenheiten des Don-Kosaken Chores führte. Nur einer all dieser der Verfasserin dieses Aufsatzes vorliegenden Briefe (vom 18. Mai 1933) ist an den Leiter des Chores Sergej Žarov gerichtet. Die meisten Briefe sandte Mulmann an den Sekretär des Chores V.I. L'vov. Der früheste Brief an L'vov ist auf den 7. Dezember 1927, und der letzte auf den 22. Dezember 1935 datiert. Über den Adressaten der Briefe von Mulmann Viktor Ivanovič L'vov ist bekannt, dass er ein Kosak aus der „Stanica

Novo-Nikolaevskoj Vsevelikogo vojska Donskogo“ ist und den Rang eines „Esaul“ hatte.[60] L'vov wurde den Gründern des Chores zugezählt und sang etwa 40 Jahre in ihm. Gestorben ist er am 11.Februar 1962 in Hamburg während einer Gastspielreise des Chores.[61] Die Zitate aus den Briefen folgen Kopien, die die Verfasserin anfertigte und die ihr vorliegen. Dies erklärt das Fehlen von Verweisen auf das Žarov-Archiv selbst. Die Briefe wurden kopiert zu einer Zeit, als sich ein Großteil der Dokumente des Don-Kosaken Chores in den Händen von sogenannten „dealern“ befand, aus denen sie stückweise und im Rahmen von Internetauktionen (ebay) verkauft wurden.[62] Die Antwortbriefe von L'vov und Žarov an Mulmann, wie auch das Archiv von Mulmann wurden, nach allem, was bekannt, ein Opfer der Vernichtung von Dresden im Gefolge der Bombardierung der Stadt im Februar 1945. So auch Mulmann selbst.

60 http://cossacksmusic.ru/zharovskie-sezonyi.html [Zugriff 23.06.2019]. s. *Nezabytye mogily: rossijkoe zarubeže. Nekrologi 1917–1997*, 6 Bde., Bd. 4, Moskva 2004. S. 258.

61 Nach mündlicher Mitteilung eines Landsmanns und Sangesbruders gegenüber der Verfasserin dieses Aufsatzes stammte er, wie Žarov, aus einer Familie von Vertretern geistlichen Standes, ehe er zu dem Chor stieß [AdÜ.].

62 Zur Geschichte des Archivs des Žarov-Chores s. Zvereva, S.G., *Sud'by zagraničnych archivov vypusknikov Moskovskogo sinodal'nogo učilišča*, in: *Russkie muzykal'nye archivy za rubežom. Zarubežnye muzykal'nye archivy v Rossii. Materialy meždunarodnych konferencij* 5, Moskva 2009. S. 48–56.

Nadežda Egorova (Moskau)

Bibliothek, Buch und Lesen in den Lagern des Ersten Weltkriegs in Deutschland und Österreich für Kriegsgefangene der Armee des russischen Zaren[1]

Abstract: Books, periodicals and technical handbooks in WWI POW camp libraries in Germany and Austria-Hungary. Examples of books, once held in libraries of POW camps and now part of the holdings of the library of the Moscow-based „House of Russia Abroad".

Keywords: Erster Weltkrieg, Deutschland. Österreich-Ungarn, Kriegsgefangenenlager, Russen, Bibliotheken, Lagerpresse, Unterricht

Der hundertste Jahrestag des Ausbruchs des Ersten Weltkrieges (WKI) hat die Aufmerksamkeit vieler Forscher in der ganzen Welt auf seine Geschichte gelenkt. Erneut kehrt er in unser aller Gedächtnis zurück. Während des gesamten Jahres 2014 haben auf verschiedenen Ebenen in Russland und im Ausland große Ausstellungen stattgefunden, ganze Zyklen wissenschaftlicher Foren, zahlreiche Publikationen sind in gedruckter Form erschienen, thematische Seiten ins Internet gestellt worden, bibliographische Hilfsmittel erschienen. In den Jahren 2015–2017 ist eine Menge neuer Veröffentlichungen dazu gekommen, wurden Dokumentarfilme hergestellt und TV-Sendungen über Ursachen und Folgen des Ersten Weltkrieges.

Zu den Themen, die bisher nur wenig in der russischen wie in der ausländischen historischen Wissenschaft aufgearbeitet wurden, gehört das Thema der Kriegsgefangenschaft. Während des Ersten Weltkrieges befanden sich Millionen von Soldaten und Offizieren der Mächte der Entente (Russland, England, Frankreich) in deutscher und österreichischer Gefangenschaft. Die Angaben zur Zahl der in Kriegsgefangenschaft geratenen Angehörigen der russischen

1 Der Aufsatz ist Übersetzung eines leicht gekürzten russischen Textes der Verfasserin ins Deutsche von G. Kratz. Eine aktuellere veränderte Druckfassung erschien inzwischen in russischer Sprache im Jahrbuch des Hauses des Russischen Auslands: Egorova N.A., *Kniga, biblioteka i čtenie v lagerjach dlja voennoplennych Rossijskoj imperii v Germanii i Avstro-Vengrii v period Pervoj mirovoj vojny)*, in: *Ežegodnik Doma russkogo zarubež'ja imeni Aleksandra Solženicyna* 2018, Moskva 2018, S. 244–274.

Armee schwanken je nach Quelle: von 1,5 Mio[2] bis 3,4 Mio[3] Mann. Fast die Hälfte der russischen Kriegsgefangenen (42%) wurde in Lagern auf dem Territorium Deutschlands festgehalten.[4] In den vergangenen zwanzig Jahren ist eine Reihe von Arbeiten veröffentlicht worden, die der Lage der Kriegsgefangenen in deutschen Lagern gewidmet sind. Darunter seien genannt: die Dissertationen von E.A. Abdrašitov und O.S. Nagornaja, die Bücher von S.N. Vasil'eva und V.L. Telicyn, die Aufsätze in Zeitschriften und Sammelbänden von V.P. Galickij, V.A. Karelin, I. Lencen [Iris Lenzen, AdÜ.], O.S. Nagornaja, E.Ju. Sergeev, E.S. Senjavskaja, T.M. Simonova und S.A. Solnceva, sowie die Internet-Publikationen von G.K. Kokebaeva und V.P. Fišman. Im Folgenden werden sie sämtlich bei ihrer Erstzitierung in den Anmerkungen bibliographisch vorgestellt.

Eine besondere Rolle beim Erforschen russischer Kriegsgefangenschaft kommt den emotional aufgeladenen Quellen privater Herkunft zu. Dazu zählen Briefe und Erinnerungen der Kriegsgefangenen selbst, dokumentarische Zeugnisse, Verhörprotokolle, Gutachten sowie Auskünfte, die von den Beamten der von 1915–1918 bestehenden Außerordentlichen Untersuchungskommission gesammelt wurden. Erinnerungen, die über das Leben in der Gefangenschaft berichten, erschienen bereits während des Ersten Weltkrieges. Bereits damals begann deren Veröffentlichung, die sich bis in die 1920–1930er Jahre verfolgen lässt. Danach ließ das Interesse an diesem Thema nach und zum Ende der 1930 er Jahre hörten die Erinnerungen der Kriegsgefangenen auf zu erscheinen. Mit dem Beginn des Russischen Großen Vaterländischen Krieges entstand wieder ein Interesse, das aber mit dem Abflauen der Kampfhandlungen erlosch. In den 1980 bis 1990er Jahren wandte sich die Forschung wieder dem Thema des Ersten Weltkriegs zu, und dabei auch dem Aspekt der russischen Kriegsgefangenen.[5] Heute werden Zeugnisse der unmittelbaren Teilnehmer der Ereignisse des Ersten Weltkriegs in verschiedenen Sammelbänden, in Periodika, in einzelnen Broschüren und Büchern herausgegeben. In Familienarchiven werden bis heute

---

2 O.S. Nagornaja: *Russkij narod zakončil v ėtoj vojne vse klassy i seminary. Voennyj plen Pervoj mirovoj vojny kak process obučenija*, in: *Novoe literaturnoe obozrenie* 93, 2008, S. 196 (http://magazines.russ.ru/nlo/2008/93/na13.html [Zugriff 23.06.2019]).

3 E. Ju. Sergeev: *Russkie voennoplennye v Germanii i Avstro-Vengrii v gody Pervoj mirovoj vojny*, in: *Novaja i novejšaja istorija* 4, 1996, S. 66.

4 Ebd.

5 Ė.E. Abdrašitov: *Istočniki ličnogo proischoždenija po istorii rossijskich voennoplennych pervoj mirovoj vojny*, Kazan' 2003, http://cheloveknauka.com/istochniki-lichnogo-proishozhdeniya-po-istorii-rossiyskih-voennoplennyh-pervoy-mirovoy-voyny [Zugriff 30.7.2019].

Briefe und Tagebücher von Vorfahren aufbewahrt, die die Gefangenschaft in Deutschland überlebt haben. Derartige Zeugnisse privater Herkunft sind höchst wichtige, wenn nicht gar singuläre Informationsquellen zum Erforschen einzelner Aspekte des Lebens der russischen Kriegsgefangenen. Heute sind Fragen zur Organisation der Freizeit in den Lagern am ausführlichsten in den Arbeiten von Frau O.S. Nagornaja erforscht. Auf ihre Arbeiten, wie auch auf die veröffentlichten persönlichen Erinnerungen der Kriegsgefangenen selbst werde ich mich im vorliegenden Artikel stützen.

Zunächst muss man davon ausgehen, dass Mannschaften und Offiziere in getrennten Lagern untergebracht waren und unterschiedliche Möglichkeiten hatten, ihre Freizeit zu verbringen. Nach einer bei G.K. Kokebaeva erwähnten Verordnung des preußischen Kriegsministeriums über die Unterbringung der Kriegsgefangenen vom 11.08.1914 sollten höhere Militärs und Mannschaften nicht nur in getrennten Lagern untergebracht sein, sondern sogar Generälen und Stabsoffizieren jeweils ein Zimmer von 18 qm, den übrigen Offizieren von 12 qm zustehen.[6] Die Unterbringung der Kriegsgefangenen feindlicher Armeen erfolgte nach der Haager Konvention von 1907. Entsprechend der Haager Landkriegsordnung von 1907 durften Offiziere (Abschn. 1, Kap. 2, Art. 6), im Unterschied zu Soldaten, nicht zu Arbeiten für den Staat herangezogen werden, in dessen Gefangenschaft sie geraten waren. Sie waren von physischer Arbeit befreit[7] und sie durften ihre Freizeit selbst organisieren. In den Lagern gab es verschiedene Arten der Freizeitgestaltung: Arbeitskreise, Vorlesungszyklen, Schulen, Bibliotheken, Theateraufführungen und Konzerte, alles mit eigenen Kräften, Kunstausstellungen, Lagerzeitungen, Möglichkeiten zum Schachspielen usw.[8] Eine der deutscherseits organisierten und beliebtesten Arten der Freizeitgestaltung, besonders in den Offizierslagern seit 1915 verbreitet, war der Besuch von Kinovorführungen. In den entsprechenden Abteilungen des Bundesarchivs

---

6 G.K. Kokebaeva: *Voennoplennye stran Antanty v lagerjach Germanii*, 2012, www.rusnauka.com/25_PNR_2012/Istoria/2_115941.doc.htm [Zugriff 23.06.2019].

7 4-ja Gaagskaja Konvencija jn 18 oktjabrja 1907 god: *O zakonach i obyčajach vojny*, in: *Veremeev JU.G., Anatomija Armii*:[Internetseite], 2000, http://army.armor.kiev.ua/hist/gaaga.shtml. [Hier zit nach dem dt Text, Zugriff 22.01.2018]. www.1000dokumente.de/index.html?c = dokument_de&dokument = 0201_haa&object = translation&l = de.

8 E.S. Senjavskaja: *Položenie russkich voennoplennych v gody Pervoj mirovoj vojny: očerk povsednevnoj real'nosti*, in: *Vestnik RUDN. Ser. Istorija* 1, 2013, S. 79; s. auch http://histrf.ru/ru/biblioteka/book/polozhieniie-russkikh-voiennopliennykh-v-ghody-piervoi-mirovoi-voiny-ochierk-povsiednievnoi-rieal-nosti [Zugriff 23.06.2019]

und der Staatsbibliothek zu Berlin sind Sammlungen von Verordnungen der Lagerkommandanten, Lagerzeitungen und Programme von Freizeitveranstaltungen der Lager aufbewahrt.[9] Offiziere konnten auch aus eigenem Antrieb auf die Aktivitäten des Lagerlebens Einfluss nehmen. Erhielten sie deutscherseits dazu finanzielle Unterstützung (wenn auch nicht überall und nicht immer), so richteten sie auf ihre Kosten Läden ein, Bibliotheken, Andachtsräume und Sporteinrichtungen.[10] Auch in den Mannschaftslagern entstanden organisierte Formen der Freizeitgestaltung: Zirkel und Laienkollektive, Schulen, Bibliotheken. Dank der Einrichtung von Lagerschulen, Bibliotheken, Kinovorstellungen und Vorlesungszyklen, war es auch den Mannschaftsgraden möglich an Bildung herangeführt zu werden und den Horizont zu erweitern.

Buch und Lesen

Das Lesen war eine der wichtigsten Beschäftigungen, mit der die Kriegsgefangenen ihre erzwungene Freizeit ausfüllten, umgeben von einer erdrückenden und dunklen Wirklichkeit.[11] Hinweise auf diese Seite ihres Lebens in Gefangenschaft finden sich in Briefen und Erinnerungen. Im siebten Band der Serie „Russkij archiv" erschienen die *Pis'ma iz nemeckogo plena* [„Briefe aus deutscher Gefangenschaft"].[12] Ihr Autor, Michail Nikolaevič Milovskij, von 1915 bis 1918 in Gefangenschaft in den Lagern Altengrabow und Werben an der Elbe (das zum Lager Gardelegen gehörte), nördlich von Magdeburg. Die Briefe sind an die Frau seines Bruders und Trägerin des gleichen Familiennamens Ksenija Dmitrievna Milovskaja gerichtet. Sie schickte ihm nach Altengrabow Bücher, aber auch die Moskauer eher universelle Zeitschrift *Bjulleteni literatury i žizni* (*Bulletins für Literatur und Leben*), wobei Milovskij noch ein Periodikum selbst abonniert hatte, da es im Lager Werben keine Bibliothek gab. Zeitungslektüre, Empfang von Büchersendungen und Organisation von Bibliotheken, waren in den Lagern nicht von Beginn an erlaubt.

9 O.S. Nagornaja: *Rossijskie voennoplennye Pervoj mirovoj vojny v Germanii 1914 - 1922*; avtoref. Diss., dokt. Ist. Nauk: 07.00.02., Čeljabinsk 2011, S. 8.

10 O.S. Nagornaja: *Drugoj voennyj opyt: rossijskie voennoplennye Pervoj mirovoj vojny v Germanii, (1914–1922)*, Moskva 2010, S. 206.

11 *Knigi dlja russkich voennoplennych*, in: *Russkij voennoplennyj: Izd. Moskovskogo Gorodskogo Komiteta pomošči russkim voennoplennym* 3, Moskva 1917, http://personalhistory.ru/papers/00158.htm#t1-3 [Zugriff 23.06.2019]

12 M.N. Milovskij: *Pis'ma iz nemeckogo plena*, in: *Rossijskij archiv: Istorija otečestva v svidetel'stvach i dokumentach XVIII–XX vv.* 6, Moskva 1995, S. 467–471.

Ein wertvolles Zeugnis eines Zeitzeugen findet sich in den Erinnerungen von Venijamin Valerijanovič Zavadskij (1884–1944). Nach einer Verwundung geriet er schon im November 1914 in Gefangenschaft und befand sich fast während des gesamten Krieges dort (bis Februar 1917 in Hannoversch-Münden und dann noch bis zum 18. Juli 1918 in Halle und Eschwege). Kaum im Sommer 1918 nach Russland zurückgekehrt, arbeitete er in sowjetischen Regierungsorganen in Weißrussland. Im August 1919 wurde er zur Weißen Armee eingezogen, diente in einem Offiziersregiment in Kiev. Im Februar 1920 wurde er aus Odessa evakuiert.

In der Emigration lebte Zavadskij in Paris, war literarisch tätig. Er schrieb eine Serie autobiographischer Werke unter dem Pseudonym V. V. Korsak. Zwei seiner Erzählungen haben die Gefangenschaft im Ersten Weltkrieg zum Thema: die Erzählung *Plen* (*Gefangenschaft*), die vom Lager in Hannoversch-Münden handelt,[13] und die Erzählung *Zabytye* (*Die Vergessenen*), von den Lagern in Halle und Eschwege.[14] In diesen Büchern sind die Ereignisse der Jahre 1914–1918 aus der Sicht eines russischen Offiziers geschildert. Im Jahre 2011 erschienen diese beiden Bücher in einem Band.[15] Das Offizierslager in Hannoversch-Münden lag in einem Tal zwischen zwei nicht sehr hohen Bergen, fast direkt am Ufer der Weser. In ihm befanden sich etwa 300 Kriegsgefangene. Zeitungen wurden den Kriegsgefangenen deutscherseits nicht ausgehändigt und Nachrichten über Kriegsereignisse hatte man nur die, die ein im Baltikum geborener und als Dolmetscher tätiger Mitgefangener heimlich in der Kommandantur lesen konnte. Mit dieser dürftigen Information musste man sich begnügen. Und doch, so schreibt Zavadskij

> *strebte ein jedes fühlende Wesen, noch aufgewühlt von den durchgemachten Erlebnissen, nach Höherem, nach Trost, um den verlorenen Grund und einen moralischen Halt wiederzufinden.*[16]

Zu einem solchen Trost wurden die Werke der klassischen russischen Literatur. Während der Quarantäne, die alle frisch im Lager eintreffenden zu durchlaufen hatten, riefen sich Zavadskij und sein Mitgefangener Salamatin die Werke von A.S.Puškin, L.N. Tolstoj, M.Ju. Lermontov (besonders dessen *Dämon*) ins

13 V.V. Korsak: *Plen*, Pariž: [o.V.] 1927.

14 V.V. Korsak: *Zabytye*, Pariž: [o.V.] 1928.

15 *Zabytaja vojna*: [sb. ist. lit. proizvedenij / sost. nauč. red. R.G. Gagkuev], Moskva 2011, S. 458–459, hier: V.V. Korsak: *Plen*, S. 3–226; V.V. Korsak: *Zabytye.*, S. 227–332; S.N. Bazanov: *Za čest' i veličie Rossii*, S. 333–457.

16 V.V. Korsak: *Plen*, in: *Zabytaja vojna* 2011, S. 61.

Gedächtnis. Dies half ihnen, ihre Umgebung zu vergessen. Salamatin, der über ein ausgezeichnetes Gedächtnis verfügte, kannte ganze Seiten aus Tolstojs Werken auswendig, aus *Anna Karenina*, *Krieg und Frieden*, *Kindheit* und *Knabenzeit*. Aber auch nach der Quarantäne, folgt man Zavadskij, war es den Kriegsgefangenen nicht gestattet auch nur einen Fetzen bedruckten Papiers zu ergattern. Alles was sie hatten, waren Gerüchte und das was sie aus einer verkehrt herum liegenden Zeitung in der Kantine[17] lesen oder zufälligen Bemerkungen der sie bewachenden Landsturmmänner entnehmen konnten. Abends versammelten sich die Kriegsgefangenen in einem langen überdachten Korridor zwischen Hauptgebäude und Latrinen, und gingen die Neuigkeiten des verflossenen Tages durch. Dieser Ort hatte gar einen eigenen Namen als eine Art Gerüchteküche („brechalovka"), wohin jeder Barackenraum seinen Vertreter entsandte um Neuigkeiten aus aller Welt zu hören und diese anschließend den seinen weiterzugeben.

Eine ähnliche Situation bestand im Lager Hameln, das an einem sanft ansteigenden Hügel unweit der Stadt Hameln an der Weser gelegen war. Hier verbrachte Jurij Ivanovič Kirš (1890–1936), nachdem er im November 1914 in Gefangenschaft geraten war, dreieinhalb Jahre. In seinen Erinnerungen spricht er schonungslos von den schweren Bedingungen, unter denen die russischen Kriegsgefangenen lebten, über das Verhältnis zu den Insassen anderer Nationen (Franzosen, Engländer), über revolutionäre Agitation und die Politik der deutschen Lagerkommandatur gegenüber den Kriegsgefangenen nach der Oktoberrevolution des Jahres 1917. Im Jahre 1925 kamen die Erinnerungen von Kirš unter dem Titel *Pod sapogom Vil'gel'ma* (*Unter Wilhelms Stiefel*) heraus.[18] Zum 100. Jahrestag des Ausbruchs des Ersten Weltkrieges gab die Historische Bibliothek in Moskau (GPIB) den Band in neuem Satz heraus.[19] Im Ort Wallensen (Nähe Hameln) arbeitete Ju. I. Kirš als Kriegsgefangener Nr. 4925 im Sommer 1915 in einer Fabrik für Kohlebriketts, bis er an Tuberkulose erkrankte. Von nun an wurde er nicht mehr den neu zusammengestellten Arbeitskommandos zugeteilt. Bis zum März 1915 wurden die Kriegsgefangenen nicht außerhalb des Lagers zur Arbeit eingeteilt, nur einige von ihnen waren täglich im Lager selbst beschäftigt. In dieser ersten Zeit war das Lager völlig unorganisiert:

---

17 Lagerkantine.

18 Ju.I. Kirš: *Pod sapogom Vil'gel'ma: (iz zapisok rjadovogo voennoplennogo Nr. 4925): 1914–1918 gg.* Moskva/Leningrad 1925; http://elib.shpl.ru/nodes/13687#page/1/mode/grid/zoom/1 [Zugriff 23.06.2019].

19 Ju. I. Kirš: *Pod sapogom Vil'gel'ma: (iz zapisok rjadovogo voennoplennogo Nr. 4925): 1914–1918 gg.*, nach der Ausgabe von 1925, Moskva 2014.

> *Von irgendeiner Art geistigen Lebens konnte keine Rede sein. Von einer Bibliothek oder Schule wagte niemand auch nur ein Wort zu sagen. Versammlungen waren streng verboten. Es gab weder Bücher noch Papier. Menschen wurden zu Tieren, die nur noch vom Essen träumten.*[20]

Zeitungen zu lesen oder zu erhalten war nicht erlaubt. Den russischen Kriegsgefangenen blieb nichts, als von Gerüchten zu leben, wie sie zwischen ihren und den französischen Baracken hin und zurück transportiert wurden. Manchmal gelangten französische, englische oder sogar russische Zeitungen in das Lager. Deutsche Arbeiter, die Strom- oder Wasserleitungen legten und Wachmannschaften brachten Zigaretten, Tabak, Salz oder Papier ins Lager, wo sie es gegen viel wertvollere Dinge eintauschten. So gelangten auch Zeitungen ins Lager. Es gab auch einen anderen Weg: die deutschen Soldaten und Arbeiter warfen nach dem Frühstück die Zeitungen weg, in die es eingewickelt war, und die Kriegsgefangenen sammelten diese Fetzen und brachten sie ihren Übersetzern. So erfuhren sie wenigstens die offizielle Version der Kriegsereignisse.[21]

Mit der Zeit änderte sich aber die Lage zum Besseren im Lager Hameln und auch in anderen Lagern. Bücher und Zeitungen zu bestellen wurde erlaubt, Lagerbibliotheken entstanden. Zavadskij berichtet, dass, nachdem es erlaubt war, Bücher zu bestellen, die Kriegsgefangenen im Lager Hannoversch-Münden sich auf einen Katalog stürzten, der ihnen von der deutschen Lagerleitung ins Zimmer gebracht wurde. In ihm gab es eine Liste in Russland verbotener Bücher einer der Leipziger Firmen, auf der z.B. aufgeführt waren: A. Tun, *Istorija revoljucionnych dviženij v Rossii* (*Die Geschichte der revolutionären Bewegungen in Russland*), eine ungekürzte Ausgabe von Tolstojs Roman *Voskresenie* (Auferstehung), *Tajny doma Romanovych* (*Die Geheimnisse des Hauses Romanov)* von einem anonymen Autor, verbotene Verse von Puškin und Lermontov, sowie die skandalösen Verse von I.S. Barkov. Schon bald kamen die ersten Bände ins Lager. Zudem waren diesen Büchersendungen oft genug und kostenlos verschiedene Broschüren und Proklamationen beigelegt. Eine solche Bücherliste finden wir in den Erinnerungen eines anderen Kriegsgefangenen des Lagers Hannoversch-Münden erwähnt. In den Erinnerungen des russischen Offiziers Nikolaj Michajlovič Aderson (1878–1961), Vaters der bekannten Dichterin und Tänzerin des russischen Auslands Larissa Andersen [sic! AdÜ.]. Er hatte vier Jahre von 1914–1918 in deutscher Kriegsgefangenschaft verbracht. Nach seinen Erinnerungen hatten sich die Kriegsgefangenen selber an den Lagerkommandanten

20 S. 57.
21 S. 52.

mit der Bitte gewandt, ihnen die Erlaubnis zu geben, Bücher und Zeitungen zu bestellen. Diesem Wunsch wurde teilweise stattgegeben. Erlaubt wurden aber nur solche Zeitungen und Bücher, die in einem zur Verfügung gestellten Katalog mit dem Zusatz gezeichnet waren: „Zapreščena v Rossii" („In Russland verboten"), und „Vvoz iz-za granicy zapreščen" („Einfuhr aus dem Ausland verboten"). Unter den Büchern befanden sich Titel wie *Istoričeskie anekdoty o rossijskich imperatorach i carstvujuščich domach* (*Historische Anekdoten über die russischen Zaren und Herrscherhäuser*), *Nikolaj Palkin. Pravda o Nikolae II* (*Nikolaj Palkin oder Die Wahrheit über Nikolaj II*), *Intimnaja žizn' Ekateriny II (Das intime Leben von Katharina d.Gr.)*, *Necenzurnye stichotvorenija A. Puškina i M. Lermontova* (*Die unzensierten Gedichte von A. Puškin und M. Lermontov*), *Gore ot uma v novom izloženii (Verstand schafft Leiden – neu vorgestellt*). Auch wurde erlaubt, aus Russland Lehrbücher zu beziehen, soweit sie keinen militärischen Bezug hätten.[22] Am ersten Osterfeiertag wurde deutscherseits an die Kriegsgefangenen kostenlos eine Zeitung verteilt, auf deren erster Seite in russischer Sprache ein Ostergruß gedruckt war, aber dem folgten dann nur wieder Meldungen geringen Informationswertes („informacija nizkogo pošiba").[23]

Schon ganz zu Beginn des Krieges war in Stockholm auf Initiative des russischen Gesandten in Schweden (A.V. Nekljudov) im Rahmen des russischen Roten Kreuzes das „Russische Hilfskomitee für Kriegsgefangene und andere Leidtragende des Krieges" („Russkij komitet v Stokgol'me dlja okazanija pomošči voennoplennym i postradavšim ot voennych bedstvij") gegründet worden. Nach einiger Zeit entstand innerhalb dieses Hilfskomitees eine „Abteilung für Unterricht und Bildung" („učebno-prosvetitelnyj otdel"), das sich um die Herausgabe und den Nachdruck populärer Broschüren und Lehrbücher für Lagerschulen, Bibliotheken und Kurse sorgte.[24] Überall erklangen Aufrufe, die Kriegsgefangenenlager mit notwendiger Literatur zu versorgen. In London bildete sich ein Komitee, um die Kriegsgefangenen in Deutschland und Österreich mit Literatur zu versorgen. Aus dem Aufruf des Komitees ergab sich, dass

> *der geistige Hunger groß ist und das Streben, die unfreiwillige Muße zum Erwerb von Wissen zu nutzen, die Bildung zu erweitern. In den Lagern, bei aller Beschränktheit der Mittel, entstehen nun Schulen und Zirkel für eigenständige Weiterbildung. Von überall her*

---

22 N.M. Aderson: *Put' russkogo oficera: zapiski iz germanskogo plena, (1914–1918*), hrsg. T.N. Kaliberovoj, Vladivostok 2010, S. 131–132.

23 S. 137.

24 T.M. Simonova: *Russkie v germanskom i avstrijskom plenu v period Pervoj mirovoj vojny*, in: *Žurnal Moskovskoj Patriarchii* 5, 2006 http://www.srcc.msu.su/bib_roc/jmp/06/05-06/09.htm [Zugriff 23.06.2019].

kommen Bitten um Büchersendungen für die Elementar- und Weiterbildung und schließlich auch für den bereits gebildeten, den s.g. „intelligenten" Leser. Besonders dringend ist der Bedarf an Lehrbüchern für alle Schulstufen, an Wörterbüchern und Sprachlehrbüchern, an verständlichen Ein- und Anleitungen für Naturwissenschaft und Technik, an hervorragenden Werken der belletristischen Literatur. Mit dem Ziel, nach Kräften hier zu helfen, ist in London ein nicht sehr großes Komitee gebildet worden, das Angaben über die Bedürfnisse der Kriegsgefangenen sammelt und ihnen Päckchen mit Büchern zusendet. Das Komitee erhält Zuwendungen aus England in Form von Büchern und auch Geld. Notwendig ist aber auch die Unterstützung von seiten der russischen Gesellschaft. Die Zusendung von Büchern durch Verlage und auch Privatpersonen wird uns helfen, das angefangene Werk weiter zu entwickeln und zu systematisieren, die Lager mit der notwendigen geistigen Nahrung zu versorgen.[25]

Die Bitten der Kriegsgefangenen um Büchersendungen trugen dazu bei, dass im September 1915 am Moskauer Städtischen Komitee für Kriegsgefangenenhilfe (russ. Abk. MGK) eine Abteilung für Bücherhilfe gebildet wurde. Deren Tätigkeit war darauf ausgerichtet, möglichst alle Bitten zu erfüllen: die geschenkten und gekauften Bücher zu ordnen, Kataloge für Mannschafts- und Offiziersbibliotheken zusammenzustellen, Lehrbücher und wissenschaftliche Literatur aus den verschiedensten Wissensgebieten auszuwählen, all dies in Übereinstimmung mit den Bitten der Gefangenen. Außerdem galt es, die Bitten einiger Komitees aus der Provinz zu erfüllen, des Landschaftsverbandes (Zemskij sojuz) und privater Personen. Die Bücher gingen an das Russische Rote Kreuz im (neutralen) Schweden, an das Dänische Rote Kreuz in Kopenhagen, sowie an die Londoner und Genfer Komitees zur Unterstützung russischer Kriegsgefangener. Das Londoner Komitee dehnte seine Tätigkeit in 1916 noch aus. Es sammelte Mittel und mit Hilfe freiwilliger Helfer sandte es Bücher in 76 Lager in Deutschland. Zunächst belieferte die Moskauer Abteilung mehr deutsche Kriegsgefangenenlager. Die Bücher wurden dorthin auf dem Postwege geschickt. Nach dem Besuch österreichischer Lager durch russische Barmherzige Schwestern ergaben sich auch lebhaftere Beziehungen zu österreichischen Lagern. Insgesamt wurden von dem Moskauer Komitee (MGK) 147.199 Exemplare von Büchern in 227 deutsche, österreichische und ungarische Lager versandt. Auf Initiative der Mitarbeiter des MGK wurden bekannte Vertreter schöpferischer Berufe zur aktiven Mitarbeit herangezogen. Der auf Initiative des MGK, zum ersten Male am 31. Oktober 1915 abgehaltene „Tag des Kriegsgefangenen" in Moskau fand ein

25 *Knigi dlja plennych*, in: *Izvestija knižnych magazinov T-va M.O. Vol'f po literature, naukam i bibliografii i Vestnik literatury: istoriko-literaturnyj i kritiko-bibliografičeskij illjustrirovannyj ežemesjačnyj žurnal* 12, Petrograd/Moskva 1915, S. 183.

großes Echo unter der künstlerischen Intelligenz. Schriftsteller, wie A.N. Tolstoj und V.Ja. Brjusov stifteten Ausgaben ihrer Werke für die Kriegsgefangenen.[26]

Die Lehrervereinigung (Pedagogičeskij kružok) erfüllte Bitten der in Gefangenschaft geratenen Lehrer. Einige der Bücherwünsche aus den Lagern wurden durch die Gesellschaft für gegenseitige Hilfe der Agronomen (Obščestvo vzaimopomošči agronomov) erfüllt, durch den Moskauer Buchverlag der Schriftsteller (Moskovskoe knigoizdatel'stvo pisatelej), oder durch die „Liga für den Kampf gegen Tuberkulose". Der hl. Synod übernahm es, die russischen Kriegsgefangenen in den deutschen Lagern mit notwendiger Literatur und orthodoxem Kirchengerät zum Abhalten von Lagergottesdienst zu versorgen. Viel half bei der Bücherversorgung auch der Verband der Moskauer Theaterschauspieler (Sojuz artistov goroda Moskvy), der in großer Zahl populärwissenschaftliche Bücher und Ausgaben der Büchereien für das Volk, zur Verfügung stellte, die im (ursprünglich auf Initiative von L.N. Tolstoj gegründeten) Verlag Posrednik erschienen waren. Ein Teil der Bücher kam von der Moskauer Gesellschaft für Alphabetisierung (Moskovskoe obščestvo gramotnosti), die Sammlungen von speziell erlaubten Ausgaben zusammenstellte, die sie für die russischen Kriegsgefangenen in den Lagern in Deutschland und Österreich ausgewählt hatte.[27] Wie wir von Zavadskij wissen, war das Bestellen der Bücher aus den Lagern heraus von einer Menge hemmender Formalitäten begleitet. Die Bestellungen liefen über die Kommandatur und kamen manchmal erst nach einem Monat an. Häufig kam es auch vor, dass der Besteller im Moment des Erhalts des Buches bereits sein ganzes Geld ausgegeben hatte und das Buch ging zurück an das ausliefernde Geschäft. Ein Buch konnte man auch im Päckchen von Verwandten bekommen. Diese Bücher wurden aber erst nach vorheriger Kontrolle durch die Lagerkommandatur ausgehändigt. Ausländische Zeitungen ließ man überhaupt nicht ins Lager. Über die Kommandatur konnte man auch die örtlichen Bibliotheken nutzen. Zavadskij berichtet, dass die Kommandatur mit der Pirogov-Bibliothek in Göttingen (gemeint ist Heidelberg) verabredet hatte, dass die Gefangenen Bücher von dort bestellen konnten. Weiter schreibt Zavadskij: „diese Bibliothek hatten am Ort studierende Russen zusammengetragen und sie bestand aus ca. 7.000 Bänden wissenschaftlichen Charakters in russischer

---

26 O.S. Nagornaja: *Drugoj voennyj opyt*, 2010, S. 63.

27 A.M. Pančenko: *Istorija voennych bibliotek v kontekste razvitija bibliotečnogo dela Rossii (1802–1917 gg.)*, Novosibirsk 2016, S. 34; http://chgik.ru/sites/default/files/a.m._panchenko_avtoreferat.pdf.

Sprache".[28] Ein Katalog der Bibliothek befand sich in der Kommandatur und wer etwas aus der Pirogov-Bibliothek erhalten wollte, gab einfach in der Kommandatur einen Bestellschein ab und schon nach kurzer Zeit erhielt er das bestellte Buch ins Lager. Auf die gleiche Weise konnte man die Hannoversch-Mündener Stadtbibliothek nutzen, hatte man einen kleinen Nutzerbeitrag geleistet. Außer dem Entleihen von Büchern aus Bibliotheken, konnte man diese auch bei Buchhändlern erwerben. Es gab im Lager ein besonderes Zimmer, in dem dreimal wöchentlich Buchhändler mit Neueingängen erschienen.

Die Lagerbibliotheken

Die Mehrzahl der Lager hatte Bibliotheken. Die Bibliotheks- und Verlagsarbeit wurde hauptsächlich von offiziellen deutschen Stellen wie der Heeresverwaltung organisiert. Nach Kriegsende zeigte sich diese Arbeit auch seitens religiöser Organisationen und der Kommunistischen Partei Deutschlands.[29] Die Moskauer Abteilung für Bücherhilfe registrierte (Stand: 1. Sept. 1916) insgesamt 164 Lagerbibliotheken.[30] Diese Bibliotheken bedienten nicht nur das eigene Lager, sondern auch andere Lager und die Arbeitskommandos. Bei der Auswahl von Literatur für die Lagerbibliotheken leisteten die neutralen Staaten große Hilfe, besonders die Schweiz, das Internationale Komitee des Roten Kreuzes, die deutsche Gesellschaft des Roten Kreuzes, der CVJM, und andere gesellschaftliche Organisationen. In der Zeitschrift *Russkij voennoplennyj* (*Der russische Kriegsgefangene*) wurden Briefe von Kriegsgefangenen im Auszug abgedruckt. So schreibt einer aus dem Lager Schneidemühl (heute Piła in Polen):

> *Schule und Bibliothek funktionieren hier in unserem Lager schon das zweite Jahr. Begonnen haben wir mit einem Stück Kreide und einem Stück Papier. Seitdem hat unsere Schule einen riesigen Schritt nach vorne getan.*[31]

---

28 V.V. Korsak: *Plen*, in: *Zabytaja vojna*, Moskva 2011, S. 102. (V.V. Korsak: *Plen*, Pariž 1927, S. 108); http://militera.lib.ru/memo/0/pdf/russian/korsak_v01.pdf. [Zugriff 23.06.2019].

29 G. Kratc [Kratz]: *Lagernye biblioteki dlja russkich voennoplennych v Germanii vremen Pervoj mirovoj vojny*, in: *Bibliotečnoe delo* 2001: *rossijskie biblioteki v mirovom informacionnom i intellektual'nom prostranstve: tez. dokl. 6-toj meždunar. Nauč. konf.* (Moskva 26–27 April 2001), hrsg. V.V. Skvorcov, Moskva. 2001, S. 392.

30 *Knigi dlja russkich voennoplennych* 3, http://personalhistory.ru/papers/00158.htm#t1-3 [Zugriff 23.06.2019].

31 Ebd.

In einem der Briefe an die Moskauer Abteilung beschreibt der Vorsitzende der Bibliotheksleitung im Lager Altengrabow die Lage des Bibliothekswesens so:

> *Den Bedarf an Büchern zu befriedigen, war unmöglich, weshalb die Gefangenen eine freiwillige Selbstverpflichtung eingingen und von dem so gesammelten Geld die ersten paar Bücher kauften. Von nun an trafen Bücher ein. Momentan hat die Bibliothek einen Bestand von 2.000 Büchern und bedient das Lager sowie die dazu gehörenden Arbeitskommandos. Wir führen jeden Monat Statistik über die Bibliothek und ihre Arbeit. Allein im Februar [1916] zeigte sich, dass die Bibliothek einen Umsatz von 3.117 Exemplaren hatte. Und trotz des relativ großen Bestandes können wir nicht sagen, dass wir die Nachfrage nach Büchern vollkommen befriedigen können.*[32]

Die Lagerbibliotheken wurden aktiv mit revolutionärer Agitationsliteratur versorgt. Dies ging direkt vom preußischen Kriegsministerium aus, aktiv unterstützt von russischen politischen Organisationen der Emigration, die sehr mit einer Entwicklung des revolutionären Potentials bei den Kriegsgefangenen rechneten.[33] Der Erfolg der politischen Propaganda hing von dem entsprechenden revolutionären Kontingent in den Lagern ab, obgleich in der Hauptmasse die Kriegsgefangenen nicht empfänglich waren für revolutionäre Losungen. „Kontaktpersonen" vor Ort, unter ihnen der in Gefangenschaft geratene Duma-Abgeordnete der bolschewistischen Partei R.V. Malinovskij berichteten, dass

> *„die hier in Kriegsgefangenschaft Geratenen, sich noch auf einem niedrigen Niveau befinden, weshalb hier nur einfache und verständliche Literatur notwendig ist"; so sei „die Mehrheit der Leser kaum gebildet: Marx oder Lasalle sind ihnen zu hoch"; „die Arbeit hier fällt auf äußerst undankbaren Boden, die allgemeinen Lebensbedingungen erschweren dies noch". Hauptsächlich erhielten die revolutionären Organisationen Bestellungen auf Belletristik und „fesselnde Lehrbücher."* [34]

Über die Organisation der Arbeit in einer der Lagerbibliotheken erzählt in seinen Erinnerungen der Student Maksim Sonin.[35] In Lüttich (Liege) unmittelbar nach Kriegsausbruch interniert, beschreibt er die Bedingungen, unter denen die internierten Studenten leben mussten in den Lagern im Fort de la Chartreuse [Nähe Lüttich], in Münster [Westfalen] und Celle [Niedersachsen]. Die Bibliothek im Lager Celle entstand aus Mitteln, für deren Sammlung unter den Gefangenen gar eine Liste angelegt wurde. Die ersten Bücher, neben Schenkungen, waren Bücher, die aus Mitteln dieser Geldsammlung gekauft wurden.

---

32 Ebd.

33 O.S. Nagornaja: *Drugoj voennyj opyt*, 2010, S. 309.

34 Ebd. S. 310.

35 M. Sonin: *V germanskom plenu: (po ličnym nabljudenijam)*, in: *Russkie zapiski* 1, Petrograd 1917, S. 51–69; 2/3, S. 92–113.

Im Einzelnen nennt Sonin Ausgaben der Verlagsfirma I.P. Ladyžnikov. Mit der Zeit kamen viele Bücher aus den schweizer „russischen Kolonien" hinzu. Darunter auch Ausgaben der *Volkstümler* (*narodniki*) und der Marxisten. Alle s.g. „dicken Zeitschriften" waren erlaubt. Anfangs leitete die Bibliothek einer der Kriegsgefangenen. Er händigte die Bücher in seiner Baracke aus, bis ihm seitens der Lagerkommandantur ein Raum zur Verfügung gestellt wurde, an dessen Tür eine Tafel mit der Aufschrift in deutscher Sprache prangte: „Russische Bibliotek". Anfangs, als noch wenige Bücher in der Bibliothek waren, wurden die Bücher nur dem Vertreter einer Baracke oder einer ganzen Gruppe von Lesern zur gemeinsamen Lektüre zur Verfügung gestellt. Erst als zum Ende August 1915 die Bibliothek schon auf 1.000 Bände angewachsen war, begann man die Bücher einem jedem auszuhändigen, der dies wünschte. Insgesamt wurden ca. 500 eingeschriebene Leser gezählt. Die Lesegebühr betrug ein paar Pfennige, und wer nichts beitragen konnte, der durfte die Bibliothek auch frei benutzen. Sonin weist auf die große Nachfrage nach Büchern von L.N. Tolstoj, M. Gor'kij (besonders dessen Roman *Mutter* (*Мать*)), M.E. Saltykov-Ščedrin und Erzählungen zur russischen Geschichte von L.Ė. Šiško. Gerne wurde ausländische Literatur entliehen, auch Bücher zur Landwirtschaft.[36] Im Bericht des Lagers Gütersloh über die Arbeit der landwirtschaftlichen Kurse, findet sich der Hinweis, dass die Kurse von einer Bibliothek unterstützt wurden, die speziell mit Büchern zur Landwirtschaft ausgestattet war. Für deren Benutzung wurde von der allgemeinen Versammlung gar eine eigene Benutzungsordnung verabschiedet.[37]

Eine ungewöhnliche Methode der Organisation einer Lagerbibliothek beschreibt N.M. Aderson in seinen Erinnerungen:

> *Um das Startkapital für die Errichtung einer Bibliothek zu erhalten (und Mittel waren dazu nicht wenige nötig), wurde beschlossen das Glücksspiel zu nutzen. Die zukünftigen Nutzer der Bibliothek sollten einen gewissen Anteil ihres Gewinns an die Bibliothek abführen. Als Kassenwart wurde Hptm. Dikson [so im Orig., AdÜ] gewählt, da er weder dem Kartenpiel noch dem Alkohol zugetan war. Und als Ehrenmitglieder des neu gegründeten Klubs wurden Generäle gewonnen.*[38]

Als nun endlich die ersten bestellten Bücher eintrafen, weigerte sich Dikson die Leitung der Bibliothek zu übernehmen. Er hielt es für unehrenhaft für einen Offizier, nicht nur diese Bücher zu verbreiten sondern sie sogar aufzubewahren.

---

36 M. Sonin: *V germanskom plenu* 2/3, S. 104.

37 *Knigi dlja russkich voennoplennych* 3, http://personalhistory.ru/papers/00158.htm#t1-3 [Zugriff 23.06.2019].

38 N.M. Aderson: *Put' russkogo oficera*, 2010, S. 132–133.

War doch nach russischem Gesetz dafür Strafe vorgesehen. So fand sich denn im ganzen Lager kein Mensch, der bereit gewesen wäre, Dikson zu ersetzen und die Bibliothek zu leiten. So wurde denn auf der Allgemeinen Versammlung beschlossen, einige der eingegangenen Bücher zu zerreißen und zu verbrennen, was denn auch in der Tat geschah. Einige Offiziere jedoch wollten alle bestellten Bücher lesen, und so entstanden im Lager parallel zwei Bibliotheken: eine, in der nur die Bücher waren. die den russischen Gesetzen nicht zuwider waren, und eine zweite, in der es alle Bücher gab. Die Bibliotheken wurden ständig durch Neuzugänge ergänzt, besonders dank der Schenkungen eines Obersten, dessen Schwester ihm sehr gute russische Ausgaben zusandte.[39]

Ein interessantes Zeugnis findet sich in dem Buch von Ju.P. Kirš, der in den Jahren 1916–1917 die russische Bibliothek im Lager Hameln leitete. Zuerst funktionierten im Lager nur eine französische und eine englische Bibliothek, jeweils geleitet von einem Kriegsgefangenen. An die Spitze der Bibliothek wurde zur Aufsicht ein deutscher Soldat gesetzt. Beide Bibliotheken hatten nur spärliche Bestände in einem kleinen Zimmerchen, vor dem an den Tagen der Bücherausgabe „so viele Menschen ständig rund um die Baracke standen, in der dieses Zimmer war".[40] In diesem Zimmer fand sich auch noch Platz für die russische Bibliothek: nicht mehr als ein Regal mit der Aufschrift „Russische Bibliothek". Laut Katalog waren dies insgesamt 60 russische Bücher, die die Lagerkommendatur erworben hatte. Hauptsächlich in Russland verbotene Literatur. Die Mehrzahl der Bücher waren im „I. Ladyshnikow Verlag" in Berlin erschienen, darunter *Auferstehung* (*Voskresenie*), *Die vier Evangelien* und *Ich kann nicht schweigen* (…) von L.N. Tolstoj. Es gab auch Werke von M. Gor'kij, A.I.Gercen, S.S.Juškevič, den Sammelband *Revolutionäre Lieder* (*Revolucionnye pesni*), Broschüren über die jüdischen Pogrome in Russland, einen Sammelband von Aufrufen der revolutionaren Organisation *Zemlja i volja*.

Ausgegeben wurden die Bücher von einem deutschen Soldaten als dem Leiter der Bibliothek. Im Unterschied zu Engländern und Franzosen war kein russischer Soldat auf diesen Posten gesetzt worden, hatten doch die tonangebenden Soldaten unter den Russen im Lager die Bibliothek von Anfang an nicht geliebt. Im Lager selbst konnten sich nur Kranke und Übersetzer aufhalten, alle Gesunden wurden den Arbeitskommandos zugeteilt. Gerade deshalb waren im russischen Teil des Lagers Unteroffiziere, Feldwebel und Offiziersanwärter vertreten, d.h. mehrheitlich Anhänger der s.g. „Schwarzen Hundert". Sie hielten es

39 S. 135.

40 Kirš: *Pod sapogom* [1925], Moskau 2014, S. 75.

für überflüssig, dass im Lager eine Bibliothek, besonders von Büchern ausländischer Herkunft bestand. Denen konnten natürlich keine Bücher revolutionären Inhalts gefallen und sie stellen gar Listen mit den Namen derer zusammen, die diese Bücher ausliehen. Im Lager bildete sich eine regelrechte Organisation der „Schwarzhunderter", die alles Revolutionäre verfolgten und die den Kriegsgefangenen einredeten, dass

> *die Revolution in Russland von den Deutschen angezettelt sei, dass die Revolutionäre im Lager deutsche Agenten seien und die revolutionäre Literatur „deutscher Herkunft" usw. usw. Ein Großteil der Kriegsgefangenen dachte, dass die Lagerbibliothek eine Ausgeburt der Hölle sei, geschaffen im direkten Auftrag des* [bekanntermaßen als Antichrist in Russland gesehenen deutschen Kaisers] *Wilhelms II.*[41]

Auch stellten die Kriegsgefangenen bald fest, dass Zugänge für ihr Lager bestohlen wurden. So geschah mehr als einmal, dass Zeitungen, die an die russische Kolonie im Lager Hameln geschickt worden waren, niemals dort eintrafen. All dies hemmte die Arbeit der Bibliothek. Ungeachtet dessen, Ju. Kirš bezeugt dies,

> *interessierten sich die Kriegsgefangenen sehr für die russischen Bücher, die schnelle Abnehmer fanden. In der Bibliothek blieb kein einziges der Bücher länger auf dem Regal stehen.*[42]

Besonders erinnert sich Kirš, wie es am Vorabend des Jahres 1916 möglich war auf konspirativem Weg über die Post einige Nummern der (leninschen) Zeitung (der RSDRP) *Social-demokrat* zu erhalten, aus denen die Gefangenen Neuigkeiten über die internationale Lage erfuhren. Nach dem *Sozialdemokraten* wurde auch andere revolutionäre Literatur beschlagnahmt, die der Kolonie in Hameln aus anderen Städten in der Schweiz und aus Paris zugesandt wurde. So erhielten sie die Zeitschrift *Kommunist*, die Zeitung *Naše slovo* und die (mit deutschem Geld für die Gefangenenlager gedruckte) Zeitschrift *Na Čužbine*, die sich an die Kriegsgefangenen in Deutschland und Österreich richtete. Dies ging so über lange Zeit hinweg. Damit die Zensoren keinen Verdacht schöpften, wurde auf der Post ein Teil der Literatur beschlagnahmt. In einigen Paketen war der Zwieback mit dem Innenblatt der Zeitschrift (der Kadetten) „Reč'" eingepackt und einigen Ausrissen aus der (Petersburger menschewistischen) Zeitung *Den'* und (patriotischen Zeitung) *Sel'skij vestnik.*[43]

Die Lage änderte sich nach der Februarrevolution in Russland. Der politische Druck im Lager wurde schwächer. Plötzlich waren deutsche Zeitungen erlaubt,

41 S. 101.
42 S. 77.
43 S. 89.

die Lagerzensur erlaubte das Zusenden revolutionärer Literatur, die an die Bibliothek adressiert war. Eine große Sendung von Büchern revolutionären Inhalts wurde aus der Berliner Generalkommandantur (OHL?) geschickt. Regelmäßig traf revolutionäre Literatur aus der Schweiz ein. Kirš weist darauf hin, dass in anderen Lagern, z.B. in Holzminden, von Beginn des Krieges an revolutionäre Literatur durchgelassen wurde. Gleichzeitig macht er jedoch eine Einschränkung:

> *Man kann nicht sagen, dass sich die Kriegsgefangenen auf die revolutionäre Literatur gestürzt hätten. Die Masse der Kriegsgefangenen war zu wenig gebildet, um die Periodika Social-demokrat, Kommunist oder Naše slovo zu lesen. Diese Hefte wurden nicht weiter als über einen gewissen Kreis hinaus verteilt. Gängige Literatur im Lager wie auch in den Arbeitskommandos war die* [wohl deutscherseits finanzierte, AdÜ.] *Zeitschrift unter der Redaktion von Viktor Černov.*[44]

Bis zum Sommer 1916 war die russische Bibliothek zu einer ansehnlichen Bücherei angewachsen, in der es hauptsächlich revolutionäre Literatur gab. In der zweiten Jahreshälfte 1916 besuchte eine Barmherzige Schwester vom Russischen Roten Kreuz das Lager. Die Kriegsgefangenen fürchteten, dass die Schwester, würde sie erst erfahren, welche Literatur in der Bibliothek vorhanden war, deren teilweise Entfernung durch die Lagerleitung verlangen könnte. Sie jedoch, nachdem sie alles besichtigt hatte, fragte den Bibliothekar lediglich, ob er etwa Jude sei. Kaum hatte sie eine verneinende Antwort erhalten und sich beruhigt, begann sie sich mit dem französischen Bibliothekar zu unterhalten, überzeugt, dass sowieso nur Juden sich mit revolutionärer Propaganda abgeben.[45] Auch Zavadskij erinnerte sich, dass einige Rotkreuzschwestern nach Deutschland gekommen waren, um sich die Lager anzusehen. Von den Kriegsgefangenen wurde das so gewertet, dass „man sie einfach nach Deutschland geschickt hat, um herauszufinden, was die Gefangenen zu Lesen bekommen und wie ihre Stimmung ist".[46]

In der Bibliothek des Lagers Hameln, unterstreicht Kirš, haben die Kriegsgefangenen regelmäßig Neuigkeiten ausgetauscht. Es war die Bibliothek, wohin der französische Mitgefangene eilte, um mitzuteilen, dass Petrograd in den Händen der Matrosen, dass Kerenskij verhaftet und die Macht an die Bolschewiki übergegangen sei. Auch der deutsche Soldat, der für alle Bibliotheken des Lagers verantwortlich war, eilte in die Bibliothek und bestätigte diese Meldung. Im Oktober 1917 nahm die Gruppierung in Parteien im Lager zu. Das Lager zerfiel in zwei

44 S. 89.
45 S. 98–99.
46 V.V. Korsak: *Plen,* in: *Zabytaja vojna*, 2011, S. 121.

Teile: einerseits die Anhänger der Bolschewiki, angeführt von einer Gruppe aus der Bibliothek, und andererseits alle Übrigen. Von den ersten Tagen der Oktoberrevolution an traf kein Brief mehr ein, kein Paket aus Russland. Nach dem Friedensschluss von Brest-Litovsk, folgt man Kirš, „begann die schwierigste Zeit unserer Gefangenschaft".[47] Aus der Schweiz kamen an die Adresse der russischen Kolonie unter den Kriegsgefangenen Bulletins konterrevolutionären Inhalts. Es war dies die erste weißgardistische Literatur im Ausland. Die Lagerleitung (über die russische Zensur) befasste sich wieder mit den Angelegenheiten der russischen Kriegsgefangenen. Ende April 1918 musste aus der Lagerbibliothek wieder alle Literatur entfernt werden, die bolschewistischen Inhalts war. Diejenigen, die sie entfernen sollten, hatten nur eine schwache Vorstellung davon, was bolschewistische Literatur war und den Kriegsgefangenen fiel es nicht schwer, sie zu betrügen. So gab man den Prüfern Broschüren, die schon ganz zerlesen waren, die Zeitschrift *Na Čužbine* und generell alle sozialrevolutionäre Literatur. Von diesem Zeitpunkt hatte die Bibliothek offiziell keinerlei bolschewistische Literatur mehr, und doch wurden den Lesern bei der Ausleihe weiterhin bolschewistische Broschüren verteilt. Einmal jedoch bat ein Freund und Parteigenosse (Hofmann), der in einem der Lazarette arbeitete, Kirš darum, ihm das Neueste aus Russland mitzuteilen. Dieser Brief, in dem Kirš in scharfen Worten die konterrevolutionäre Rolle des deutschen Imperialismus in Russland geißelte, wurde abgefangen, der Lagerkommandantur übermittelt und Kirš selbst von der Arbeit in der Bibliothek entfernt. Im Frühjahr 1918 wurde er mit anderen Kranken und Invaliden nach Russland zurückgeschickt. Er kehrte im Mai 1918 in seine Heimat zurück. Bald nach seiner Rückkehr begann er seine Erinnerungen an die deutsche Gefangenschaft zu schreiben. Anschließend arbeitete er als Leiter des Sektors Geschichte im wissenschaftlichen Forschungsinstitut der Völker der UdSSR. Bald jedoch begann man die Tatsache einer Gefangenschaft in Deutschland negativ zu sehen. Viele ehemalige Kriegsgefangenen wurden repressiert. Auch Kirš entkam diesem Schicksal nicht. Er wurde am 7. Oktober 1936 verhaftet, wegen konterrevolutionärer und terroristischer Tätigkeit angeklagt und am 15. Dezember des gleichen Jahres erschossen.[48] Seine sterblichen Überreste sind auf dem Gelände des Klosters „Donskoj monastyr" in Moskau beerdigt. Durch Beschluss des Militärkollegiums des Obersten Gerichts der UdSSR vom 25. April 1956 wurde Jurij Ivanovič Kirš rehabilitiert.

---

47 Ju.I. Kirš: *Pod sapogom* [1925], Moskva 2014, S. 131.

48 A.M. Savinov: *Germanskij plen v gody Pervoj mirovoj vojny v memuarach Ju.I. Kirš*, in: Ju.I. Kirš: *Pod sapogom* [1925], Moskva 2014, S. 15.

Bücher aus ehemaligen Lagerbibliotheken im heutigen Bestand der Bibliothek des Moskauer Haus des Russischen Auslands (Dom Russkogo Zarubež'ja)

Lagerbibliotheken für russische Kriegsgefangene bestanden in Deutschland bis Mitte 1921.[49] Was war ihr weiteres Schicksal? Möglicherweise wurde ein Teil der Bücher vernichtet. Ein anderer Teil geriet in weit verstreute Büchersammlungen oder Antiquariate und existiert bis zum heutigen Tag. Sieben, nach meiner letzten Durchsicht, dieser seltenen Bücher, gedruckt vor über einhundert Jahren in russischer und ukrainischer Sprache, werden im Bestand des Moskauer Solženicyn-Hauses des russischen Auslandes, so der offizielle Name des „Dom russkogo zarubež'ja im. A. Solženicyna" (DRZ), aufbewahrt (den Titeln in ukrainischer Sprache bleibt eine eigene Untersuchung vorbehalten, AdÜ.). Hierher kamen sie aus der Abteilung Slovanská knihovna der Nationalbibliothek in Prag. Stempel und Besitzaufkleber im Innern weisen sie als ehemaliges Eigentum von Lagerbibliotheken aus.

Ukrainer kämpften auf beiden Seiten der Front – ungefähr drei Millionen von ihnen auf russischer Seite und ca. 250.000 auf österreichisch-ungarischer Seite.[50] Von Beginn des Krieges an unterstützte die Führung Deutschlands und Österreichisch-Ungarns organisatorisch und materiell die Gegner der zarischen Macht um eine Antirussische Opposition zu schmieden, um Russland von Innen zu schwächen. Sie unterstützte auch die ukrainische Opposition, die danach strebte die Unabhängigkeit der Ukraine und deren Lostrennung von Russland zu erreichen. Im September 1914 wurden Vertreter des in Österreich-Ungarn bestehenden „Bundes zur Befreiung der Ukraine" (SVO)[51] im deutschen Außenministerium empfangen, wo sie ihre Position in dieser Frage darlegten. Die deutschen Vertreter fanden, dass die ukrainische Opposition ein guter Helfer im Kampf gegen Russland sein könnte und gewährten ihr 1 Million Kronen für Propagandazwecke. Die Unterstützung Deutschlands zeigte sich darüber hinaus in der Unterhaltung spezieller Lager für gefangene Ukrainer. Solche Lager befanden sich in den Städten Salzwedel, Wetzlar, Hannoversch-Münden und Rastatt. Darüber hinaus auf dem Staatsgebiet Österreich-Ungarns in

---

49 G. Kratc: *Lagernye biblioteki* Moskva 2001, S. 392. (s. auführlicher folgender Beitrag dieses Sammelbandes [AdÜ.])

50 V. Gorelik: *Ukrainskie soldaty v Germanii*, in: *Neue Zeiten, ežemes- inform. žurnal* 2010, Nr. 7 (109), Juli, http://neuezeiten.rusverlag.de/2010/07/19/ukrainskie-soldati-v-germanii [Zugriff: 18.05.2019].

51 Ukr.: „Spilka Vyzvolennja Ukrainy" (SVU); russ.: „Sojuz osvobozdenija Ukrainy".

Dunajska Streda (Slowakei), Freistadt (Oberösterreich) und Josefstadt (Nordböhmen). Insgesamt befanden sich hier fünfzigtausend Kriegsgefangene. Und eines der Bücher aus Rastatt, das *Lukasevangelium in „russisch-ukrainischer" Sprache*, befindet sich heute unter dem Titel *Jevanhelija vid Sv. Luky. Movoju rus'ko-ukrainskoju*[52] im DRZ. Gedruckt wurde das Buch in der Typographie von Adolf Holzhausen in Wien. Es ist eine Ausgabe der Britischen und Ausländischen Bibelgesellschaft. Auf dem Vortitelblatt des Lukasevangeliums befinden sich zwei kreisrunde Stempel mit der Aufschrift in deutscher Sprache „Kriegsgefangenenlager Rastatt" und „Kriegsgefangenenlager Rastatt I. Bat[ail]l[on].". Ein zweites Buch im Bestand des DRZ aus einer dieser Lagerbibliotheken war in russischer Sprache die Broschüre von N.P. Družinin über die Kammern der Volksvertreter unter dem Titel *Palaty narodnych predstavitelej.*[53] Nikolaj Petrovič Družinin war eine der gesellschaftlich engagiertesten Persönlichkeiten im Russland seiner Zeit (1858–1941), bekannt als Journalist, Verleger und auch Lokalhistoriker. Der Höhepunkt seiner Tätigkeit liegt am Anfang des 20. Jahrhunderts. Družinin war auch bekannt als Jurist, der sich Fragen der Volksvertretung und der bäuerlichen Selbstverwaltung widmete. In seiner Zeitungsarbeit in den über 200 Artikeln der Presse von Jaroslawl wurde er nicht müde, die Idee der Selbstverwaltung und der Einrichtung von Vertretungsorganen zu erklären. N.P. Družinin war einer der ersten, die die Notwendigkeit juristischer Bildung auch für einfache Bevölkerungsschichten betonte. Er ließ es dabei nicht bei einer Arbeit bewenden. Er strebte immer nach Vollkommenheit. Nach einem ersten Erscheinen seiner Arbeiten änderte er sie bei jeder Neuauflage, verbesserte sie, gab sie als Broschüre heraus und beschränkte sich dabei nur auf einzelne Fragen aus dem Gesamtwerk. Und gerade so eine Broschüre ist seine Publikation über die *Kammern der Volksvertreter*, die sich heute im Bestand der Bibliothek des Hauses des russischen Auslands (Dom russkogo zarubež'ja) befindet. Auf dem Titelblatt und auf drei Seiten (S. 3, 5, 40) findet sich ein runder Stempel in russischer Sprache, dass dieser Band aus der Lagerbibliothek in „DS" stammt („DS Biblioteka voenno-plennych"). Dabei steht die Abkürzung „DS" anscheinend für die Stadt Dunajska Streda in der Slowakei. Während des Ersten Weltkrieges gehörte die Slowakei ja zu Österreich-Ungarn. Und hier nun befand sich ein Kriegsgefangenenlager. Zwei Stempel auf dem Buchumschlag und auf dem Titelblatt zeigen, dass das Buch zweimal die Zensur durchlief: einmal in Russland,

52 *Jevanhelija vid Sv. Luky: Movoju rus'ko-ukrainskoju,* Viden' [u Vidni]: Vydanne Brytans'koho i Zahranyčn'oho Bibliynoho Tovarystva, 1913.

53 N.P. Družinin: *Palaty narodnych predstavitelej. Iz knigi „Izbirateli i narodnye predstaviteli"*, Moskva 1906.

„geprüft von der Militärzensur in Petrograd Nr. 23" („Prosmotreno Voennoj cenzuroj, Petrograd, Nr. 23"), und ein zweites Mal von der „Zensur-Abteilung Wien". Auf dem Titelblatt sind Bemerkungen angebracht in Tinte („424") und in Bleistift: „Russkaja biblioteka, DF 120025, 1284 p.[54] 1968". Auf S. 40 des Büchleins findet sich in Tinte die handschriftliche Sentenz eines „Bürgers" in russischer Sprache angebracht, dass „Bildung – Licht, und Unbildung – Finsternis" sei („Gorodskoj žitel': Učen'e – svet, ne učen'e – t'ma").

Das Buch von Družinin ist in russischer Sprache in der Typolithograhie der Russischen Genossenschaft für Druck- und Verlagswesen gedruckt. Auf dem Titelblatt finden sich die Adressen von Verlag und Druckerei: „Izdanie D.I.Tichomirova, Moskva, Bol'šaja Molčanovka, dom № 24" und „Tipo-litografija Russkago Tovariščestva pečatn. i izdat. Dela, Čistye prudy, Myl'nikov per., sobstv. Dom". Welchen Weg hat diese kleine Broschüre zurückgelegt: von der Gasse Myl'nikov per. in Moskau, über Österreich, die Slowakei und Tschechische Republik bis in die Strasse Nižne Radiščevskaja ulica zurück nach Moskau, wo sich heute die Bibliothek des DRZ befindet. Zwei Exemplare in ukrainischer Sprache des Buches von V. Dorošenko über das Ukrainertum in Russland in neuester Zeit (*Ukrainstvo v Rosii: novišyj časy*) gelangten aus der Lagerbibliothek Salzwedel in das DRZ.[55] Auf den Titelblättern beider Bücher findet sich ein Stempel, der die Bücher als Vorbesitz des ukrainischen Kulturkomitees im Lager Salzwedel ausweist („Kul'turnyj komitet Ukrains'koj viys'kovoj [unleserl.] u tabori Zal'cvedel' ") ausweist. Außerdem in ukrainischer Sprache eine Broschüre des ukrainischen Historikers und Politikers, ersten Vorsitzenden (20. März 1917–28. April 1918) der ukrainischen Volksvertretung (Rada) Mychajlo S. Hruševs'kyj („Jakoï avtonomiï i federaciï choče Ukraïna?").[56] Sie gehörte ehemals dem Lager Quedlinburg, worauf der Stempel auf dem Umschlag und auf S. 3 weist: „Geprüft [unleserl.] Kriegsgefangenenlager Quedlinburg". Ein weiteres Buch in ukrainischer Sprache ist ein ABC-Buch, das in Salzwedel selbst ediert wurde, worauf der Zusatz zum

54 Bemerkungen, die sich, mit aller Vorsicht, als Ausweisung des Buches aus dem Dubletten-Fonds der „Slovanská knihovna" („Slawischen Bibliothek") deuten lassen, ist doch diese Broschüre durchaus mit zwei weiteren identischen Exemplaren bis heute nach Ausweis des OPAC im Bestand der Slovanská knihovna in Prag belegt: https://tinyurl.com/ybk8jcqn. Ob die Zahl „1968" in Zusammenhang mit dem schicksalsträchtigen Jahr in den sowjetisch-tschechischen Beziehungen 1968 steht, ließ sich nicht ermitteln [AdÜ.].

55 V. Dorošenko: *Ukrainstvo v Rosii*. Noviyši časy., Viden': SVU, 1917 (Druk. A. Hol'chavzen).

56 M.S. Hruševs'kyj: *Jakoï avtonomiï i federaciï choče Ukraïna?* Viden' 1917.

Sachtitel weist („Vydannja Prosvitnoho t-va Borysa Hrinčenka v tabori Zal'cvedel'").[57] Über die Herkunft des Buches gibt der seinerzeitige Prüfstempel auf dem Titelblatt keine Auskunft, da nur der erste Buchstabe des Ortsnamens lesbar („Geprüft! 16 Postprüfungsstelle des Gefangenenlagers S [unleserl.]"). Und schließlich in ukrainischer Sprache die Märchen von Wilhelm Hauff,[58] herausgegeben in Wien und mit zwei Stempeln auf dem Titelblatt. Der erste Stempel zeigt das Buch in Beziehung zu einem ukrainischen Lager (zu welchem genau, lässt sich leider nicht entziffern, ausser der Angabe dass es Vorbesitz eines „Kul'turnoprosvitnyj kružok Ukrains'k. tabora [unleserl.]". Der zweite Stempel weist auf eine von Damen gegründete Wohltätigkeitsorganisation in Wien („Ukrainskyj žinočnyj komitet u Vidni").[59] Hauptaufgabe dieses Komitees war die Suche nach ukrainischen Soldaten, um diesen die notwendige Hilfe in Wiener Hospitälern zukommen zu lassen und die Versorgung von Kranken und Verwundeten mit Büchern. Ab 1916 dehnten sie ihre Tätigkeit auch auf Lager aus. In den Lagern, in denen sich eine bedeutende Zahl ukrainischer Gefangener befand, wurden Bibliotheken eröffnet, Schulen und Chöre gebildet, Kurse zum Genossenschaftswesen und zur Landwirtschaft gehalten.[60] Im Bestand der Bibliothek des DRZ gibt es noch eine ganze Reihe von Ausgaben, die dem ehemaligen Bestand von ukrainischen Lagerbibliotheken angehört haben könnten. Das sind zwei Exemplare in ukrainischer Sprache des Buches von L.M.Cegel'skij (*Rus'-Ukraina a Moskovščina-Rossija*),[61] mit eingeklebtem Bibliotheksblatt, das als Vorbesitz die oben schon erwähnte Bibliothek der SVU in Rastatt nennt („Biblioteka Prosvit. Vydilu SVU v Raštati"). Auf beiden Exemplaren gibt es außerdem einen Stempel in deutscher Sprache („Zentralstelle für Deutschland. Der Bund zur Befreiung der Ukraina"). Ein solcher Stempel („Der Bund Befreiung der Ukraina. Zentralstelle für Deutschland") findet sich vier Mal auf den vorderen und hinteren

---

57 *Perša čytanka. Vydannja Prosvitnoho t-va Borysa Hrinčenka v tabori Zal'cvedel': materijal vzjatyj z cytanki O. Bilousenka „Vinok"*, Zal'cvedel' 1917 (Umschlagtitel: *Maternje slovo. Perša čytanka. Vydannja tovarystva „Prosvita"*).

58 V. Hauf: *Kazki Vil'gel'ma Hauffa*. Z 82-ma maljunkami/ pereskaz s nim. movy M. Charčenka, F. Supruna, D. Korzuna ta ynšych. Hrsg. I. Truby; Teil 2: *Prygody Saida; Malyj Muk; Al'manzor; Zlot; Čerstve serce*, 2. Aufl., Katerinoslav/Viden' 1919.

59 Wohltätigkeitsorganisation in Wien, Ende 1914 gegründet, s.: http://istmat.info/node/43612. [Zugriff 23.06.2019].

60 O. Bežuk: *Blahodijna dijal'nist' Ukrains'koho žinočoho komitetu dopomohy poranenym vojakam u misti Vidni. 1914–1918 r.r.*, in: *Nauk. Visnyk LNUVMBT imeni S.Z. Gžickoho* 2(37), Teil 5, 2008/10, S. 132.

61 L.M. Cegel'skij: *Rus'-Ukraina a Moskovščina-Rossija: Istoryčno, polityčna rozvidka*, 2. Aufl., Cargorod 1916.

Vorsatzblättern und auf den Seiten eins und drei in einem Kurs zur Geographie Europas in russischer Sprache („Kurs geografii Evropy").[62] Dieses Exemplar ist auch noch deshalb interessant, weil es aus der Sammlung der Großfürstin Anastasija Nikolaevna, wohl der Prinzessin von Montenegro, stammt.[63] Davon zeugt der Vorbesitzstempel auf den Seiten VI und 232 („[unleserl.] E.I.V. Vel. Kn. Anastasii Nikolaevny"). Auch diese Bücher haben wir als Geschenk der tschechischen Nationalbibliothek im Jahre 2014 erhalten und sie verdienen besondere Beachtung. Die Geschichte der Lagerbibliotheken ist bis heute wenig erforscht. Die Arbeiten jedoch von G. Kratz, S.N. Ljutov. O.S. Nagornaja und T.D. Rubanova behandeln sie. Die Professorin der Staatlichen Akademie für Kultur und Künste in Tscheljabinsk T.D. Rubanova hat drei Gründe dafür ausgemacht: kurzfristiges Bestehen unter extremen Bedingungen; schwere Lage der Soldaten und Offiziere in den Lagern und gleichzeitige fehlende Kontrolle seitens offizieller russischer Stellen; Unzugänglichkeit der Quellen, deren größter Teil sich im Ausland befindet.[64]

Die Lagerpresse

Besondere Aufmerksamkeit verdient die Lagerpresse. Bedingt durch den Verlust von Archiv- und Bibliotheksbeständen während des Zweiten Weltkrieges muss als grundlegende Quelle für die Lagerpresse des Ersten Weltkrieges die Dissertation von W. Haeusser aus dem Jahr 1940 dienen, die besonderes Augenmerk auf die Presse der westlichen Verbündeten Russlands richtet.[65] Ein kleiner Abschnitt über die Lagerzeitungen ist in dem Buch von O.S. Nagornaja enthalten.[66] Im Gefolge von Haeusser unterscheidet O.S. Nagornaja drei Kategorien von Zeitungen: Zeitungen, die auf Initiative der Gefangenen selbst entstanden; Zeitungen, die auf Anregung und mit Unterstützung von Propagandaeinrichungen

---

62 A. Kruber, S. Grigor'ev, A.N. Barkov, S. Čefranov: *Kurs geografii Evropy*,Moskva [o.J.].

63 Anastasija (Stana) Petrović-Negoš (in Russland auch bekannt als Anastasija Nikolaevna), 23. Dez. 1867 (4. Jan. 1868) in Cetinje, Montenegro -15. November 1935, Antibes, Frankreich – Prinzessin von Montenegro, Herzogin von Leuchtenberg, russische Großfürstin. Gattin des Herzogs Georg Maximilian von Leuchtenberg und des Großfürsten Nikolaj Nikolaevič. Tochter des Königs Nikola I. von Montenegro und seiner Gattin Milena Vukotić.

64 T.D. Rubanova: *Biblioteki dlja ranennych vojnov i voennoplennych v gody Pervoj mirovoj vojny*, in: *Bibliotekovedenie* 6, 2015, S. 104.

65 R. Haeusser: *Das Nachrichten- und Pressewesen der feindlichen Kriegsgefangenen in Deutschland*, Berlin 1940.

66 O.S. Nagornaja: *Drugoj voennyj opyt*, 2010, S. 261–264.

entstanden und Zeitungen, die zentral von deutschen und österreichischen Militärstellen gedruckt und verteilt wurden.[67] Nimmt man die auf Initiative der Kriegsgefangenen herausgegebenen Zeitungen, so sind dies: *Skvoznjak* (*Durchzug*) für das Mannschaftslager Nürnberg, Redakteur L. Liberberg; die Zeitschrift *Žurnal lagerja voennoplennych Deberitc* für das Mannschaftslager Döberitz, Red. N. Levitin; der *Anzeiger der Gefangenen* (*Vestnik plennych*), Offizierslager Friedrichsfeld; die *Aktuellen Neuigkeiten* (*Novosti dnja*), Offizierslager Neisse (Neuss)[68] oder die auf den Ort des Offizierslagers im Schloss Reisen, Posen (heute poln. Rydzyna, Großpolen) bezugnehmende Zeitung *V zamke*. Zur zweiten Kategorie gehören die Zeitungen der kriegsgefangenen Ukrainer: *Sojuz Ukrainy*, *Gromads'ka dumka* (Wetzlar), *Rassvet*, *Seljanin* (Salzwedel), *Novo zorja*, *Vyl'ne slov*. Sie alle wurden vom Bund SVU finanziert. Zur dritten Kategorie gehören die Zeitungen *Russkij vestnik* und *Nedelja*, herausgegeben von deutschen und österreichischen Militärbehörden. Einzelne Nummern sind heute noch erhalten in den Sammlungen des Bundesarchiv-Militärarchiv (Freiburg), in der Staatsbibliothek zu Berlin, im Staatsarchiv der RF in Moskau GARF, in der russischen Staatsbibliothek RGB in Moskau, der russischen Nationalbibliothek RNB in Petersburg und in der Moskauer Historischen Bibliothek GPIB, sowie schließlich in der Nationalbibliothek in Minsk.

Im Jahre 1915 begann man in Berlin mit der erwähnten Zeitung *Russkij vestnik* eine spezielle Zeitung für die russischen Kriegsgefangenen herauszugeben.[69] Sämtliche Artikel waren mit Pseudonymen unterzeichnet. Anfangs wurde die Zeitung kostenlos versandt. In den Mannschaftslagern war sie die einzig allgemein zugängliche Lektüre. Mit dem Erscheinen der Bolschewiki hatte *Russkij vestnik* einen größeren Umfang und wurde die Nachrichtenseite erweitert. Die letzte Seite galt Anfragen. Auf Nachfrage gab die Zeitung genaue Angaben zu jedem Gefangenen in Deutschland. Gerade deshalb hatte diese Zeitung eine große Verbreitung und als die Zeitung das kostenlose Erscheinen einstellte, begannen viele Leser die Zeitung zu abonnieren.[70] Es ist diese Zeitung, an die sich

---

67 S. 262.

68 de.wikipedia.org/wiki/Liste_der_Kriegsgefangenenlager_in_Deutschland_1914%E2%80%931918; [Zugriff: 23.06.2009] in dieser „Liste der Kriegsgefangenenlager" nicht enthalten;

69 *Russkij vestnik = Russischer Bote*, hrsg. M.V.Mejer, 1915, 4. Dez., 1918–16. Nov., Berlin, erschien 1917–1918 zweimal wöchentlich, seit 1918, dreimal wöchentlich, Titeländerung ab 19. Nov. 1918 (Nr. 1/ 363) in: *Russkij socialist*.

70 V.V. Korsak: *Zabytye* [1928], in: *Zabytaja vojna* 2011, S. 300.

Ju. P. Kirš und M. V. Jaroslavcev erinnern.[71] Jaroslavcev erinnert sich gar, dass im Lager Preußisch-Holland (heute poln. Pasłęk) man Zeitungen aller Richtungen bekommen konnte. Ein sprachkundiger und kriegsgefangener Oberst (Sorokin) fertigte Übersetzungen, die dann von anderen vervielfältigt und an der jeweiligen Barackenwand angeschlagen wurden.[72] Nicht selten begannen die Kriegsgefangenen selbst in den Lagern Zeitungen und Zeitschriften herauszugeben, wo sie ihre Artikel. Erzählungen und Verse wie Essays veröffentlichten. Beilagen zu der Zeitung enthielten Neuigkeiten aus dem Lager selbst und unterhaltende Lektüre. So in Hannoversch-Münden, folgt man den Erinnerungen von Zavadskij:

> *im Frühjahr planten wir die Herausgabe einer Zeitschrift. Die Idee dazu hatte einer der Offiziersanwärter (German). Auf seinen Aufruf reagierten sofort Künstler und Schriftsteller. Die ersten brachten ihre Bilder, die zweiten ihre Manuskripte. Auch ich nahm an der Herausgabe der Zeitschrift teil, war Sekretär der Redaktion. Das war viel Arbeit, bevor die erste Nummer der Zeitschrift* Der Kriegsgefangene *herauskam. Hier spiegelte sich unser gesamtes Gefangenenleben mit all den kleinen Freuden und einer großen Trauer. Besonders gut waren die Zeichnungen. Einige Karikaturen riefen sogar Gelächter bei den Lesern hervor. Und die Prosatexte, wenn auch nicht alles glatt war, so war es doch von uns selbst Erlebtes. In den kurzen anspruchslosen Erzählungen fand unser Leben, unsere Unfreiheit, ein Ventil. Viele Leser des* Kriegsgefangenen *erklärten, dass ihnen nun viele andere literarische Erzeugnisse zu erfunden vorkommen, Der Redakteur und Herausgeber und sein Sekretär erklärten, die Zeitschrift so oft wie nur möglich herausgeben zu wollen. Dies aber war schwer. Die Zeitschrift erschien nur handschriftlich. Wir mussten das Material auswählen, es abschreiben, den Künstlern für die Gestaltung der Randleisten geben, es broschieren und binden. Je ein Exemplar wurde nur für einige Tage in je ein Zimmer zum Durchlesen gegeben, um es vor deutschen Augen zu verstecken. Insgesamt sind zwei Nummern erschienen. Als schon die dritte vorbereitet wurde, wurde deutscherseits ein Durcheinander angerichtet. Redakteur und Autoren wurden auf verschiedene Lager verteilt und wer damals den „Kriegsgefangenen" mitgenommen hat, weiß ich bis heute nicht.*[73]

---

71 Michail Vladimirovič Jaroslavcev (Archimandrit Mitrofan) (Tul'skaja gub., 30.12.1883/11.01.1884, 28.01.1954, Rabat, Marokko). Seit 1905 diente er im 68. Borodinischen Leibregiment von Zar Alexander III. Teilnehmer des Russisch-japanischen Krieges. Ging mitsamt seinem Regiment an die Front im Ersten Weltkrieg. War Regimentsadjutant und Kommandeur eines Bataillons. Im Kampf verletzt und ´verwundet. Ab Februar 1917 war er Oberstleutnant und Kommandeur des Ersten Bataillons des Regiments. Im Jahre 1917 kommandierte er als Oberst das 1. Bobrujsker Infanterieregiment. Im Februar 1918 geriet er während eines Angriffs deutscher Kräfte in Gefangenschaft.

72 M.V. Jaroslavcev: *V nemeckom plenu vo vremja revoljucii*, in: *Na čužoj storone* 7, Prag 1924, S. 194.

73 Korsak V.V., *Plen* [1927], in: *Zabytaja vojna*, 2011, S. 166.

An die Herausgabe dieser Zeitschrift erinnert auch N.M. Aderson, der ebenfalls im Lager Hannoversch-Münden war:

> *Eine Gruppe von Offizieren, mit Offiziersanwärter Gromov an der Spitze, in Moskauer Gerichtskreisen wohlbekannt, begann die Herausgabe einer handgeschriebenen Zeitschrift. Sein nächster Mitarbeiter war einer unserer Offiziersanwärter (V.A. Topkov). In der Ankündigung und in der ersten Nummer versprach die Zeitschrift den Lesern eine „wahrheitsgetreue Darstellung der Wirklichkeit zu geben und dem Ziel der Solidarität und Zerstreuung zu dienen." und so weiter und so fort. Der* [deutschsprachige] *Titel der Zeitschrift hieß* Gefangen *– es wurden Autoren zur ständigen Mitarbeit eingeladen, hauptsächlich Offiziersanwärter. Aber auch jeder der dies wünschte, konnte Artikel beitragen. So kam ziemlich viel Material zusammen und die Gefangenen waren sehr interessiert, eine solche Zeitschrift herauszubringen. Man plante die Herausgabe von zwei drei handschriftlichen Exemplaren. Man plante auch ein geringes Entgelt für die Ausleihe zu nehmen, um die Ausgaben zu decken. Das wahre Ziel aber, die Zeitschrift in Russland drucken zu lassen, blieb geheim.*[74]

Des Weiteren erzählt Aderson, dass in der ersten Nummer Erzählungen, Verse und Zeichnungen waren. Die Zeitung hatte eine Sparte für Satire, in der talentierte Karikaturen und Witze abgedruckt waren, die Offiziere und Soldaten der Lagerleitung zum Thema hatten. Die erste Nummer hatte großen Erfolg. Auch eine zweite Nummer erschien. Die Redaktion aber zerstritt sich und die Intrigen der Redakteure zerstörten das Projekt, eine dritte Nummer erschien schon nicht mehr.[75]

Die russischen Gefangenen des Lagers Hameln wandten sich mehrfach an die Leitung des Lagers mit der Bitte, ihnen die Herausgabe ihrer Zeitung zu erlauben, Diese Bitte blieb jedoch unbeantwortet.[76] Auch im Lager Münster gab es den Versuch, eine Zeitung herauszugeben. Darüber schreibt M. Sonin. Vorlesungen fanden in den Mannschaftsbaracken zu gesellschaftspolitischen Themen statt. Manchmal wurde auch Belletristik vorgelesen, aus Tolstoj und Gor'kij.[77]

Unterricht

Für viele Kriegsgefangene wurde der mehrjährige Aufenthalt hinter Stacheldraht zu einer ganz spezifischen Zeit der Aus- und Fortbildung. Einige wollten sich nur autodidaktisch weiterbilden, andere Offiziere wollten direkt allgemeinbildende und spezielle wissenschaftliche Vorträge hören. Kämpften die Kriegsgefangenen

---

74 N.M. Aderson: *Put' russkogo oficera*, 2010, S. 138–139.

75 S. 139–140.

76 Kirš: *Pod sapogom* [1925], Moskva 2014, S. 115.

77 M. Sonin: *V germanskom plenu*, 2/3, S. 104.

in den ersten Kriegsmonaten noch mit einem Gefühl der Trauer und Ausweglosigkeit, so begannen sie im Folgenden sich zunehmend an ihre Lage zu gewöhnen. Die gebildeten Kreise der Kriegsgefangenen strebten danach, das Fehlen ihrer gewöhnlichen beruflichen Tätigkeit durch das Erlernen von Sprachen (Deutsch) oder Musik zu ersetzen. Sei es auf Initiative der Lagerkommandantur, sei es auf Initiative der Lagerselbstverwaltung, fast in allen Lagern gab es Schulen, die den Großteil der Kriegsgefangenen erst einmal schreib- und lesefähig machten. Solche, die bereits Grundschulbildung hatten, erhielten Unterricht in Mathematik, Agronomie und Deutsch, hörten Vorlesungen. Die Kurse waren sehr frequentiert. Im Lager Worms etwa gab es eine Schule für Analphabeten. In den Offizierslagern organisierten die Gefangenen mit Erlaubnis der Lagerleitung Kurse und Vorlesungen zu verschiedenen Themen. Über das Eisenbahnwesen in Russland und in verschiedenen Ländern, über Finanzen und Steuer, über Biologie und Anatomie.[78] Veranstaltungen über Mathematik, Astronomie, Buchhaltungswesen, Elektrizität, Landwirtschaft, Jurisprudenz, Musik. In den Lagern hielten deutsche Professoren Vorträge zu Geschichte, Geographie, Verfassungsrecht und Sozialgesetzgebung in Deutschland, zu Fragen der Musik und Problemen der Theologie.[79]

Die Historikerin O.S. Nagornaja zitiert in einem ihrer Aufsätze Exzerpte aus Briefen von Offizieren, die im Lager Döbeln in Sachsen festsaßen. Der Lagerälteste der russischen Offiziere, ein Oberst Buba, schreibt seiner Frau über die Vielfalt der angebotenen Unterrichtsmöglichkeiten:

> *Ich nutze die zur Verfügung stehende Zeit zum Lesen. Wegen meiner Dienstobliegenheiten hatte ich früher dafür keine Zeit und fülle jetzt meine Bildungslücken. Ich höre Vorlesungen zur Physiologie der Pflanzen, die ein Dozent der Universität Moskau in Form zwangloser Gespräche mit einigen unserer Offiziere führt. Einen Vortrag über Bienen und Bienenzucht habe ich schon gehört.*[80]

Ein anderer Offizier schrieb:

> *von 12 bis 1 höre ich Vorträge über das Schachspiel, von halb 2 bis halb 3 über Chemie und danach lese ich noch ein wenig oder gehe spazieren. Um 6 ist Abendapell. Montags und freitags gibt es Vorträge über das Leben der Pflanzen und die Biologie. Danach lesen wir oder spielen Schach.*[81]

---

78 Nagornaja, *Russkij narod zakončil* 93, 2008, S. 199.

79 Kokebaeva: *Voennoplennye*, 2012, in: www.rusnauka.com/25_PNR_2012/Istoria/2_115941.doc.htm [Zugriff 23.06.2019].

80 Zit. nach: Nagornaja, *Russkij narod zakončil* 5, 2008, S. 199.

81 Ebd.

In der Zeitschrift „Russkij voennoplennyj" wurde ein Brief aus dem Lager Wülzdorf (sic!, AdÜ.) in Bayern zitiert:

> *Wir haben hier Arbeitsgruppen und Kurse für Buchhaltung, Agronomie, Automobilistik, Elektrotechnik, Chemie usw. Unterrichtet werden wir von Leuten mit Hochschulausbildung und von einigen Studenten unter den Offiziersanwärtern.*[82]

V.V. Zavadskij erinnert sich in seinem Buch *Plen* daran, wie der Kommandant vom Lager (Hannoversch-)Münden, Generalmajor von Wiese, als er seinen Dienst im April 1915 antrat, den Vertretern der Gefangenen erklärte:

> *Ich möchte, dass die Gefangenen die Zeit, die sie hier im Lager verbringen, nicht verlieren. Es gibt sicherlich unter ihnen welche, die sich mit etwas beschäftigen möchten. Sie werden die Möglichkeit erhalten, etwas zu lesen und zu lernen. Es wird mich nur stolz machen, wenn sie bei ihrer Rückkehr nach Hause sagen können: „dies habe ich in Deutschland gelernt".*[83]

Gefangene, die die Möglichkeit erhielten, ihre Kenntnisse zu erweitern, oder neue Kenntnisse zu erwerben, haben sich gierig auf die Bücher gestürzt. Kaum hatten sie die Genehmigung, Lehrbücher zu erwerben, wissenschaftliche Literatur, schafften sie sich Lehrbücher an, hauptsächlich des Deutschen und Französischen und Studenten, die ihr Studium hatten unterbrechen müssen, bewaffneten sich nun mit Lehrbüchern zu ihrem jeweiligen Studienfach.

> *Von der berüchtigten russischen Faulheit war nichts zu spüren. Sprachen eröffneten den Weg zur Bildung. Und nun konnte man ergraute Obristen, Hauptleute und ganz junge Oberleutnants und Offiziersanwärter sehen, wie sie mit Büchern, Heften und Lehrbüchern durchs Lager gingen.*[84]

Zavadskij berichtet, wie sorgsam die Gefangenen mit den Büchern umgingen und mit welchem Eifer sie sich den Wissenschaften hingaben.

> *Die Kriegsgefangenen wühlten die Holzspäne durch, die die Zimmerleute zurückgelassen hatten, suchten nach abgesägten Brettern, nutzten Kästen von Geschenksendungen, besorgten sich Nägel und zimmerten sich Tische für ihre Unterrichtsstunden. Auf diesen Holzunterlagen, die manchmal nicht grösser als ein Taschentuch waren, waren in größter Ordnung Bücher, Wörterbücher und Hefte gelagert.* […] *Abends dann, so trübe das Licht auch war und die Augen angestrengt wurden, schrieben sie ihre Übungen, lasen und übersetzten.*[85]

---

82 *Knigi dlja russkich voennoplennych* 3, http://personalhistory.ru/papers/00158.htm#t1-3 [Zugriff: 23.06.2009].

83 V.V. Korsak: *Plen*, in: *Zabytaja vojna*, 2011, S. 101.

84 S. 102.

85 S. 103.

In den gemischten Lagern, wo Offiziere aus verschiedenen Ländern untergebracht waren, wurde s.g. Tandemlernen praktiziert, was es den russischen Gefangenen erlaubte, ihre Kenntnisse im Englischen und Französischen zu erweitern.[86] Sonin erinnert sich, dass in Münster Vorlesungen gehalten wurden zur Geologie und zu Esperanto. Dass die Kriegsgefangenen Sprachen lernten: Französisch, Deutsch, Englisch, Italienisch, Spanisch und Japanisch. Diese Sprachzirkel gab es auch im Lager Celle (Niedersachsen), wohin Sonin verlegt wurde. Den Eifer, mit dem die kriegsgefangenen Offiziere und Soldaten sich in ein fremdes sprachliches Milieu einarbeiten wollten, belegen zahlreiche Anfragen an russische und ausländische nichtstaatliche Hilfsorganisationen, in denen sie darum baten, ihnen Lehrmittel und Wörterbücher zum Deutschen zuzusenden für die in den Lagern eingerichteten Schulen.[87] Die russischen Kriegsgefangenen baten nach Auskunft des Londoner Komitees gerade um Lehrbücher, und nicht um Erzählungen und Romane.[88] Die Lagerverwaltungen organisierten Kurse zum Erlernen des Deutschen, wo Lehrer unterrichteten, die vor dem Kriege lange in Russland und anderen Ländern der Entente gelebt und gearbeitet hatten. Unterrichtet haben auch Kriegsgefangene, die ehemals Lehrer und Studenten waren, die mit Begeisterung die Möglichkeit nutzten, ihre beruflichen Kenntnisse anwenden zu können. Lernwillige für das Deutsche gab es genug. Gab ihnen doch die Kenntnis der Sprache die Möglichkeit als Übersetzer oder Barackenältester eingesetzt zu werden und in Kontakt mit der deutschen Lagerverwaltung und -wache zu treten. Gerade deshalb gab es diese Sprachkurse in allen Lagern. Aderson konstatierte in seinen Erinnerungen:

> *Kaum gab es im Lager genügend Lehrbücher und Wörterbücher, wurden Klassen eingerichtet zum Erlernen von Fremdsprachen und anderen Fächern. Junge Offiziersanwärter, die gerade erst die Universität beendet hatten, hielten Vorlesungen zu den verschiedensten Fächern.*[89]

Die Überführung der Mehrzahl der Kriegsgefangenen in Arbeitskommandos im Frühjahr 1915 bewirkte einen zeitweisen Stillstand und das massenhafte Lernen wurde eingestellt. Aber auch in dieser Periode hat eine geringe Zahl von Kriegsgefangenen (Arbeitsunfähige, Vertreter schöpferischer Berufe, und Kriegsgefangene, die in der Lagerverwaltung tätig waren) dafür gesorgt, dass im Lager

86 Nagornaja: *Drugoj voennyj opyt*, 2010, S. 323.

87 Nagornaja, *Russkij narod zakončil* 5, 2008, S. 200.

88 *Knigi dlja russkich voennoplennych* 3, http://personalhistory.ru/papers/00158.htm#t1-3 [Zugriff: 23.06.2019]

89 N.M. Aderson: *Put' russkogo oficera*, 2010, S. 135.

die Schulen und Bibliotheken weiter funktionierten. So sorgten funktionierende Bibliotheken dafür, dass die auch Arbeitsbrigaden nun mit Büchern und Lehrbüchern versorgt wurden. Leute, die nicht arbeitsfähig waren, erweiterten ihren Bildungshorizont, indem sie von Wohltätigkeitsorganisationen Lehrbücher, Bücher und Programme anforderten, um nach der Rückkehr nach Russland ihr Examen für eine dienstliche Höherstufung ablegen zu können. Einen neuen Aufschwung nahm diese Bewegung, als auf Initiative der sowjetischen Vertretung in Berlin das Gesetz über die allgemeine Bildung auch auf die Lager ausgedehnt wurde und die Vertretung den Kauf von Büchern und die Bezahlung der Lehrkräfte übernahm.[90] Russische Kriegsgefangene wurden zur Zwangsarbeit in allen Zweigen der deutschen Kriegswirtschaft herangezogen. Kriegsgefangene arbeiteten in der Industrie, in der Landwirtschaft, erlernten auch neue Berufe. Viele ehemalige Kriegsgefangene konnten nach der Rückkehr nach Russland ihre erlernten Fähigkeiten zu Hause anwenden.

„Ich bin der Sohn eines Bauern, habe Land, und ziehe trotzdem fast keinen Nutzen daraus. Ich möchte sehr gerne einige Kenntnisse im Bereich der Landwirtschaft erwerben". So schrieb ein Kriegsgefangener aus dem Lager Friedrichsfeld.[91]

Ihren unfreiwilligen Müßiggang wollten die Kriegsgefangenen für eigenständiges Lernen nutzen, um bei Rückkehr in die Heimat, dieser möglichst Nutzen zu bringen. Der YMCA bemühte sich, den Kriegsgefangenen so zu helfen, dass sie selbst auf eigenen Füssen stehen könnten. In den vom YMCA eingerichteten Schulen lernten sie ein Handwerk (Schneider, Tischler, Buchbinder). So erhielten etwa im Lager Worms die Lazarettpatienten vom YMCA Tischlerwerkzeug. In den Zeitungen des YMCA wurden praktische Ratschläge gegeben, wie man aus normalem Haushaltsabfall, Konservenbüchsen und Geschenkpaketen, neue Dinge basteln könne.[92] Der YMCA bemühte sich auch, das monotone Lagerleben der Kriegsgefangenen zu unterbrechen. Im Lager Worms erhielten die Lazarettpatienten vom YMCA Farbe, Grammophon, Tischspiele. In Cottbus lief über einen ganzen Monat hindurch ein Schachturnier, organisiert vom YMCA, mit über 40 Teilnehmern und noch mehr Zuschauern. In vielen Lagern hat der YMCA Sportplätze eingerichtet und Sportgeräte wurden für Tennis, Fußball, Krocket und Boxen angekauft. Zavadskij erinnert sich, dass für Gefangene, die handwerklich tätig sein wollten, im Lager (Hannoversch-) Münden

---

90 O.S. Nagornaja: *Drugoj voennyj opyt*, 2010, S. 322.

91 *Knigi dlja russkich voennoplennych* 3, http://personalhistory.ru/papers/00158.htm#t1-3 [Zugriff: 23.06.2019]

92 O.S. Nagornaja: *Drugoj voennyj opyt*, 2010, S. 66.

eine Buchbinderei eingerichtet wurde. „Hier arbeitete Hauptmann Gladkevič mit seinem Gehilfen, einem Militärangestellten. Infolge der Menge an Büchern im Lager waren sie immer mit Arbeit überhäuft."[93] Im Lager Münster wurden von deutscher Seite Ausflüge organisiert, erinnert sich M. Sonin. So wurde den Gefangenen das Versuchsfeld einer Landwirtschaftsschule gezeigt.[94] In den Offizierslagern entstand die Tradition der kulturellen Veranstaltungen, es bildeten sich Theatertruppen, Chöre und Orchester. Das Repertoire hing von den in der Lagerbibliothek vorhandenen Texten ab, weshalb es recht eintönig in all den Lagern war. Häufig wurden Komödien von Gogol, Tschechow und Ostrovskij gespielt. Tragödien waren eine Seltenheit auf der Lagerbühne.[95] So schrieb Aderson:

> *um von der Eintönigkeit im Lageralltag und von schweren Gedanken abzulenken organisierten wir improvisierte Unterhaltungsabende, wo Erzähler, Sänger und Tänzer auftraten.*[96]

Wie nahezu alles im Lager, so hing auch die Intensität schöpferischer Tätigkeit vom jeweiligen Lagerkommandanten ab. Die Künstlerkollektive der Gefangenen waren Teil der Lagerselbstverwaltung und unterstanden dem Lagerkomitee. Der Ertrag vom Verkauf der Eintrittskarten für Theater- und Konzertveranstaltungen wurde für den Ankauf von Dekoration, Kostüm und Instrumenten verwendet. Wohltätigkeitsveranstaltungen wurden zugunsten von Lazaretten, Lagerschulen, Lagerbibliotheken und Gottesräumen veranstaltet. Eine wunderbare Illustration von im Lager organisierten kulturellen Veranstaltungen und Vorlesungen findet sich in den Erinnerungen von M.V. Jaroslavcev:

> *Neben den Chören für kirchliche und weltliche Lieder, hatten wir auch ein Orchester aus gemischten Instrumenten und ein Balalaikaorchester. Zum Erwerb der Instrumente fuhren ein deutscher Offizier und der Kapellmeister nach Leipzig. Bei dieser Gelegenheit wurde auch Zubehör für Lawn-Tennis angeschafft, aber dafür gab es nur wenig Interesse wegen des Hungers und des Fehlens eines entsprechenden Dresses. Es wurden Kurse für deutsche, englische, und französische Sprache eingerichtet, für Buchhaltungswesen, eine Autofahrschule und eine Landwirtschaftsschule. In einer der Baracken wurde ein Andachtsraum eingerichtet. Ikonen [altgläubiger Herkunft aus dieser Gegend, wohl in der Tradition der Malschule der umliegenden altgläubigen Dörfer gefertigt, AdÜ.] brachte ich aus Elbing, Westpreußen [heute poln. Elbląg, AdÜ.] mit. Den Rest machten wir selber. Meister fanden sich genügend für jedes Handwerk, so wurde in einer Baracke ein Theater*

93 V.V.Korsak: *Plen*, in: *Zabytaja vojna*, 2011, S. 103.
94 M. Sonin: *V germanskom plenu* 2/3, S. 106.
95 O.S. Nagornaja: *Drugoj voennyj opyt*, 2010, S. 215.
96 N.M. Aderson: *Put' russkogo oficera*, 2010, S. 133.

eingerichtet mit Dekorationen und einem Bühnenvorhang, den Künstler aus dem Lager gestaltet hatten. Auch Künstler fanden sich. Es wurden Dramen, Komödien, Vaudevilles und sogar Operetten aufgeführt. Es wurde ein kleiner Beitrag zur Kostendeckung festgesetzt und das Theater war zu den Vorstellungen gefüllt. Schließlich wurde gar ein Casino eingerichtet mit Bildern der eigenen Künstler an der Wand, einem Flügel, Tischen und Stühlen. Hier konnte man leichten Weißwein oder Bier trinken und Süßigkeiten dazu essen. Manchmal spielte ein Orchester, oder traten Solisten auf, auch konnte man Lotto spielen. Nun begann auch ein Vorlesungszyklus: zum Okkultismus (Oberst Okatov), zu politischen Themen (Sorokin, Oberst im Generalstab). All diese Vorlesungen waren sehr populär. Natürlich gab es unter den Lagerinsassen auch solche, die den ganzen Tag nur auf dem Bett lagen, auf dem Lagerhof herumlungerten und weder Vorlesungen noch Kurse besuchten. In der Lagerkantine erschienen plötzlich zum Kauf angeboten Arbeiten der Künstler, Holzbrenner, Holzschnitzer, Kollektionen usw.: all dies wurde gerne gekauft.[97]

Im Lager Göttingen wurde aus den Kriegsgefangenen ein Chor gebildet und ein Trio von Zupfinstrumenten (Balalaika, Gitarre und Mandoline) gab es.[98] Im Lager Münster wurde ein Theater gebildet, ein Balalaika-Orchester, ein Soldatenchor. Es wurden Schauspiele und Konzerte für die Soldaten veranstaltet. Eine der kulturellen Veranstaltungen war der Tolstoj-Tag. Die Künstler malten zu diesem Tag Porträts von L.N. Tolstoj, schnitzten sein Profil. Auf der Bühne, die speziell zu diesem Tag errichtet wurde, wurde ein Vorleseabend gegeben im Rahmen dessen Ausschnitte aus *Krieg und Frieden* gelesen wurden.[99] Sehr gesucht waren im Lager Theaterkritiker, die die kulturellen Veranstaltungen in der Lagerzeitung kommentieren konnten. Gerade in deren Kritiken konnte man über die Reaktion der Zuschauer über diese Liebhaberaufführungen lesen.[100] Einen Aufschwung nahm die schöpferische Aktivität nach der Revolution, als ein Großteil der Gefangenen von der Arbeit abgezogen und erneut in den Lagern zusammengefasst wurde.

Zusammenfassung

Zum jetzigen Zeitpunkt ist schon viel geschehen, um den Ersten Weltkrieg in das historische Gedächtnis in Russland zurückzuführen. Das Panorama russischen Lebens jener Jahre ist schon in bedeutendem Umfang rekonstruiert. Bis heute erlischt das Interesse nicht am Schicksal der russischen Kriegsgefangenen des

97 Jaroslavcev: *V nemeckom plenu*, S. 193–194.

98 Kokebaeva: *Voennoplennye* 2012, www.rusnauka.com/25_PNR_2012/Istoria/2_115941.doc.htm. [Zugriff: 23.06.2019]

99 M. Sonin: *V germanskom plenu* 2/3, S. 107.

100 O.S. Nagornaja: *Drugoj voennyj opyt*, 2010, S. 216.

Ersten Weltkriegs. Die schillernde Realität des alltäglichen Lebens der Kriegsgefangenschaft bestand aus der Tatsache von Haft und Isolierung einerseits, andererseits aber auch vieler Formen der Selbstorganisation, der Einhaltung religiöser Bräuche, Beachtung der Feiertage und Arten der Freizeitgestaltung. Summierend lässt sich sagen, dass Historiker aktiv das Alltagsleben im Lager untersuchen, die Binnenhierarchie in der Gefangenengesellschaft, die Freizeit, die unterschiedlichen emotionellen Äußerungen, als Beispiele der neuen Lagererfahrung. Im vorliegenden Aufsatz, der keinen Anspruch auf Vollständigkeit erhebt, sind nur einige Aspekte des Lagerlebens behandelt, die sich auf das Lesen und das Buch beziehen. Daneben auf das Erlernen von Fremdsprachen und speziellen Kenntnissen. Die Lagerpresse, die von den Gefangenen selbst herausgegeben wurde und das Funktionieren von Lagerbibliotheken. Erstmals werden konkrete Bücher zum Gegenstand der Forschung, die Lagerbibliotheken im ersten Weltkrieg gehörten und die nun Teil des Bestands des DRZ sind.

Sicher bedarf es weiterer Untersuchungen. Eine der ungeklärten Fragen ist die Frage der Rolle der Lagerbibliotheken als einer besonderen Gattung von Bibliotheken. Was zu tun bleibt, ist es, ein historisch genaues Bild zu zeichnen, des Entstehens und Funktionierens der Lagerbibliotheken für russische Kriegsgefangene in den Kriegsgefangenlagern Deutschlands und Österreich-Ungarns im Ersten Weltkrieg.

Gottfried Kratz (Münster)

Lagerbibliotheken für Russische Kriegsgefangene in Deutschland während des Ersten Weltkriegs[1]

Abstract: This paper on WWI POW camp Russian libraries in Germany, was originally read at a Moscow conference in 2001 and printed only as an abstract in Russian. It is here given in complete form, as translated by the author into German. Additions are inserted in bold and italics, indexed as notes of the author added to the translation.

Keywords: Deutschland, Kriegsgefangenenlager, Erster Weltkrieg, Russen, Bibliotheken, Erwerbungsquellen, in Deutschland gedruckte russische Bücher

Vorbemerkung

Im folgenden Text werden als „russische" Kriegsgefangene die Gefangenen der Zarischen und der Roten Armee, ungeachtet ihrer tatsächlichen Nationalität, bezeichnet. Geographisch behandelt dieser Aufsatz Lager in Deutschland und auf dem Staatsgebiet von Österreich-Ungarn (Brüx, Dunajska streda). Chronologisch umfasst er den Zeitraum von 1914 bis 1922. Als Quellen wurden herangezogen: Offizielle Berichte russischer und deutscher Stellen, Periodika der Zeit, Erinnerungsliteratur, Bibliographische Verzeichnisse des russischen Drucks im Ausland, Literatur aus den Lagerbibliotheken selbst, sowie Archivmaterialien

1 Der Beitrag ist die deutsche Fassung eines in russischer Sprache gehaltenen Vortrags, der in der Sektion „Der historische Beitrag der Bibliotheken zur Informationsgesellschaft" auf der Konferenz des MGUKI *Bibliotečnoe Delo-2001* (26.-27.April 2001) vom Verfasser gehalten wurde. Der Vortrag blieb seinerzeit ungedruckt. Lediglich erschien eine Sammlung aller Konferenzbeiträge in russischer Sprache, wie üblich jeweils nur in thesenartiger Form, dieser hier unter dem Titel *Lagernye biblioteki dlja russkich voennoplennych v Germanii vremen Pervoj mirovoj vojny. Tezisy*, in: Bibliotečnoe delo 2001. Č. 2. M. MGUKI 2001, S. 392–393. (http://libconfs.narod.ru/2001/10s/10s_p16.html [Zugriff: 28.01.2014]). Wegen der bibliotheksfachlichen thematischen Spezifik und der Seltenheit der ausgewerteten Literatur sei die ursprüngliche Vortragsfassung aus 2001 im Kontext dieses Bandes in nahezu vollem Umfang beibehalten. Aktualisierungen aus 2018 zu dem Vortrag sind hier in der deutschen Fassung in den Anmerkungen gegeben und als solche gekennzeichnet (fett und kursiv, mit Datumsangabe). Unberücksichtigt bleibt der Hinweis auf ggf. inzwischen erfolgte Digitalisierung der zitierten Quellen.

aus Bibliotheken und Archiven. Bereitgestellt wurde diese Materialien von Bibliotheken in Moskau (VO RGB[2], GOPB[3], GPIB), Berlin (SBPK[4]), Leipzig (DB)[5] und Münster (ULB). Den mit meinen Anfragen befassten Mitarbeitern sei besonders gedankt.

Zum Forschungsstand in 2001

Der Begriff „Gefängnisbibliothek" („tjuremnaja biblioteka") findet sich schon bei Avgusta Mez'er.[6] Auch später widmen sich ihr ein Vortrag von S.N. Ivaškina (Rumjancevskie čtenija -1995)[7] und bereits im Jahr 1993, der Katalog einer Ausstellung in der Bibliothek der Akademie der Wissenschaften über die Büchersammlung im Petersburger Untersuchungsgefängnis (*Knižnoe sobranie Doma predvaritel'nogo zaključenija v Peterburge*, SPb, BAN 1993). Der Begriff der „Lagerbibliotheken" („lagernye biblioteki") findet sich jedoch weder in den klassischen buchwissenschaftlichen Lexika von Mez'er[8] und Evgenij Šamurin, noch in den bibliothekswissenschaftlichen Lexika jüngerer Zeit.[9] Und doch findet sich die Problematik der „Lagerbibliothek" in deutschen Lagern schon in der russischen Erinnerungsliteratur der ersten nachrevolutionären Jahre und wurde in sowjetischer Zeit vor allem im Zusammenhang mit der Tätigkeit der Bolschewiki unter den Kriegsgefangenen besprochen (A.A.Mal'kov 1971).[10] Auch die

2 Die Militärabteilung (VO) der Russischen Staatsbibliothek (RGB) ist seit 2014 als eigenständige Abteilung aufgelöst [AdÜ.].

3 Ebenfalls seit 2014 aufgelöst ist die seinerzeitige Gesellschaftspolitische Bibliothek (GOPB, ehem. Bibliothek des Inst. f. Marxismus-Leninismus beim ZK der KPdSU), die inzwischen in eine Filiale der Historischen Bibliothek GPIB umgewandelt wurde [AdÜ.]

4 Jetzt: SBB [AdÜ.],

5 Jetzt: DNB [AdÜ.],

6 A. Mez'er. *Slovarnyj ukazatel'*. Bd. 1. Moskva/Leningrad 1931, S. 298–299.

7 S.N. Ivaškina ist auch Verfasserin des entsprechenden Eintrags („Tjuremnye biblioteki") in der von Ju.A. Grichanov in der RGB herausgegebenen fundamentalen Bibliotheksenzyklopädie *(Bibliotečnaja ènciklopedija*, Moskva 2007. *S. 1052–1053)* [AdÜ.].

8 Geprüft wurde der Eintrag unter „biblioteki" in einer Kopie der Ausgabe von Anfang der 1930er Jahre,

9 Wie in dem von der RGB herausgegebenen terminologischen Wörterbuch, das in 1997 unter dem Titel *Bibliotečnoe delo* erschien. Auch die o.g. *Bibliotečnaja ènciklopedija* der RGB aus 2007 kennt keinen Eintrag unter diesem Begriff. [AdÜ.].

10 A.A. Mal'kov: *Dejatel'nost' bol'ševikov sredi voennoplennych russkoj armii. 1915–1919* gg., Kazan' 1971.

Arbeit von B.I.Kolonickij über die Zeitschrift *Russkij vestnik* bespricht beiläufig die Lagerbibliotheken.[11]

In der vorliegenden Arbeit soll in erster Linie die in Deutschland gedruckte russische Literatur in „Lagerbibliotheken" besprochen werden. Stellen doch die Bestände in diesen Bibliotheken ein ganz eigenes Zwischenglied in der Geschichte dieser in Deutschland erschienenen russischsprachigen Literatur dar. Ein Glied zwischen der seit Mitte des XIX. Jahrhunderts vor[12] und nach dem Weltkrieg in Deutschland[13] gedruckten und gleichzeitig in Bibliotheken kollektionierten[14] russischen Literatur.

Die russischen Kriegsgefangenen in Deutschland: Zahlen

Forscher in Deutschland wie in Russland sind sich einig, dass sich in der gesamten Zeit des Ersten Weltkrieges ungefähr 1,5 Millionen russische Kriegsgefangene in Lagern auf dem Territorium Deutschlands befanden.[15] Noch im Oktober 1918, also nach dem Friedensschluss von Brest (3. März 1918) befanden sich 1,2 Millionen russischer Kriegsgefangene in Deutschland. Im Frühjahr 1919, nach Ausrufung der Republik in Deutschland und Unterzeichnung des Versailler Vertrags waren es noch 250.000 russischer Kriegsgefangener in deutschen Lagern. Im Oktober 1920 verringert sich die Zahl auf ungefähr 130.000 Kriegsgefangene der zarischen Armee. Hinzu kommen ungefähr 50.000 internierte Rotarmisten, die die deutsche Grenze im Verlauf des sowjetisch-polnischen Feldzugs im gleichen Jahr übertreten hatten. Im März 1921 waren insgesamt 30.000 russische

11 B.I. Kolonickij: *Berlinskaja gazeta Russkij vestnik. 1915–1919*, in: *Knižnoe delo v Rossii vo vtororj polovine XIX-nacale XX veka* 8. Sankt Peterburg 1996, S. 132–143.

12 Othmar Feyl: *Zu den deutsch-russischen Beziehungen von 1861 bis 1917 im Lichte der Buchgeschichte*, in: *Jahrbuch für die Geschichte der sozialistischen Länder Europas* 25, Berlin, 1982, S. 83–10.

13 G. Kratz: *Russische Verlage und Druckereien in Berlin. 1918–1941*, in: *Chronik russischen Lebens in Deutschland. 1918–1941*, hrsg. Karl Schlögel u.a., Berlin 1999, S. 501–569.

14 Die Gründung der Russischen Lesehalle in Heidelberg in 1862 erfolgte etwa zeitgleich mit dem Ansteigen des russischen Buchdrucks nichtzensierter Bücher in Deutschland, s. *Gejdel'bergskij sbornik*, hrsg. Birkenmajer. Gejdel'berg 1994. (Ausführlich s.u. Beitrag von Stephan Walter [AdÜ.]).

15 Johannes Baur: *Zwischen „Roten" und „Weißen". Russische Kriegsgefangene in Deutschland nach 1918*, in: *Russische Emigration in Deutschland. 1918 bis 1941. Leben im europäischen Bürgerkrieg*. Hrsg. Karl Schlögel., Berlin 1995, S. 94; Svetlana N. Vasil'eva: *Voennoplennye Germanii, Avstro-Vengrii i Rossii v gody pervoj mirovoj vojny.* Avtoref. Kand. diss. Moskva, Mosk. gos. Otkrytyj ped. Un-t 1997, S. 16.

Kriegsgefangene in Deutschland registriert. Der letzte Transport russischer Kriegsgefangener in die RSFSR erfolgte Ende 1921.[16]

Die letzten noch funktionierenden beiden Lager russischer Kriegsgefangener wurden erst zum 31. Mai 1922 aufgelöst. In Deutschland blieben 20.000 ehemalige russische Kriegsgefangene zurück, nunmehr im Status von „Ausländern". Umgekommen sind in deutschen Lagern 50.000 russische Kriegsgefangene.[17] Die Zahl der Lager betrug 1916 zwischen 480[18] und 1.300 Offiziers- und Mannschaftslager[19] Im Juni 1918 sind es 140,[20] 1919 nur noch 35 Lager.[21]

Die Lagerbibliotheken

Bibliotheken gab es in vielen, wenn auch nicht in allen Lagern – so steht es in offiziellen deutschen Quellen aus der Zeit des Ersten Weltkrieges.[22] Dies belegen die Berichte russischer staatlicher und gesellschaftlicher Organisationen für Kriegsgefangene, wie auch die Erinnerungen der Gefangenen selbst, wie sie nach dem Krieg veröffentlicht wurden. Bestätigt wird dies auch in den Ergebnissen einer Untersuchung der militärgeschichtlichen Kommission der RSFSR, die in Moskau 1920 veröffentlicht wurden. Offenbar wurden die ersten Lagerbibliotheken schon im Herbst 1914 eingerichtet.[23]

Russischen Bibliotheken wurden entweder von der Lagerverwaltung, von „Lagerkomitees" oder von einer speziellen Bibliothekskommission aus Gefangenen gegründet. Sie bestanden entweder als Abteilung innerhalb der für alle Lagerinsassen gleich welcher Nationalität bestehenden Bibliothek oder als

---

16 Gaja D. Gaj: *V germanskom lagere*, Moskva 1932, S. 7.

17 Sämtliche Zahlenangaben außer denen, für die eine eigene Quelle angegeben ist, folgen Baur a.a.O.

18 I.A. Ovčinnikov: *Spravočnik dlja snošenij s russkimi voennoplennymi, nachodjaščichsja v Germanii i Avstro-Vengrii*. Pg., Centr. Sprav. Bjuro pri Glavnom upravlenii Rossijskogo obščestva Krasnogo kresta 1916, S. 35–51.

19 *Spiski mest vodvorenija voennoplennych v Germanii i Avstro-Vengrii*. M., Gl. komitet Vser. Zemskogo sojuza 1916, S. 5–41; *Dopolnitel'nye spiski mest vodvorenija voennoplennych … (po 01 fevralja 1916 g.)*. Moskva, Glav. kom-t Vseross. Zemskogo Sojuza 1916,S. 35–51.

20 Mal'kov, S. 146.

21 Baur, S. 95, Anm. 14

22 *Aus deutschen Kriegsgefangenenlagern*. Hg. Ausschuss für Rat und Hilfe, Vermisstensuche für Ausländer. 2. Folge. Frankfurt a.M. 1916.

23 N. Ždanov (Hrsg.): *Russkie voennoplennye v mirovoj vojne 1914–1918 gg.* Moskva 1920,S. 351, in: *RSFSR. Trudy voenno-istoričeskoj komissii.*

selbständige russische Bibliothek. Untergebracht waren die Bibliotheken, so ist offiziellen deutschen Lageraufnahmen zu entnehmen, in engen Zimmern oder Stuben, die eher an Ausgabestellen von Büchern, denn an Bibliotheken erinnern.[24]

An der Spitze der Bibliothek stand als deren Leiter entweder ein kriegsgefangener Student, Lehrer, Priester (Lager Langensalza), oder eine Leitung bestehend aus mehreren Personen (Lager Alten-Grabow).[25] Dabei konnte die Benutzung der Bibliothek durch eine Nutzungsordnung („instrukcija") geregelt sein, die von einer allgemeinen Leserversammlung ggf. gebilligt wurde (Offizierslager Gütersloh).[26] Der Bücherbestand reichte von einigen hundert bis zu einigen tausend Büchern. Hier einige Zahlen:

- Lager Dunajska streda (Staatsgebiet Österreich-Ungarn, auf dem Territorium der Slowakei gelegen, ungarisch: Dunaszerdahely) – 280.
- Lager Celle -1.000 (Aug. 1915)
- Lager Alten-Grabow – 140 (in 1915),1.000 (in 1916), 2.500 (im Juli 2017)
- Lager Brüx (russ. Brjuks, österreichisches Staatsgebiet, auf dem Territorium der Nord-westlichen Tschechei [Sudetenland] gelegen, 20 km von der deutschen Grenze entfernt, heute čech. Mosty) – 3.000
- Lager Wetzlar – 3.555
- Lager Holzminden (hier waren hauptsächlich Zivilinternierte untergebracht) – 3.000 (1916), 3.500 (Februar 1917), 4.600 (im August 1917).

Nach den gleichen Quellen betrug die Zahl der Leser in den Lagern

- Celle – 500 (Aug. 1915)

24 *Aus deutschen Kriegsgefangenenlagern*, 1916, S. 90; *Iz germanskich lagerej dlja voennoplennych.* Frankfurt n.M. 1917, S. 44; Backhaus: *Die Kriegsgefangenen in Deutschland. Siegen, 1915,* S. 99–100; Risse: *Die Kriegsgefangenenlager im Bezirk des IV. Armeekorps*, Halle 1916, S. 51; E. Schulte: *Kriegschronik der Stadt Münster. 1914–18.* Münster 1930, S. 118.

25 In dem oben abgedruckten Beitrag von Nad. Egorova wird darauf hingewiesen, dass die formale Oberaufsicht über eine Bibliothek auch von einem von der Lagerleitung bestimmten deutschen Feldwebel ausgeübt werden konnte. Den Lagerinsassen Jurij Šamurin veranlasste dies zu der bissigen Bemerkung, dass dies wohl das beste Mittel gewesen sei, einen beliebigen Kriegsgefangenen von der Lektüre gerade der revolutionären Literatur abzuhalten, wie sie besonders nach der Februarrevolution in den Lagern von deutscher Seite verteilt wurde: indem man diese durch „deutsche Feldwebel" („iz ruk germanskich fel'dfebelej") habe aushändigen lassen (Ju. Šamurin: *Dva goda v nemeckom plenu.* Moskva 1917, S. 24), [AdÜ.].

26 Ždanov, a.a.O., S. 360.

- Alten-Grabow -139 (1915), 583 (1916), 1.472 (Jan. 1917)
- Brüx – 2.300
- Holzminden – 532 (1916), 692 (Februar 1917), 338 (Aug. 1917)

Als Spiegel der Lesehäufigkeit mögen die folgenden Ausleihzahlen dienen:

- Lager Alten-Grabow – 1.960 durchschnittlich monatlich (1917)[27]
- Lager Hameln – 350 Entleihungen allein in der „Woche der Bildung" („Nedelja prosveščenija") vom 20. Februar bis zum 03. März 1921 unter den Internierten[28]

Die Erwerbung der Bibliotheken geschah mittels Geldsammlungen unter den Kriegsgefangenen, durch die regulären Mitgliedsbeiträge der Kriegsgefangenen und durch Geschenk. Es konnte vorkommen, dass 40% des Erwerbungsbudgets einer Bibliothek für den Bucheinband ausgegeben werden mussten (Lager Alten-Grabow),[29] eine in der heutigen Bibliothekspraxis nicht mehr nachvollziehbare Relation.

Genaue Angaben zu dem System (den Systemen) der Katalogisierung fanden sich nicht. Bilder der Lagerbibliotheken in offiziellen deutschen Publikationen zeigen Regale, auf denen die Bücher mit Signaturschildchen auf dem Buchrücken (in zwei französischen Lagerbibliotheken in Erfurt und Ohrdruf in Thüringen) oder ohne diese angeordnet sind (russische Bibliothek Alten-Grabow). Ein von uns in der GOPB de-visu geprüftes Exemplar aus der Bibliothek des bayerischen Lagers in Puchheim trägt lediglich den Besitzstempel des russischen Komitees im Lager Puchheim („Russkij komitet//lagerja//Puchgejm"), jedoch keine Inventarnummer oder Signatur der Lagerbibliothek.

Erwerbungsquellen

Die Erwerbung der Lagerbibliotheken geschah wie bereits gesagt, durch Kauf oder Geschenk. Bezugsquellen waren dabei die folgenden Organisationen:

- deutsche Regierungsstellen (Kriegsministerium); seit 1920 auch die (Vereinigte) Kommunistische Partei Deutschlands, (V)KPD.
- russische staatliche und gesellschaftliche Organisationen, Hl. Synod; nach der Revolution auch die Kriegsgefangenenstelle bei der Handelsmission der RSFSR („Bujro voennoplennych pri Torgpredstve RSFSR v Berline") in Berlin

27 Mal'kov, S. 89.
28 Gaj, S. 76.
29 Mal'kov, S. 89–90.

- ausländische Stellen für Kriegsgefangenenhilfe von staatlichen, gesellschaftlichen (YMCA) und Emigrantenorganisationen (RSDRP, S-R, Gruppe *Vpered*)
- im Lager selbst produzierte, handschriftlich oder durch Hektograph vervielfältigte Literatur

Abb. 8: Reklame-Anzeige des CVJM (Deutsches Komitee des YMCA) vom Juli 1918 (Quelle: GARF, f. P 6656, op. 1, d. 29, l. 52)

Zu den Erwerbungsquellen seien hier einige genauere Informationen gegeben: Die Militärhistorische Kommission der RSFSR stellt im Jahre 1920 fest, dass zu Anfang des Krieges deutscherseits die Bücher gekauft wurden, die die russischen Verlage in Deutschland noch auf Vorrat hatten.[30] Nach Aussage der russischen Barmherzigen Schwester, die im August-November 1915 die Lager in Deutschland besuchte, war etwa die Bibliothek im Lager Schneidemühl direkt

30 Ždanov, S. 351.

„aus Berlin“ geschickt worden.[31] Aus den Erinnerungen des damals schon in deutschen Diensten stehenden russischen Untertanen und bisherigen Kollegienrates, späteren deutschen Bibliotheksrats und Übersetzers Arthur Luther wissen wir, dass Mitte 1915 „eine Organisation“ unter Leitung des Grafen Schwerin beim Kriegsministerium in Berlin zusammengestellt wurde. Diese Organisation plante die Errichtung von Lagerbibliotheken, die aus requirierten Beständen der Bibliotheken zusammengestellt werden sollten, die sich auf dem Territorium Russlands befanden, das von der deutschen Armee besetzt war. Im Rahmen der Tätigkeit dieser Organisation wurden dann tatsächlich Lagerbibliotheken mit Literatur in russischer Sprache bestückt, die auch den Verlagsort „Moskva“ trug, die jedoch in Wirklichkeit in Deutschland gedruckt wurde (Reihe „Rodnaja reč’“).

Auch die russischsprachige Produktion des Berliner Verlags Izdatel’stvo M.V. Mejera ist mit der am Kriegsministerium angesiedelten Organisation verbunden und wurde speziell für die Gefangenenlager gedruckt.[32] Für die in den Lagern in 1920 noch verbliebenen Kriegsgefangenen und Internierten wurde wiederum von dem Berliner Verlag Novyj Mir russischsprachige Literatur in Übereinstimmung mit den Zielen der (Vereinigten) Kommunistischen Partei Deutschlands herausgegeben.

Berichte von D.S. Navašin, N.A. Borodin und I.A. Ovčinnikov, sowie der von ihnen vertretenen Hilfsorganisationen (wie Russ. Rotes Kreuz), wie sie seit 1915 veröffentlicht wurden, weisen darauf hin, dass seit Mitte 1915 auch Bücher aus russischen Regierungsstellen und gesellschaftlichen Organisationen in den Lagerbibliotheken eintrafen. Vor allem sind dies Sendungen des Zentralen Auskunftsbüros über Kriegsgefangene beim Roten Kreuz. Unter ihm bildeten sich örtliche Petersburger und Moskauer Komitees, die jeweils eigene Buchabteilungen hatten. Weiterhin Sendungen vom Hauptkomitee des Städteverbandes („Sojuz gorodov“), ebenfalls mit lokalen Abteilungen in Moskau und Petersburg, die jeweils eigene Bücherkommissionen hatten. Ein Teil der von diesen Organisationen zusammengestellten Büchersendungen für die Lagerbibliotheken wurde über sogenannte „Hilsfkomitees“ geschickt, die sich im übrigen Ausland gebildet hatten (London, Amsterdam, Stockholm oder Bern). An der Spitze gerade des letztgenannten Komitees stand die „Gattin unseres [d.h. russischen,

31 P. Kazem-Bek: *Poezdka po Germanii vo vremja vojny russkoj sestry miloserdija*, Petrograd 1916, S. 75.

32 Arthur Luther, *Lebenserinnerungen*. Bd. 2. [Maschinenschriftlich, o.O. um 1944] S. 338f. (Zugänglich per Fernleihe in: Universität Tübingen, Neuphil. Fakultät, Bibliothek: 2 KO 130,005); Kazem-Bek, S. 13.

AdÜ.] Gesandten in der Schweiz".[33] Neben diesen offiziellen und offiziösen Komitees bestanden auch Komitees der russischen Emigrantenorganisationen, die die Lagerbibliotheken mit Literatur versorgten. Man denke nur an die Berner Kommission der Auslandsorganisationen der RSDRP („Bernskaja komissija intellektual'noj pomošči voennoplennym KZO RSDRP"). Mit kostenlosen Sendungen beteiligte sich auch die amerikanische protestantische Organisation des YMCA an der Bücherhilfe.

Der Umfang der von all diesen Organisationen an die Lager gelieferten Literatur lässt sich schwerlich in Exemplarzahlen angeben. Zu widersprüchlich sind die Aussagen der Berichte, in denen neben der Menge der in die Lager geschickten langen Unterhosen, Pulswärmer[34] und sogar der Maggi-Würfel[35], auch der Umfang der Bücherhilfe unterschiedlich bemessen wird – mal nach Gewicht, mal nach Wert, mal nach Zahl der Bände oder Titel. Es seien einige Beispiele genannt: Von Mai bis Dezember 1916 wurden aus England 911 Pakete russischer Bücher, zu 11 Pfund ein jedes, nach Deutschland geschickt,[36] von Januar 1916 bis Januar 1917 verschickte die Berner „Kommission für intellektuelle Hilfe für die Kriegsgefangenen" 2.200 kg Bücher, Broschüren, Lehrbücher, Zeitschriften und Zeitungen /29/,[37] und im August 1916 berichtet N.A. Borodin, dass die Sammlung „Petrograd an die Kriegsgefangenen" Bücher im Wert von 1.500 Rub. gesammelt und verschickt habe.[38] Genauer sind die konkreten Zahlenangaben zu Büchern und Titeln. Das offizielle Berner Komitee für Kriegsgefangenenhilfe hat vom 1.April bis 1. Mai 1915 insgesamt 20 Bücher abgeschickt,[39] das Moskauer Komitee für Kriegsgefangenenhilfe bei dem Städteverband („Sojuz gorodov") sammelte Bücherspenden in Höhe von 3.400 Bänden, die an die Kriegsgefangenen geschickt wurden,[40] die Moskauer Abteilung beim Zentralen Auskunftsbüro in Roten Kreuz hat gegen Mitte 1915 insgesamt 20.000 Evangelien und

---

33 *Kratkij otčet o dejatel'nosti russkogo otdela Bjuro pomošči voennoplennym, sostojaščego pri Bernskom Komitete pomošči*, Bern 1915, S. 3.

34 Für die Rotgardisten, in: *Die Internationale. ZO der USPD*, Berlin, 22, 21. Nov. 1920, Beilage, o.S.

35 *Kratkij otčet*, S. 4, 10–11.

36 Ždanov, S. 352.

37 Mal'kov, S. 49–50.

38 N.A. Borodin: *Organizacija pomošči voennoplennym*, in: Vestnik Evropy, avg. 1916, S. 397.

39 *Kratkij otčet*, S. 11.

40 Borodin, S. 397.

Psalter verschickt,[41] die entsprechende Petrograder Abteilung hat von März 1915 bis Februar 1916 insgesamt 142.000 Bücher geistlichen und weltlichen Inhalts nach Deutschland versandt[42] und im August 1916 teilt N.A. Borodin mit, dass die Buch-und Bibliothekskommission der Abteilung für Kriegsgefangene beim Petrograder Bezirkskomitee der Allrussischen Städteunion „annähernd 300.000 Titel, zu kleinen Bibliotheken geordnet" geschickt habe.[43]

Thematische Gliederung

Will man die Bücher der Lagerbibliotheken nach Themen ordnen, ergibt sich folgendes Bild: Die Barmherzige Schwester P(raskov'ja Aleksandrovna) Kazem-Bek (1873–1943 Kazan')[44], die die Lager im August-November 1915 besuchte, also vor der Bücherhilfe aus Russland auf breiter Front, sah in den Lagerbibliotheken nur „in Russland verbotene Bücher" und „Bücher revolutionären Charakters". Ovčinnikov und Navašin weisen auf die große Zahl religiöser Bücher in den Lagerbibliotheken (Evangelien, Psalter, geistliche und zum gottesdienstlichen Gebrauch bestimmte Bücher). Mal'kov zitiert einen Brief, in dem konkret auf die „Werke des Johann von Kronstadt" in der Lagerbibliothek von Alten-Grabow hingewiesen wird.[45] Nach den Resultaten der Arbeit der Militärhistorischen Kommission der RSFSR, die im Moskau des Jahres 1920 veröffentlicht wurden, waren zwei Drittel der in den Lagerbibliotheken vorhandenen Bücher Lehrbücher, Abc-Bücher (Fibeln), populärwissenschaftliche Literatur, so wie zu einem Drittel Belletristik und künstlerische Literatur. Konkrete Angaben zu einzelnen Lagerbibliotheken zeigen ein ziemlich buntes Bild: Nach Angaben von Mal'kov waren von 3.000 Büchern im Lager Brüx – drei Viertel religiös-moralischen Charakters.[46] Nach Angaben des gleichen Autors gab es auch in der Bibliothek von Alten-Grabow „Hunderte von religiösen Büchern und Tausende von Evangelien". Nach dem Februar 1917 verschwanden jedoch unter der neuen Leitung der Bibliothek „völlig die religiösen Bücher" und der verbliebene Bestand von ungefähr 1.000 Büchern verteilte sich auf Künstlerische Literatur (57%), Zeitschriften (12,7%), Sozialökonomische Literatur (7,5%), Geschichte,

41 D.S. Navašin: *Položenie russkich voennoplennych v Germanii*, doklad 21 ijulja 1915, Sankt Peterburg, 1915, S. 1.

42 Ovčinnikov, S. 31.

43 Borodin, S. 397.

44 Ehem Hoffräulein am Zarenhof [AdÜ.].

45 Mal'kov, S. 31.

46 Mal'kov, S. 87.

Philosophie und Lehrbücher (jeweils 4%), Poesie und Publizistik (jeweils 3%), Landwirtschaft (2%).[47] Andererseits gab es im Offizierslager Gütersloh eine Bibliothek, die speziell aus Büchern zur Landwirtschaft bestand und für die Hörer der landwirtschaftlichen Kurse bestimmt war, die dort gehalten wurden.[48]

In Deutschland gedruckte russische Bücher

Eine besondere Erwähnung verdienen nun die Bücher, die von deutschen Stellen in die Lager geliefert wurden: Zu Beginn des Krieges waren dies ausschließlich Bücher, die die in Deutschland seit Langem bestehenden russischen Verlage auf Lager hielten. Die etwa in den Erinnerungen von Šamurin erwähnten „pikanten Anekdoten" über den russischen Hof (*Pikantnye anekdoty pro russkij dvor*) oder die bei dem früheren Hoffräulein Praskov'ja Kazem-Bek erwähnten Anekdoten über Zar Nikolaj II waren Ausgaben des Jahres 1907, die im Verlage Hugo Steinitz erschienen waren. In den Erinnerungen von Maksim Sonin werden Bücher erwähnt aus dem Programm der 1905 in Berlin gegründeten Verlag I.P. Ladyschnikow, der hauptsächlich als Verleger marxistischer Literatur und Literatur der Gruppe „Znanie" in der Literatur erscheint. Alles, wie man sieht, in Deutschland gedruckte Ausgaben aus der Periode der sogenannten Ersten Revolution in Russland. Sicher wurden auch die Bücher des 1901 gegründeten Verlags der Firma Heinrich Caspari gekauft, der seine Ausgaben weithin in der Zeitschrift *Russkij vestnik* reklamierte. Caspari, ein Verlag, der neben Werken von Amfiteatrov, Gor'kij und Lev Tolstoj unter dem verkaufsfördernden Label, dass diese Bücher in Russland verboten seien („Zapreščeno v Rossii") auch Bücher ausgesprochen erotischen Charakters („sugubo ėrotičeskogo charaktera") vertrieb.[49]

Besitzer beider Verlage (Ladyžnikov seit 1911 und Caspari seit 1915) war Bernhard Rubinstein, Bruder des aus der Geschichte der deutschen Sozialdemokratie bekannten Alexander Rubinstein.[50]

---

47 Mal'kov, S. 31, 91.

48 Ždanov, S. 359–360.

49 V. Michajlov: *Zagraničnaja literatura*, in: *Golos Moskvy* 160, 13. (26.) Juli, Moskva 1914, S. 2.

50 Welche Werke aus den genannten Verlagen sich besonderer Popularität bei den Gefangenen erfreuten, zeigen die Tausende und Abertausende Briefe mit Bestellungen russischer Kriegsgefangener an die Verlage I. Ladyžnikov und Caspari, wie sie bis heute erhalten sind. Nach dem Ersten Krieg zunächst im Prager Russischen Historischen Archiv (Ruský historický archiv) und nach dem Zweiten von dort nach Russland verbracht, werden sie heute im Moskauer Staatsarchiv der Russischen Föderation GARF aufbewahrt (GARF, f. P 6656, op.1, d.1 ff). Ohne eine detaillierten Auswertung unserer

Abb. 9: Anzeige „Heinrich Caspari Verlag" in „*Russkij vestnik*", [Apr. 1918], Nr. 269 (Quelle: GARF, f. P. 6656, op.1, d. 26, l. 63 [?])

seinerzeitigen Exzerpte ersetzen zu wollen, sei hier nur soviel gesagt, dass auffallend häufig unter der für individuellen Gebrauch oder für Bibliotheken (f. P6656, op. 1, d. 28, l. 89) bestellten (und vom Besteller zu bezahlenden) Literatur L.N. Tolstoj stand, dann aber auch schon der Spezifik des Lagerdaseins entsprechend, Werke des Schriftstellers Nikolaj Aleksandrovič Krašeninnikov mit Titeln wie *Devstvennost'* oder *Baryšni* [AdÜ., vom 5.4.2018].

Ein gezielter Druck russischer Bücher und Zeitungen für die Kriegsgefangenenlager begann Mitte 1915, ausführlich beschrieben in den Erinnerungen von Arthur Luther.[51] Arthur Luther, 1876 in Orel geboren, befand sich 1914 zu einem Studienaufenthalt in Deutschland, wo er nach Kriegsausbruch auch blieb. Bald wurde er angeworben, in deutsche Dienste zu treten und im Rahmen einer vom Grafen Schwerin geleiteten Organisation eine Serie für die Kriegsgefangenen in russischer Sprache herauszugeben.[52] Einen Plan für diese Serie gab er in deutscher Sprache heraus, unter dem nicht sehr einfallsreich auf seinen Geburtsort Orel bezugnehmenden Pseudonym „Adler".[53] Um die letztlich deutsche Herkunft der für Druck und Herausgebergehalt ausgegebenen Gelder zu verschleiern, wurde beschlossen, für diese Serie politischer und künstlerischer Broschüren den Erscheingungsort Moskau zu fingieren. Damit jedoch nicht genug, wurde als Straße angegeben: „Krivoarbatskij pereulok, dom 3", eine Adresse unter der tatsächlich der Schriftsteller Aleksej N. Tolstoj in den Jahren 1914–1915 gemeldet war.[54] Und doch, so groß auch die geheimdienstlich anmutende Hinterlist der Initiatoren des Verlages Rodnaja reč' auch war,[55] die Kriegsgefangenen selbst, Jurij Iv Šamurin, ein damals kriegsgefangener Bruder

---

51 Luther, a.a.O.; s.a. unseren Artikel Ljuter, Artur in: *Nemcy Rossi. Ėnciklopedija*, Bd. 2, Moskva 2004, S. 364–366 [AdÜ.] und unseren Vortrag vom 16. November 2000 unter dem Titel *Artur Ljuter, Turgenev i Devjatoe nojabra* in: *Turgenevskie čtenija* 2, Moskva 2006, S. 64–74, sowie weitere von uns verfasste Arbeiten zu Biographie und Übersetzungstätigkeit Luthers, wie *Artur Ljuter i ego russkie psevdonimy*, in: *Psevdonimy russkogo zarubež'ja. Materialy i issledovanija*. Hrsgg. M. Šruba u.a., Moskva 2016, S. 190–206. [AdÜ. vom 24.07.2019].

52 S. dazu im Einzelnen unsere Ausführungen in unserem in Abwesenheit vorgestellten Vortrag auf der Konferenz im IMLI im Nov. 2014 zum „Komischen" (unter dem Titel *Jumorističeskie rasskazy Tėffi ... Ob odnom tainstvennom izdanii 1917 g.*,[im Druck, AdÜ.].

53 Adler Ludwig, *Gefangenenlektuere*. Frankfurt a.O., Marschner 1916.

54 S. den Hinweis darauf in unserem gerade genannten Vortrag auf der Konferenz im IMLI zum „Komischen", wo verwiesen wird, dass von August 1914 bis Februar 1915 in der Wohnung Nr. 11 dieses Hauses der Schriftsteller A.N. Tolstoj wohnte, s. Krjukova A.M., *Aleksej Nikolaevič Tolstoj*. M., Mosk. rab. 1989, S. 51; auf die gleiche Anschrift, als Adresse von A.N. Tolstoj weist auch ein Eintrag im privaten Adressbuch von Boris Zajcev, worauf uns Ol'ga Alekseevna Rostova (DMC) hinwies in ihrem Vortrag *Zapisnye knižki Borisa Zajceva* auf der V. Kulturolog. Konferenz *„Russkaja ėmigracija XX veka" (29. März 2013)* [AdÜ.].

55 Immerhin gehörte A.N. Tolstoj zu den Teilnehmern Moskauer Hilfssendungen in die Lager, wie der Hinweis im Beitrag von Nad. Egorova zeigt (s.o., AdÜ. vom 14.4.2018).

des bekannten Buchwissenschaftlers[56] ahnten sofort eine Finte des preußischen Kriegsministeriums hinter den gelieferten Titeln,[57] von denen eine große Zahl von Luther selber verfasst war, wenn auch unter Pseudonym. Auch an anderem Ort erscheint Luther, so unter dem Akronym -m- in der Zeitung *Russkij vestnik*, die im Verlag M.W.Meyer herausgegeben wurde, oder unter – m – mit danebenstehender „Auflösung" als „A.L." in deutschen Texten.[58] Maximilian Wolfgang Meyer, in Petersburg als deutscher Staatsbürger (im Gegensatz zu dem als russischer Untertan geborenen Luther) geboren, arbeitete jahrelang als Redakteur der deutschsprachigen *Sankt Petersburger Zeitung*. Zu Kriegsbeginn ins Kaiserreich zum Militär eingezogen, arbeitete er ab 1915 als Direktor des Verlags „M.W. Meyer". Hier erscheinen Broschüren, wie „Russische Kriegsgefangene über ihre Eindrücke in Deutschland" (Berlin, Verlag M.W. Meyer (1917)), oder „Briefe russischer Kriegsgefangener", wie sie in der Arbeit von Kolonickij erwähnt sind,[59] die vor allem der Vorstellung der Zeitung *Russkij vestnik* gilt. Später umbenannt in *Russkij socialist*, geht die Zeitung schließlich ein in die Zeitung *Golos Rossii*, die im gleichnamigen Berliner Verlag der Sozialrevolutionäre (S-R) erscheint. Der Verlag Meyer wird in 1920 aufgelöst und seine Bestände gehen zu Ladyžnikov über. In die Lager wird jetzt neben Literatur aus dem Verlag der Sozialrevolutionäre (*Golos Rossii*) auch Literatur geliefert, die den Zielen der (Vereinigten) Kommunistischen Partei Deutschlands entspricht ((V)KPD). So die Broschüre des damaligen sowjetischen Kriegskommissars Trockij (*Meždu imperializmom i revoljuciej*) über den Krieg mit Grusinien, die im Berliner Verlag Novyj Mir erschien. Gegründet im Dezember 1920, unmittelbar in Verbindung mit der Reichstagsrede des Abgeordneten der VKPD, der ankündigte, mit sowjetischen Geldern in Deutschland „Kultureinrichtungen für die russischen Internierten in Deutschland" zu schaffen. Direktor des neu gegründeten Verlags war der damalige Erste Sekretär der Berlin-Brandenburgischen Kreisleitung der VKPD und ein Jahr später schon Generalsekretär der jetzigen KPD – Ernst

56 S. Masanov Ju.I. und I.B. Gračeva, *E.I. Šamurin*. Moskva 1979, S. 5. Hier wird der Bruder des bekannten Evgenij Ivanovič besprochen, vorgestellt als „Bruder Jurij" und „späterer Kunstwissenschaftler". Vor dem Krieg veröffentlichte Jurij Šamurin auch die Schrift vom „Heiligen Krieg" mit Deutschland (Šamurin, Jurij, *Svjataja vojny*. Moskva 1914), die in der Tendenz an vielen Stellen mit dem Bericht aus 1917 von der Gefangenschaft korrespondiert.

57 Jurij Šamurin: *Dva goda v germanskom plenu*. Moskva 1917, S. 26.

58 Kolonickij, S. 135; *A.L[uther], Der Russische Bote*, in: *Kunstwart* 29, 1916, S. 260–261.

59 Kolonickij, S. 133.

Reuter (Pseud. Friesland).[60] Ernst Reuter (1889), Sohn eines evangelischen Pfarrers, war in Deutschland geboren und studierte in Münster (Westfalen), ehe er ab April 1918 als Kriegsgefangener in Russland als „Kommunist und Internationalist" („kommunist-internacionalist") im Auftrag des neugebildeten Volkskommissariats für Nationalitätenfragen an das Wolgakommissariat für deutsche Angelegenheiten nach Saratov an die Wolga abgeordnet wurde.[61] Zurückgekehrt nach Berlin schon Ende 1918 agitierte er 1920 für Solidarität mit den internierten Rotarmisten und firmierte in 1920 als Gründer des Verlags Novyj Mir, der jedoch schon nach dem Erscheinen der Broschüre Trockijs sein Erscheinen einstellte. Dies mag in Verbindung stehen mit der Tatsache dass Reuter die KPD verließ und in die SPD übertrat, aber auch damit, dass 1922 die letzten Lager der russischen Kriegsgefangenen und sowjetischen Internierten aufgelöst wurden.

Abschließend noch einige Worte zum weiteren Weg der besprochenen Personen: M.W. Meyer arbeitete nach dem Krieg in verschiedenen Berliner Ministerien. Zunächst im Kriegsministerium und dann Anfang der 1930er Jahre (1933–1936) im Propagandaministerium des Josef Goebbels. Am Längsten war er mit dem diplomatischen Dienst verbunden: In den 1920er Jahren arbeitete er als Pressereferent in der deutschen Botschaft Moskau, in den dreißiger Jahren wurde er zum deutschen Konsul in Novosibirsk ernannt. Nach dem deutsch-sowjetischen Freundschaftspakt kam er zurück in seine Geburtsstadt, an das Konsulat in das jetzige Leningrad. Er starb vor Kriegsbeginn am 6. März 1941 in Berlin.

Arthur Luther, rückwirkend ausgezeichnet für seine langjährigen treuen Dienste, erhielt die deutsche Staatsangehörigkeit, engagierte sich gleichzeitig in bibliographischen Unternehmungen, die auf deutschem Boden von sowjetischer Seite (Volkskommissariat für Volksbildung der RSFSR unter Lunačarskij), wie von deutscher Seite (Ministerium für Volksaufklärung und Propaganda unter Josef Goebbels) gefördert wurden. Anfang der 1930er Jahre verwendete er sich für die Zuerkennung des Nobelpreises an Bunin.[62] Arthur Luther starb in Baden Baden 1955. Bernhard Rubinstein, der Besitzer der Firmen Ladyžnikov und Caspari (bekannt als Buchsammellager auch für andere Verlage, die die Gefangenenlager belieferten), „kam in den Gaskammern der Nazis ums Leben", wie

60 s. die von uns zusammengestellten Materialien zu dem Verlag Novyj Mir in: *Chronik*, S. 537.

61 s. A.A. German: *Istorija respubliki nemcev Povolž'ja*, Moskva 1996, S. 39.

62 Gergel' R.E. und G.R. Il'jaeva: *Rossijskie nemcy i russkaja kul'tura v Germanii*, in: *Nemcy v Rossii*, G.I.Smagina (Hrsg.), Sankt Peterburg 2000, S. 278.

es in zeitnahem Zeugnis heißt.[63] Ernst Reuter, der Direktor des Verlags Novyj Mir wurde 1933 gleich in ein KZ eingeliefert, wo ihm – in der Sprache der Zeit – von der Gestapo besonders die Herausgabe russischer Bücher als „antideutsche Tätigkeit" angekreidet wurde. Nur auf Drängen englischer Quakerkreise wurde er aus dem KZ entlassen, emigrierte in die Türkei um dann nach dem Kriege zum ersten Oberbürgermeister von Berlin gewählt zu werden.

63 „pogib vposledstvii v gazovych kamerach nacistov", vgl. I. Levitan: *Russkie izdatel'stva v 1920-ch gg v Berline*, in: *Kniga o russkom evrejstve. 1917–1967*, New York 1968, S. 448.

Elena Efimenko/ Brigitta Pirzer (Garmisch-Partenkirchen)

Die wissenschaftliche Bibliothek des George C. Marshall European Center for Security Studies und ihr russisches Erbe[1]

Abstract: The article describes the history of the Russian collection of the now George C. Marshall Center Research Library. Being part of the US Army Russian Institute (Garmisch-Partenkirchen, Germany) since 1947, the collection was incorporated into the reorganized Marshall Center Library in 1993. The article informs about the Library's various collections and presents some of their rarest and most interesting items.

Keywords: US Army Russian Institute (USARI); George C. Marshall European Center for Security Studies (Marshall Center)

Das Marshall-Center und seine Bibliothek

Das George C. Marshall European Center for Security Studies (Marshall Center) ist eine deutsch-amerikanische Einrichtung, die sich zum Ziel gesetzt hat, den Aufbau demokratischer Institutionen und Strukturen sowie die Verbesserung der Zusammenarbeit und die Entwicklung von Partnerschaften zwischen Staaten zu unterstützen, insbesondere in den Bereichen Sicherheit und Verteidigung. An den regelmäßigen Konferenzen und Seminaren dieser Einrichtung haben bereits Teilnehmer aus mehr als 100 Ländern teilgenommen.

Die wissenschaftliche Bibliothek ist eingebunden in die Organisationsstruktur des Marshall Centers sowie in dessen Weiterbildungs-, Informations- und

1 Der vorliegende Artikel über die russische Bibliothek für amerikanische Militärangehörige in Deutschland geht zurück auf einen russischsprachigen Artikel von Elena Efimenko in der Moskauer Zeitschrift der Russischen Staatlichen Bücherkammer *Bibliografija*. Die hier nun abgedruckte deutschsprachige Fassung der Verfasserin mit der zweiten Autorin Brigitta Pirzer erschien bereits unter einem allgemeiner gehaltenen Titel in der Zeitschrift der Arbeitsgemeinschaft ABDOS. Der Nachdruck erfolgt im Blick auf die begrenzte Verbreitung der Zeitschrift und die geringe Bekanntheit des russischen Bestandes dieser Bibliothek. Vgl. E.V. Efimenko: *Russkaja kollekcija naučnoj biblioteki Centra im. Dž.K. Maršalla*, in: *Bibliografija*. 3, Mai/Juni 2016, S. 121–126; E.V. Efimenko, und Brigitta Pirzer: *Die wissenschaftliche Bibliothek des George C. Marshall European Center for Security Studies und ihr Erbe*, in: *Bibliothek und Medien. Mitteilungen der ABDOS* 36/1, 2016, S. 33–36.

Forschungsprogramme. Insbesondere im Bereich der angewandten Politikwissenschaften deckt der Bibliotheksbestand ein breites Spektrum ab, da schwerpunktmäßig Literatur zu den Themengebieten Demokratie und Demokratieverständnis sowie über politische, wirtschaftliche und soziale Probleme einzelner Länder gesammelt wird. Zu den Hauptsammelgebieten der Bibliothek gehören auch die Themenfelder politische Konfliktforschung, Konfliktlösungs- und Krisenmanagement, nationale und regionale Sicherheitspolitik, Terrorismusforschung und -bekämpfung, sowie Militär und Abrüstung. Die Bestände sind im WorldCat nachgewiesen.[2] Interessante Aspekte bezüglich des historischen Bibliotheksbestandes ergeben sich aus der Geschichte der Bibliothek und ihrem Erbe, den Beständen der Institutsbibliothek des ehemaligen Russischen Instituts der amerikanischen Streitkräfte.

Zur Geschichte der Bibliothek

Bevor das Marshall Center nach dem Fall des Eisernen Vorhangs im Jahr 1993 in Garmisch-Partenkirchen gegründet wurde, existierte am gleichen Ort das Russische Institut der amerikanischen Streitkräfte, das US Army Russian Institute (USARI). Die Bestände dieser Institutsbibliothek wurden fast vollständig in die Marshall Center Research Library integriert. Der Auftrag des 1947 in Oberammergau gegründeten Russischen Instituts war es, Offiziere der amerikanischen Streitkräfte zu UdSSR-Spezialisten für Auslandsverwendungen auszubilden. Um diesem Auftrag gerecht zu werden, wurde der Unterricht hauptsächlich in russischer Sprache abgehalten. Die Lehrinhalte umfassten Geschichte, Literatur, Recht, Wirtschaft, Geographie, Geschichte und Organisation des Militärs der Sowjetunion sowie der Länder des Warschauer Paktes. Als Lehrkräfte waren vor allem Emigranten der Sowjetunion tätig, die nach dem Krieg aus den unterschiedlichsten Gründen in den Westen ausgewandert bzw. nicht mehr in die UdSSR zurückgekehrt waren. Um dem anspruchsvollen sprachlichen Niveau des Russischen Instituts gewachsen zu sein, hatten die am Unterrichtsprogramm teilnehmenden amerikanischen Offiziere in der Regel bereits Russischkenntnisse während einer zweijährigen Grundausbildung in den Vereinigten Staaten erworben.

Die Sammlung der dem Institut angeschlossenen Bibliothek bot den Studenten reichlich Lehrmaterial, sowohl in englischer als auch in russischer Sprache. Zur Gewährleistung der hohen sprachlichen Ausbildungsqualität gab es eine große Auswahl an Zeitungen, Zeitschriften und Büchern in russischer Sprache.

---

2 http://marshallcenter.on.worldcat.org/discovery [Zugriff: 23.06.2019].

Abb. 10: Eingangsschild U.S. Army Russian Institute (© Marshall Center)

Als das Russische Institut nach zahlreichen Verlegungen seinen endgültigen Standort in Garmisch-Partenkirchen fand, wurde die Bibliothek dort zunächst in einem einzigen Raum im dritten Stock einer früheren Wehrmachtskaserne untergebracht. Im gleichen Jahr begann man auch mit der systematischen Bestandserfassung nach dem Klassifizierungsprinzip der Library of Congress. Die Bibliothek wuchs beständig an und dehnte sich entsprechend auf weitere Räumlichkeiten aus. Um später eine sinnvolle systematische Aufstellung der Bestände der Marshall Center Research Library zu gewährleisten, fand 1997 ein größerer Umbau statt, sodass sich die wissenschaftliche Bibliothek heute über drei Stockwerke erstreckt.

Da es bis Mitte der 1950er Jahre nicht möglich war, russischsprachige Literatur aus der Sowjetunion im Ausland zu erwerben, wurde diese zunächst über die U.S. Botschaft in Moskau bezogen. Später gab es auch außerhalb der Sowjetunion russische Buchläden wie z.B. Kamkin, Neimanis und Kubon & Sagner, die als Lieferanten in Frage kamen. Im Jahre 1958 umfasste die Sammlung der Bibliothek bereits 11.500 Bände. Der Bestand wuchs bis zum Ende der 1970er Jahre schließlich auf etwa 30.000 Bände an, der russischsprachige Anteil lag bei etwa 65%. Für den sowjetischen Zeitschriften- und Zeitungsbestand wurden regelmäßig Presseerzeugnisse aus allen Themenbereichen erworben, darunter Fachzeitschriften, die in der gesamten Sowjetunion sowie in den einzelnen Sowjetrepubliken herausgegeben wurden. Emigranten-Zeitschriften aus Deutschland, Frankreich und den USA gehörten ebenfalls zum Repertoire der Institutsbibliothek. 1979 gab es ungefähr 150 Zeitungen und Zeitschriften in russischer Sprache. Im folgenden Abschnitt werden einige dieser historischen Bestände der Marshall Center Research Library vorgestellt, die diese vom Russischen Institut übernommen hat.

Besondere Bestände der Bibliothek

Russische Enzyklopädien: In der Bibliothekskollektion befinden sich seltene russische Enzyklopädien, einige sogar aus der Zeit vor der Oktoberrevolution 1917:

- Военная энциклопедия. Под ред. В.Ф.Новицкого. – СПб.; Пг, 1911–1915. Т. 1–18;
- История русской армии и флота: роскошно иллюстрированное издание.-
- Энциклопедический словарь. Под. Ред. Проф. И.Е. Андреевского. Издатели: Ф.А. Брокгауз /Лейпциг/ и И.А. Ефрон /С. Петербург/. – СПб., 1890–1907. Т.1–41;
- Энциклопедическій словарь Русскаго библіографического института Бр.А.и И.Гранат и Ко. – Москва, 1922–1937. Т.1–55;
- Большая Советская энциклопедия. Главный редактор О.Ю.Шмидт. – Москва, Акционерное общество „Советская энциклопедия“, 1926–1931. Т. 1–65;
- Большая Советская энциклопедия. Главный редактор С.И.Вавилов. Второе издание. –Государственное научное издательство „Большая Советская энциклопедия“, 1949–1958. Т.1–51;
- Малая советская энциклопедия. Главный редактор Н.Л.Мещеряков. Второе издание. – Москва, Государственное словарно-энциклопедическое издательство „Советская энциклопедия“, 1933- 1947. Т. 1–11;
- Техническая энциклопедия. Главный редактор Л.К.Мартенс. – Москва, Акционерное общество „Советская энциклопедия“, 1928–1938. Т. 1–26.

Einige dieser Enzyklopädien und weitere seltene Bücher zur Militärgeschichte wurden für die Institutsbibliothek von dem bekannten Sammler Leonid Ilič Tarasjuk erworben, dessen private Büchersammlung über Waffen in der Zeit der Sowjetunion dort eine der wertvollsten Privatsammlungen war. Daher finden sich in einigen Büchern Exlibris von ihm und seiner Frau Nina. Als Fachmann für mittelalterliche Waffen hatte Leonid Tarasjuk in der Eremitage in St. Petersburg kuratorisch gewirkt und in diesem Zusammenhang viele Bücher und Artikel veröffentlicht. In den 1970er Jahren emigrierte er aus der UdSSR und arbeitete später für das Metropolitan Museum in New York.

Emigrantenliteratur: In der Kollektion der Bibliothek befinden sich Ausgaben der Emigrantenverlage:

- Ардис, Ann Arbor, Michigan
- Всеславянское издательство, New York
- Детинец, New York
- Голос народа, München
- Издательство им. Чехова New York
- Издательство Русского Книжного Дела в США Виктора Камкина, Washington
- Издательство Союза Борьбы за Освобождение Народов России, München
- Издательство Сафрина, Tel-Aviv
- Став, Jerusalem
- Третья Волна, New York, Paris
- Издательство Свободного Украинского Университета, München
- Книжное Издательство „Литературное Зарубежье, New York
- Chalidze Publications, New York
- L'age D'Homme Paris
- Prometheus-Verlag Garmisch-Partenkirchen
- T.C.D. Publications, London
- The Russian Phoenix Inc, Australia
- YMCA-Press, Paris und zahlreiche weitere

Auch Ausgaben der Zeitschrift *Вестник Института по изучению истории и культуры СССР* („Mitteilungen des Instituts zur Erforschung der Geschichte und Kultur der UdSSR"), München sowie 28 Bände der *Собрание документов Самиздата* herausgegeben von Radio Liberty in München, sind in der Bibliothek archiviert. Die Zeitschriftensammlung der Bibliothek enthält unter anderem Ausgaben westlicher Emigrantenzeitschriften wie *Вече*, *Вестник РСХД/РХД*, *Возрождение*, *Грани*, *Континент*, *Новый Журнал*, *Посев* u.a. In der Zeitungssammlung der Bibliothek findet man unter anderem *Новое русское слово*, New York, (1948–1960, 1982–85) und *Русская мысль*, Paris, 1977–1985.

Sowjetliteratur: Die Marshall Center Research Library übernahm von der Bibliothek des USARI auch viele offizielle Werke aus sowjetischer Zeit, darunter unter anderem Tagungsberichte von KPdSU- Parteikongressen sowie Gesamtausgaben der Werke Lenins, Stalins und das sogenannte „Marx/Engels-Archiv".

Zeitschriften: Neben den bereits erwähnten Zeitschriften der Emigrantenliteratur werden im Zeitschriftenarchiv u.a. folgende Titel aufbewahrt:

- Агитатор 1958–1989
- Ведомости Верховного Совета СССР 1954–1991
- Вестник Академии Наук СССР 1951–1957
- Военно-исторический журнал 1960–2012
- Военные знания 1953–1997
- Вопросы истории 1949–2012
- Вопросы экономики 1948–2013
- Журнал Московского патриархата 1949–1996
- Плановое Хозяйство 1928, 1949–91
- Славяне 1951–1957
- Советская этнография 1948–1991
- Театр 1958–1993

Zeitungen: Außer den bereits genannten Zeitungen aus dem Bereich der Emigrantenliteratur finden sich im Zeitungsarchiv, zum großen Teil in gebundener Form, Ausgaben von etwa 40 namhaften sowjetischen Zeitungen, darunter:

- Вечерняя Москва 1949–1957
- Известия 1947–1985
- Красная звезда 1952–1960
- Литературная газета 1949–1985
- Московская правда 1950–1955
- Правда 1948–1985
- Советская культура 1953–58
- Труд 1949–1957

Besonders zu erwähnen ist die Zeitung *За возвращение на родину* („Für die Rückkehr in die Heimat"), von der die Jahrgänge 1955–1957 in der Bibliothek vorhanden sind. Diese erschien in Ostberlin und wurde dort von einem Ausschuss gleichen Namens unter der Leitung von General N.F. Michajlov herausgegeben. Die Zeitung versuchte, ein positives Bild der Sowjetunion zu verbreiten und rief die Emigranten dazu auf, in die UdSSR zurückzukehren. Später wurde diese Zeitung in *Голос родины* („Stimme der Heimat") umbenannt, deren Jahrgänge 1960–1981 sich ebenfalls in der Marshall Center Research Library befinden. Weitere 100 Zeitungstitel liegen in der Bibliothek auf Mikrofilm vor, darunter:

- Бакинский рабочий 1945–1998
- Коммунист Таджикистана 1945–1983
- Комсомольская правда 1942–1998
- Красная звезда 1941–2005

- Петроградская правда 1918–1925
- Правда 1921–1991
- Правда Востока 1945–1991
- Советская Молдавия 1947–1989
- Туркменская искра 1946–1995
- Radio Free Europe/ Radio Liberty

Die Bibliothek ist im Besitz Tausender Dokumente aus den Forschungsabteilungen der Sender Radio Free Europe und Radio Liberty (RFE/RL), die in über 900 Ordnern abgelegt sind. Da diese den Zeitraum 1959–1994 abdecken, spiegelt sich in ihnen die Geschichte des Kalten Krieges wider. Überwiegend sind diese Dokumente in russischer und englischer Sprache gehalten, es gibt jedoch auch Materialien in rumänischer Sprache sowie in den baltischen Sprachen.

Die Bibliothek heute

Die Bibliothekskollektion umfasst heute über 82.000 Bücher sowie zahlreiche laufende Zeitschriften, von denen viele archiviert werden. Die Aufstellung der Bestände erfolgt systematisch nach der Library of Congress Classification in Freihandaufstellung. Inzwischen wird der überwiegende Teil der Literatur entsprechend den Bedürfnissen des Marshall Centers in englischer Sprache erworben. Es gibt jedoch auch aktuelle deutschsprachige und russischsprachige Neuerwerbungen sowie neben englischsprachigen Zeitschriften auch deutsche und russische aus den oben genannten Sammelgebieten der Bibliothek. Ergänzt wird das konventionelle Bibliotheksangebot durch elektronische Ressourcen wie Datenbanken und Online-Dienste, die der Fakultät und den Mitarbeitern sowie den Teilnehmern der Fortbildungsveranstaltungen des Marshall Centers im internen Netz für Recherchen zur Verfügung stehen.

Auch nach der Teilnahme an den Kursen können die Absolventen in einem eigens auf der Homepage des Marshall Centers für die Alumni eingerichteten passwortgeschützten Bereich im GlobalNet weiterhin elektronische Ressourcen der Bibliothek nutzen. Für geographische, analytische und akademische Recherchen wird dort ein Datenbankpool bereitgestellt, der sowohl Faktendatenbanken als auch Literaturdatenbanken mit Volltexten aus Zeitschriften und E-Books enthält. Die meisten dieser Datenbanken sind in englischer Sprache, für russischsprachige Recherchen können die Datenbanken Integrum und EastView genutzt werden. Auch die von der Bibliothek erstellten Online-Dienste, momentan in englischer und deutscher Sprache, sind im GlobalNet abrufbar. Sie weisen hin auf aktuelle Publikationen von Think Tanks, Forschungsinstitutionen und anderen Organisationen, die sich mit internationalen Beziehungen befassen.

Weiterhin bietet eine im Aufbau befindliche digitale Sammlung der Bibliothek unterschiedliche Ressourcen an. Darunter befinden sich Lektüreempfehlungen aus den Lehrgängen und Seminaren sowie Forschungsarbeiten des Marshall Centers. Aus der Zeit des Russischen Instituts findet man dort vor allem historische Dokumente, wie z.B. Fotos (mit Zugriffsbeschränkung) und Dokumente über die Geschichte und den Aufbau des Russischen Instituts. Zudem ist dort eine Sammlung sowjetischer Plakate und Souvenirs einsehbar, die von den Besuchen der Studenten des USARI in der Sowjetunion und deren Satellitenstaaten stammen.[3]

Das Personal der Bibliothek bietet den Mitarbeitern und Lehrgangsteilnehmern des Marshall Centers professionelle Rechercheunterstützung bei der Literatursuche zu speziellen Themen in den Sprachen Englisch, Deutsch und Russisch an. Auch gibt es immer wieder Anfragen von Wissenschaftlern und Studenten zu den Nutzungsmöglichkeiten der Bibliothek. Nach Absprache mit der Bibliotheksleitung ist in der Regel eine Präsenznutzung möglich. Da die Bibliothek auch an den nationalen und internationalen Leihverkehr angeschlossen ist, können Medien der Marshall Center Research Library auch als Fernleihen angefragt werden. So können die einzigartigen Bestände der Bibliothek auch der zeitgeschichtlichen Forschung dienen.

Aufgrund ihres Erbes versteht sich die Marshall Center Research Library einerseits als die „Hüterin der Geschichte". Der Hauptauftrag in der Gegenwart besteht jedoch darin, den internationalen Kunden der Bibliothek sowohl vor Ort als auch im virtuellen Bereich moderne Bibliotheksdienstleistungen zur Verfügung zu stellen, die jeweils auf die individuellen Bedürfnisse zugeschnitten sind.

3 Zugriff auf diese digitale Sammlung: http://cdm16378.contentdm.oclc.org/cdm/ [Zugriff: 23.06.2019].

Gottfried Kratz (Münster)

Die russische Bibliothek im Berliner Alexanderheim von Propst Maltzew[1]

Abstract: On the history of the Russian Library (1895–1914), housed in the „Alexanderheim" (Emperor Alexander III Memorial House) of the St. Prince Vladimir Brotherhood (Bratstvo) in Berlin, established by A. Maltsev, the priest of the Russian Embassy

Keywords: Propst Maltzew, Vladimir-Bruderschaft, Alexanderheim, Museum, Bibliothek

Die Bruderschaft St. Vladimir und deren Gründer Propst Maltzew

Die Berliner St. Vladimir-Bruderschaft („Svjato knjaz' Vladimirskoe bratstvo"), in deutscher Sprache auch als „Brüderschaft zum Hl. Wladimir", „St. Wladimir Verein Bratstwo", „Wladimir Verein" und „Verein [Bratstwo]" bezeichnet, wurde im Jahre 1890 in Berlin gegründet,[2] und dem zeitgenössischen deutschen Zeitungsleser als „Wohltätigkeitsgesellschaft" (MDZ) vorgestellt.[3]

Unter den ca. 2.000 Mitgliedern und Gönnern der Bruderschaft vor 1914[4] waren ebenso Vertreter der Petersburger Hofkreise (Großfürst Vladimir Aleksandrovič (1847 - 1909) und dessen aus Deutschland kommende Ehefrau), wie Vertreter der hohen orthodoxen Geistlichkeit, wie der inzwischen in West und Ost heiliggesprochene Johannes von Kronstadt, sowie Angehörige anderer

---

1 Die folgenden Ausführungen stützen sich in dieser deutschen Fassung auf die in russischer Spache erschiene Arbeit des Autors: *Izvestnoe i neizvestnoe ob Aleksee Mal'ceve*, in: *Berega. Inf.-analit. sbornik o russkom zarubež'e* 21, Sankt Peterburg, 2017, S. 23–32.

2 Rar Dm., *Istorija Svato-Knjaz'-Vladimirskogo Bratstva*, in: Volkova, Ul'jana, *Muzej russkoj istorii za granicej (1897–1914) pri Svjato-Knjaz'-Vladimirskom Bratstve. Kat. koll.* Moskva 2015, S. 13. Ausschließlich dieses Gründungsjahr findet sich in der hier herangezogen Literatur. Die Datierung auf 1900 (statt 1890) bei E.E. Simanovskaja ist sonst nirgends in der ausgewerteten Literatur belegt und bleibt daher hier unberücksichtigt (Simanovskaja: *Aleksej Petrovič Mal'cev. Bibliografičeskie zametki*, in: *Berega*, 4, 2005, Sankt Peterburg, S. 37).

3 So in einer Meldung aus der deutschen *Nationalzeitung*, wiedergegeben in der Rubrik „Ausländische Nachrichten" der *Moskauer deutschen Zeitung* (im Folgenden: MDZ), 1896, Nr. 98, 12./24. April, S. 463.

4 Rar Dm., *Istorija*, 2015, S. 13.

Schichten der Petersburger wie Moskauer s.g. Gesellschaft, auch über die konfessionellen Grenzen der Orthodoxie hinweg.[5] Auch in Berlin und im übrigen Westeuropa lebende wohlhabende russische Untertanen, s.g. „reiche Russen" („bogači-russkie") zählten zu den Mitgliedern oder Gönnern der Bruderschaft.[6]

Gründer der Bruderschaft war der Berliner orthodoxe Botschaftsgeistliche Propst Alexios (seit 1890: von) Maltzew (Erzpriester („Protoierej") Aleksij Petrovič Mal'cev).[7] A.P. Maltzew (1854–1915) wurde in der Eparchie Jaroslawl in einer seit Generationen dem Geistlichen Stande verbundenen Familie geboren. Nach Tätigkeit an der Petersburger Geistlichen Akademie und als Vorsteher der Hauskirche der Direktion der Petersburger Theaterschule kam er 1886 als Botschaftsgeistlicher nach Berlin. Hier sorgte er für das geistliche Wohl der orthodoxen Mitglieder der Russischen Botschaft, sowie der orthodoxen Bewohner der (nach Zar Alexander I. benannten) Siedlung Alexandrowka (bei Potsdam)[8] und einiger Sprengel vor allem in Kurorten Deutschlands. Zuständig war er auch für die serbischen Gasthörer in der Kadettenanstalt in Lichterfelde oder Zöglinge der Höheren Töchterschule in Charlottenburg, die orthodoxen Glaubens waren.[9] In Berlin blieb er dann die folgenden nahezu dreißig Jahre. Nach dem frühen Tod seiner Frau widmete er sich bis zu seiner erzwungenen Abreise nach Kriegsbeginn im Jahre 1914 vollends seiner priesterlichen und der durch sie bedingten karitativen und publikatorischen Tätigkeit. Dabei verlor er bei aller Vielseitigkeit der Beziehungen zu Deutschland niemals allslawische und panorthodoxe

5 Simanovskaja 2005, S. 39.

6 A. Krasov A.: *Vospominanija o prot. A.P.Mal'ceve*, in: *Russkij palomnik*, Pg., Nr. 19, 10 maja 1915, S. 300.

7 Nach Erhebung in den erblichen Adelstand in 1890 wurde das ihm verliehene Adelsprädikat in deutschsprachigen Veröffentlichungen von ihm ebenso genutzt, wie in brieflichen Äusserungen (s. *Fasten- und Blumen-Triodion* von Alexios v. Maltzew. Berlin, Karl Siegismund 1899, S. /III/; ferner handschriftliche Unterschrift „A.v.Maltzew" in dem unten nur verkürzt abgebildeten Brief an R.M. Rilke unter Datum vom 2.5.1900). Name und Titel des Propstes werden hier in seiner damaligen und bis heute im Deutschen gebräuchlichen und von ihm selbst bevorzugten Schreibung genutzt.

8 Zur Siedlung der Kolonie Alexandrowka bei Potsdam mit ihrer orthodoxen Kirche auf dem „Alexanderberg (Kapellenberg)" und der Wiedergeburt der als Sängersiedlung entstandenen Kolonie auf private Initiative (Stiftung Kremer), wenn auch ausserhalb des Bezugs zu Maltzew, s. *Museum Alexandrowka. Die Geschichte der Kolonie Alexandrowka. Von der Entstehung bis zur Gegenwart. Begleitbuch zur Ausstellung.* Potsdam, Stiftung Kremer 2005, S. 78 ff.

9 V. Turaev: *Pamjati o. Protoiereja A.P. Mal'ceva*, in: *Cerkovnaja pravda, Zaključ. nomer posv. pamjati o. protoiereja A.P. Mal'ceva*, Moskva 1916, S. 8.

Tendenzen der Politik der Botschaft aus den Augen.[10] Im Jahre 1890 gründet er den „Wladimir-Verein", dem er formal als Kassenwart, de facto als Leiter vorstand. Ehrenvorsitzender war, angefangen von P.A. Šuvalov, der jeweilige Berliner russische Botschafter, Schirmherr oder Protektor („pokrovitel'") zunächst der damals für längere Zeit in Berlin weilende Großfürst Vladimir Aleksandrovič (jüngerer Bruder Alexanders III, des Vaters des letzten Zaren Nikolaus II). Nach dem Tode des Großfürsten 1909 übernahm die Schirmherrschaft dessen hinterbliebene Witwe Marija Pavlovna, die weit über das Datum ihrer Eheschließung hinaus der Zugehörigkeit zum evangelischen Bekenntnis treu geblieben war. Geboren als Herzogin von Mecklenburg-Schwerin, kam sie auf Ludwigslust (Mecklenburg-Vorpommern) zur Welt, später schändlichst bekannt durch seinen letzten (bis 1945) Schlossherren.[11] Seine Hauptaufgabe sah der Verein in der Unterstützung durchreisender oder aus den verschiedensten Gründen in Berlin zeitweise oder längerfristig gestrandeter russischer Untertanen (beliebigen christlichen Bekenntnisses), sowie in der Unterstützung orthodoxer Christen (beliebiger Nationalität). Das erwähnte Streben nach slawischer Einheit findet sich auch in den einzelnen Projekten der Bruderschaft: vom Bau des Alexanderheims bis zur Anlage eines bis in unsere Tage bestehenden orthodoxen Friedhofes in Tegel, bei dessen Gründung fest die Devise stand, „die Seinen zu den Seinen" zu betten („svoj k svoemu").[12] Das zum Gedächtnis an den 1894 gestorben Zaren Alexander III. als „Kaiser Alexander-Heim" („Russkij bratskij dom v pamjat' Imperatora Aleksandra III") in 1895 erbaute „Hospiz" (MDZ) zeigt dieses Streben nach Einheit vor allem in dem Wirken seiner Bewohner

Hier waren die Dienstwohnung Maltzews und die seines Helfers W.A. Goeken (1845–1915). Mitarbeiter Maltzews zunächst in Übersetzungsfragen, wurde Goeken, ein im Judentum geborener preußischer Untertan, der zunächst zum Katholizismus gefunden, ehe er, mit einer protestantischen Frau verheiratet, zur Orthodoxie kam, wo er bald (1894) Maltzew zum „Bruder im Herrn" wurde und zum ersten deutschsprachigen orthodoxen Geistlichen.[13] Neben deren Wohnungen waren die Räumlichkeiten des Hospiz nicht nur mit „passierenden"

---

10 S. unseren Beitrag in *Berega*: Kratc (Kratz): *Izvestnoe*, S. 24, 32 (hier und im Folgenden sind nicht alle dort erwähnten Quellen im Einzelnen erneut aufgeführt).

11 S. Chr. E. Mauriello: *Forced confrontation. The politics of dead bodies in Germany at the end of World War II*. Lanham/Lexington 2017, S. 141.

12 *K XV- letiju Sv. Knjaz'-Vladimirskogo bratstva v Berline 1890–1905. Zum 15-jährigen Bestehen*. Berlin, Selbstverl. d. Vereins Bratstwo, Berlin, Kaiser Alexander-Heim; Vejmar 1906, S. 3.

13 Simanovskaja S. 38. Ergänzend s. Kratc: *Izvestnoe*, S. 24–25.

Abb. 11: Berliner Bruderhaus Alexanderheim (Quelle: *Russkij palomnik*, Pg.,Nr. 9, 10. Mai 1915, S. 301)

(MDZ) russischen Untertanen belegt. Vielmehr bot der der Diakonie der westlichen Kirchen vergleichbare karitative Ansatz des dem Andenken Alexanders III. gewidmeten „Bruderhauses“ („bratskij dom“), oder „Arbeitshauses und Fürsorgeheims“ („Dom trudoljubija i prizrenija“[14]), auch Platz für Werkstätten (Tischlerei, Setzerei usw.) und Freiluftanlagen – von einer Baumschule über Orangerie bis zu einem Anzuchtgarten. Allein für den Straßenverkauf von Blumen durch Insassen des Hospiz wird in 1900 ein jährlicher Zugewinn für die Bruderschaft von über 10.000 Mark angegeben.[15] Eine beachtliche Summe, sollte kein Druckfehler vorliegen, in jener Zeit, in der ein Monatslohn von um hundert Mark als Durchschnitt für einen Arbeiter gesehen werden kann.

---

14 Simanovskaja, S. 39.

15 Krasov: *Vospominanija*, 1915, S. 300.

Museum und Bibliothek des Alexanderheims

Vor allem aber befand sich im ersten (russisch: zweiten) Stockwerk des Gebäudes ein Raum, in dem das von Maltzew gegründete „Museum für russische Geschichte im Auslande" („Muzej russkoj istorii") untergebracht war und in einem angrenzenden Raum die „Bibliothek". Nach dem Ersten Weltkrieg und der Oktoberrevolution in Russland wurde das Haus und mit ihm die Bibliothek nach wechselnder Unterstellung dem Moskauer Exarchat zugeordnet, dann, nach dem Zweiten Weltkrieg, dem Moskauer Patriarchat. Danach verlieren sich die Spuren der Bibliothek in der Literatur.

Verschwunden nach dem Ersten Weltkrieg taucht zumindest die Münzsammlung des Museums in unseren Tagen völlig unerwartet im Keller des Moskauer Puškin-Museums auf (GMII im. A.S. Puškina). Für den Beobachter Moskauer Museumsverhältnisse war dies keine Überraschung, ist doch die langjährige Leiterin des Museums bis hin in die Tagespresse seit Jahren bekannt, zu denen gehört zu haben, die Teile der nach dem Zweiten Weltkrieg im Museum gehorteten Beutebestände, vor allem den Goldschatz des Heinrich Schliemann, „versteckten" („skryvali").[16] Im Jahre 2015 wird diese Münzsammlung schließlich mit einem umfangreichen Katalog im Museum ausgestellt.[17] Anders die von Maltzew zusammengestellte Bibliothek, auf die er schon in 1900 einen Besucher mit Stolz verweist („posmotrite na sobrannuju mnoju biblioteku").[18] In der Literatur gilt sie bis heute als verschollen. Einzelne Bände aus ihrem ehemaligen Bestand sind jedoch erhalten im Moskauer Exarchat in Berlin (Wildenerstr. 10).[19] Andere finden sich auch im heutigen Bestand der Moskauer Bibliothek für ausländische Literatur VGBIL, unterstellt damit weltlichem Regiment und nicht kirchlicher Obhut. So in Lückenergänzungen etwa im Zeitschriftenbestand von „Russkij archiv" (1896, neuerdings mit Hinweis auf Besitzstempel „Maltzew") wie auch im nicht eingearbeiteten Altbestand (s.u. Aufsatz A.V. D'jakonova). Der Umfang der Bibliothek wird, bezogen auf 1905, mit über 3.000 Bänden angegeben,[20] ursprünglich aufbewahrt in gewaltigen Schränken („gromadnye, polnye škafy knig").[21] Später wird der Raum als „sehr staubig, dreckig und stickig"

---

16 Irina Antonova: *Ja uže imeju pravo*, in: *Izvestija*, Moskva, 11 marta 2002, S. 9.

17 Ul'jana Volkova: *Muzej russkoj istorii*, 2015.

18 Krasov: *Vospominanija*, 1915, S. 300.

19 Simanovskaja, 2005, S. 39.

20 Rar Dm., *Vosstanavlivaetsja svjaz' vremen*, in: *Volkova, Muzej*, S. 7; Simanovskaja, S. 39.

21 Krasov, 1915, S. 300.

empfunden für die dort untergebrachten „einigen tausend“ Bände.[22] Aufbauend auf Maltzews eigener Privatbibliothek sind dies Schenkungen von Mitgliedern der Bruderschaft bis hin zu Gaben außerhalb stehender privater Geber, sowie von Verlagen in Russland (*Russkij archiv*). Erworben dagegen wurde die Bibliothek des Theologen und Schriftstellers Nikolaj Petrovič Aksakov (1848–1909), eines langjährigen Mitglieds und späteren „Sekretärs“ der Vereinigung Obščestvo ljubitelej rossijskoj slovesnosti (OLRS) in Moskau.[23] N.P. Aksakov (ein entfernter Verwandter der bekannten Slawophilen Sergej Timofeevič und seiner Söhne Ivan und Konstantin), hatte, so bekannt er selbst auch als Neo-Slavophile ist, eine biographische Verbindung nach Deutschland und Westeuropa. Wurde er doch, kurz eingeschrieben als Student der Theologie in Heidelberg (1867),[24] im Januar 1868 im Alter von erst 19 Jahren in Gießen zum Dr.phil. promoviert.[25] Im selben Jahr veröffentlichte er, nun schon als „Dr. N. Aksakoff“, in einer in diesen Jahren für Dissertationsdrucke in Halle bekannten Typographie eine „philosophische Abhandlung“ als „wissenschaftliche Grundlegung zur Philosophie der Religion“ unter dem Titel *„Die Idee der Gottheit“* (Halle, Druck von J.G. Lipke 1868).[26] Im Vorblatt widmet er sie „aus Dankbarkeit und Liebe“ seinen „Freunden in Montauban“, dem „Herrn Professor und Seminar-Director Jean Monod“ und letztlich der „Hochwürdigen theologischen Fakultät zu Montauban“. Somit der seinerzeit noch zu Zeiten Napoleons wieder errichteten Universität im Süden Frankreichs, die über ein Jahrhundert die protestantische Minderheit in Frankreich mit reformierten Pfarrern versorgte. Und damit durchaus schon auf die späteren Interessen Maltzews an Theologie und karitativer Tätigkeit reformierter Theologie in Frankreich verweisend (Herausgabe der Predigten oder *„Sermons“* [„Besedy“] von Eugène Bersier durch Maltzew),[27] gleichzeitig andeutend dessen Interesse

---

22 S.u. Bericht D'jakonova 1973 in dieser hier von uns zusammengestellten und übersetzten Veröffentlichung. [AdÜ.].

23 R.N. Klejmënova: *Obščestvo ljubitelej rossijskoj slovesnosti. 1811–1930*, Moskva 2002, S. 182 ff.

24 W. Birkenmaier: *Biographisches Lexikon des Russischen Heidelberg*, Heidelberg 1996, S. 4, in: *Russica Palatina* 27.

25 Franz Kössler: *Verzeichnis der Doktorpromotionen an der Universität Giessen von 1801–1884*. Giessen 1970, S. 1 (*Berichte und Arbeiten aus der Universitätsbibliothek Gießen*; 17).

26 In einigen Katalogen des Karlsruher Verbundkataloges KVK in Deutschland, im Gegensatz zur Verfasserangabe auf dem Titelblatt („N. Aksakoff“), einem in Vor- und Vatersnamen nicht identischen Träger des gleichen Familiennamens der weitverzweigten Familie Aksakov zugeordnet.

27 Simanovskaja, 2005, S. 37.

an den deutschen Altkatholiken und russischen Altgläubigen. Erwähnt wird die Privatbibliothek von N.P. Aksakov im Besitz der Bibliothek im Alexanderheim[28] mehrfach in der Literatur.[29] Gestorben ist N.P. Akasakov im Jahre 1909.[30]

Der Bestand der Bibliothek

Blickt man breiter auf die Bibliothek im Alexanderheim, so sind dies thematisch die von Maltzew selbst herausgegebenen (und in unterschiedlichem Grad gemeinsam mit Goeken übersetzten) Werke für den gottesdienstlichen Gebrauch.[31] Ferner enthält die Bibliothek Nachschlagewerke, vor allem kirchlichen und weltlichen Bezugs. Im Blick auf die 1973 erhaltenen Bestände ist bei D'jakonova die Rede von Veröffentlichungen in Russisch: hauptsächlich Sammelwerken, Nachschlagewerken oder Jahrbüchern von orthodoxen Kirchengemeinden, Gouvernements, Kreisen usw., außerdem von thematisch vielen Ausgaben zur Religion, Philosophie und Kultur. Darunter auch Büchern der in Ostpreußen ansässigen Altgläubigen, wie es an anderer Stelle heißt.[32] Schließlich sehr viel zu Geschichte, Klassiker der Weltliteratur (viele in der Originalsprache), im Deutschen mehrbändige Werke und Monographien zu den Geisteswissenschaften. Unter den monographischen Ausgaben verdient die von Maltzew herausgegebene Übersetzung des Neuen Testaments in modernes Russisch von V.A. Žukovskij aus 1895 besondere Erwähnung.[33]

Abschließend sei noch auf zwei private Schenkungen verwiesen. Die Schenkung aus der Privatbibliothek des Mitglieds der Bruderschaft und Maltzewschen Ordensbruders (als Träger des serbischen Savva-Ordens) Gavriil Veselitskij-Božidarovič. Gavriil Veselitskij Božidarovič (gest. 1930), politischer Journalist serbischer Herkunft, Untertan des russischen Zaren, war in seinem politischen und journalistischen Wirken besonders dem serbischen Staat verbunden. 1892 wurde er aus Preußen als „Feind des Dreierbundes" ausgewiesen. Seine Frau,

28 Laut den nicht ganz zuverlässigen Aussagen des Zeitzeugen Krasov (1915, S. 300) war die Bibliothek von N. Aksakov zunächst noch Anfang 1900 in einem Seitengebäude der Russischen Botschaft in Berlin untergebracht, das Maltzew als eine Art Stadtwohnung diente.

29 Turaev 1916, S. 7; Simanovskaja 2005, S. 39, 42–44; Rar Dm., *Istorija* 2015, S. 14.

30 http://www.pravenc.ru/text/63926.html. [Zugriff: 23.06.2019].

31 Im Einzelnen zu den Werken Maltzews s. die Bibliographie in Simanovskaja, S. 42–44. Außerdem unsere Besprechung eines Inskripts Maltzews in einem der von ihm edierten Bände, in Kratc, *Izvestnoe*.

32 Simanovskaja 2005, S. 39.

33 Krasov 1915, S. 301; Kratc *Izvestnoe*, S. 28–29.

Bürgerin der Vereinigten Staaten und Tochter eines New Yorker Senators (James Munroe) und ihr gemeinsamer Sohn Sergej (Beichtkind von Maltzew) übersiedelten nach Sachsen. Gavriil Božidarovič selbst übersiedelte nach England, wo er, im Ersten Weltkrieg ein Buch über *„the German canker in Russia“* veröffentliche und, noch bis zu seinem Lebensende in 1930 dem dortigen „Informationsministerium“ zu Diensten stand.[34] Unmittelbar vor seiner Ausweisung aus Preußen vermachte er der Bibliothek im Alexanderheim seine „naturwissenschaftlichen und politisch-ökonomischen“ Bücher, wie das Protokoll der Bruderschaft für 1903 vermerkt.[35] Sie verweisen nicht nur auf seine journalistische Tätigkeit, sondern auch auf sein naturwissenschaftliches Studium in Heidelberg, wo er zu den Gründern der Russischen Lesehalle gehörte.[36] Hinweise auf Schenkung eines Buches durch den Dichter Rilke finden sich ebenso: Maltzew dankt in seinem hier wiedergegebenen Brief vom 2.5.1900 Rilke für die „liebenswürdige Übersendung Ihres Buches“.

Der Dichter Rainer Maria Rilke hatte vor Antritt seiner zweiten Russlandreise in 1900 Maltzew um ein Empfehlungsschreiben für Russland gebeten und diese Bitte mit einer Büchergabe verbunden. Maltzew dankt dafür in beigefügtem Scan eines handschriftlichen Briefes „für die liebenswürdige Übersendung Ihres Buches“. Das Buch selbst jedoch, dessen Titel nicht genannt, zu finden, blieb bisher ebenso erfolglos, wie die gesamte Bibliothek. Auch Hinweise auf einen Kontakt zu den von Maltzew empfohlenen Personen sind nirgends zu finden.[37]

---

34 S. Kratc: *Izvestnoe i neizvestnoe*, S. 30–31.

35 Kratc: *Izvestnoe*, S. 31 mit Verweis auf das Protokoll in: K XV- letiju, S. 286.

36 Kratc: *Izvestnoe*, S. 31 mit Verweis u.a. auf W. Birkenmaier: *Biographisches Lexikon des Russischen Heidelberg*. Heidelberg 1996, S. 139.

37 Auf den brieflichen Kontakt Rilkes zu Maltzew weist schon Sophie Brutzer in ihrer auf Materialien im Rilke-Archiv in Weimar gegründeten und mit sicherer Beherrschung des Materials geschriebenen Dissertation aus 1934 (S. Brutzer: *Rilkes russische Reisen* (Reprogr. Nachdr. Königsberg 1934). Darmstadt 1969, S. 12). Im Jahre 1946 wurden Materialien, so auch dieser Brief, von Vertretern der damaligen Sowjetischen Militär-Administration (SMA) aus dem Rilke-Archiv Weimar entnommen und für eine angeblich geplante Rilke-Ausstellung nach Russland verbracht (Petersburg, Puškinskij dom). Konstantin Azadovskij berichtet darüber unlängst in einem Beitrag zur in Moskau gezeigten Rilke-Ausstellung für „Radio Svoboda“, sich auf ein Gespräch mit seinerzeit Beteiligten berufend (K. Azadovskij K: *Stichi na berezke. „Naivnaja rusofilija“ i vystavka „Rilke i Rossija“*. 16 fevralja 2018, in: https://www.svoboda.org/a/29041782.html (abgefragt am 18.4.2018]). Dort in Petersburg erneut auf den Brief Maltzews gestossen, als Teil von „Materialien, die der Wissenschaft bisher nicht zugänglich waren“, besprach 1975 Leonid Čertkov diesen Brief. Einräumend jedoch (a.a.O., S. 11), dass Hinweise auf tatsächliche Begegnungen Rilkes an die von Maltzew hier empfohlenen Personen

Inwieweit Spuren dieser Schenkungen in dem nicht eingearbeiteten Teil der Bibliothek enthalten sind, der später in die Bibliothek für ausländische Literatur gekommen (VGBIL) ist, ist nicht bekannt. Von einem Katalog der Bibliothek ist ebenfalls nichts bekannt. Weder in der zeitgenössischen Literatur noch in späterem Blick[38] auf den erhaltenen Teil der Bibliothek. Ebenso wenig von einer Inventarisierung der Bücher.

„haben wir nicht" (L. Čertkov: *Rilke in Russland*, Wien 1975, S. 4, 10–11, in: *Veröffentlichungen der Komm. f. Literaturwiss. 2., in: ÖAdW. Phil.-hist. Kl. Sitzungsber.* 301, 2; übers. von dem damaligen Wiener Ordinarius Guenther Wytrzens). Später findet sich eine gedruckte Veröffentlichung und Entzifferung des handschriftlichen Maltzew-Briefes in deutscher Sprache und eine russische Übersetzung in den Publikationen des langjährigen Rilke-Forschers Konstantin Azadovskij. Dort auch ist der Brief kommentiert: in der DDR-Fassung aus 1986 (*Rilke und Russland.* Hrsg. von Konstantin Asadowski. Berlin und Weimar 1986, S. 152–153, 536) und – zuverlässiger – in der sein Hauptwerk summierenden russischen Ausgabe (*Ril'ke i Rossija.* SPb, Limbach 2003, S. 217–218). Die erste Seite des Maltzew-Briefes ist in der o.g. Rilke-Ausstellung in Moskau ausgelegt. Für die Bereitstellung einer Scan-Kopie des gesamten Briefes für diesen Aufsatz sei Konstantin Azadovskij besonders gedankt.

38 S.u. Bericht D'jakonova (1973) in dieser hier von uns zusammengestellten und übersetzten Veröffentlichung. (AdÜ.).

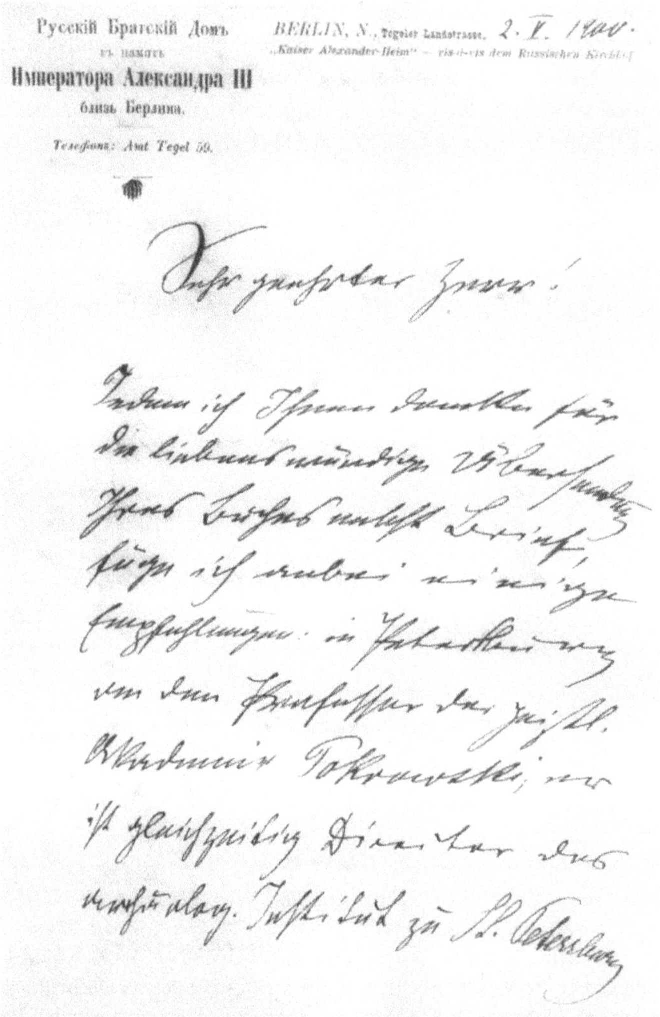
Русскій Братскій Домъ
въ память
Императора Александра III
близъ Берлина.
Телефонъ: Amt Tegel 59.

BERLIN, N., Tegeler Landstrasse. 2. V. 1900.
„Kaiser Alexander-Heim" — vis-à-vis dem Russischen Kirchhof

Abb. 12: Hs. Brief „A.v. Maltzew" an Rainer Maria Rilke, vom 2.5.1900 (Quelle der Kopie: Archiv K.M. Azadovskij)

Nutzung der Bibliothek

Auch von Nutzern außerhalb des Kreises der Bewohner des Alexanderheims ist nichts bekannt, es finden sich keine Hinweise auf eine formalisierte Ausleihe außer Haus. Und doch weisen mündliche Hinweise ehemaliger interessierter Studierender und angehender slawistischer Fachwissenschaftler der FU Berlin auf eine Bekanntschaft wenn nicht gar gelegentliche Nutzung der Bibliothek durch diese in den 1960er Jahren. All dies vor deren Ende in Berlin Anfang der 1970er Jahre, wie es bei A.V. D'jakonova erstmals beschrieben ist[39]: Bald nach ihrer Dienstreise in 1973 wird das inzwischen in Senatsbesitz des Landes Berlin übergegangene Alexanderheim in 1975 abgerissen.[40]

Abb. 13: A.P. Mal'cev (Quelle: *Russkij palomnik* 19, Petrograd 10. Mai 1915, S. 300).

39 S. vorige Fußnote.

40 Rar. Dm., *Istorija*,2015, S. 16; http://www.bratstvo.de/geschichte-2/.

Alla D'jakonova (Moskau)

Das Ende der russischen Bibliothek im Berliner Alexanderheim von Propst Maltzew[1]

Abstract: A reminiscence, written in 2014, of the author's mission to Berlin in 1973 as a representative of the Moscow Library of Foreign literature (VGBIL), to prepare the transfer of books from the Emperor Alexander III Memorial Russian library, collected by archpriest Aleksej Mal'tsev before the First World War, to the VGBIL in Moscow. This vivid and detailed account is the first and and most valuable testimony on the end of the Berlin life of that Library

Keywords: Alexanderheim, Bibliothek, Bestand, Verbleib (VGBIL)

„Im Juni 1973 wurde ich von der Bibliotheksinspektion des Kulturministeriums der Sowjetunion für eine zehntägige Dienstreise nach Berlin (DDR) abgeordnet. Ziel meiner Reise sollte die Sichtung und Auswahl von Büchern aus der Bibliothek der Russisch-orthodoxen Kirche sein (weder deren genauer Name noch deren Adresse wurden mir mitgeteilt), die sich auf dem Gebiet des damaligen Westberlin befand, um deren anschließende Entsendung nach Moskau in die VGBIL (Bibliothek für ausländische Literatur) vorzubereiten.

Am Flughafen Schönefeld empfing mich ein Vertreter der Botschaft der UdSSR in Berlin, der sich als Priester Vater Michail vorstellte und mich im Auto direkt in die Kirche nach Westberlin brachte. Mir wurde gesagt, dass sich Kirche und Bibliothek selbst in einem verwahrlosten Zustand befinden, Gemeindeglieder

1 Die folgenden Zeilen sind die Übersetzung eines Briefes der Verfasserin Alla V. D'jakonova aus Anlass der eingangs erwähnten Konferenz durch G. Kratz. Den Brief hatte sie zunächst auf Anfrage an ihre spätere Vorgesetzte in der Bibliothek für ausländische Literatur VGBIL und noch spätere Leiterin der Moskauer Turgenev Bibliothek Tat'jana Evgen'evna Korobkina, und dann unter Datum vom 28. Juli 2014 an G. Kratz gesandt. Der Brief wird hier, da sie selbst nicht erreichbar, nach Rücksprache mit T.E. Korobkina, als dessen Erstempfängerin, in Übersetzung ins Deutsche gegeben. In dem Brief teilt sie ihre Erinnerungen an eine Dienstreise als damalige Mitarbeiterin der VGBIL aus Moskau nach Berlin mit. Ob der dort in Bezug auf 1973 erwähnte und der damaligen sowjetischen Botschaft in Berlin beigeordnete Geistliche „Vater Michail" identisch ist mit dem in den Folgejahren und bis heute mehrfach im Netz erwähnten Nachfolger des Propstes Maltzew (seit 1972) gleichen Vornamens, kann hier nicht weiter untersucht werden http://www.pravpiter.ru/pspb/n115/ta013.htm [Zugriff: 23.06.2019].

gebe es faktisch nicht, die Kirchendiener degeneriert seien und ein Gespräch mit ihnen unerwünscht sei.

Die Gemeindebibliothek („cerkovnaja biblioteka"), die ein russischer Priester zusammengestellt hatte (ich bin mir nicht sicher, ob mir sein Name, Lebensalter und seine Werke genannt wurden) befand sich in einem großen und geräumigen, wenn auch schlecht beleuchteten Raum, mit hohen Regalen, stabilen Brettern, Leitern und Bänkchen. Über die Existenz von Katalogen wusste niemand etwas, ich habe auch keine gesehen. Es war sehr staubig, dreckig und stickig. Ich erklärte Vater Michail, dass ich Bücher in verschiedenen Sprachen auswählen werde (hauptsächlich in Deutsch und Russisch), entsprechend dem Profil unserer Bibliothek VGBIL (vor der Abreise hatte ich Rücksprache gehalten in unserer Erwerbungsabteilung mit der inzwischen verstorbenen Asta Akselevna [sic! AdÜ] Popova). Die aus den Regalen entnommenen Bücher legte ich zur Seite. Zum Abend hin, waren dies schon mehrere Dutzend Bücher. Ob sie einen Besitzstempel hatten oder Randbemerkungen, kann ich mich nicht entsinnen. Mir kam es vor, als ob hier [insgesamt, AdÜ] mehrere tausend Bücher seien. In Russisch waren dies hauptsächlich Sammelwerke, Nachschlagewerke oder Jahrbücher von orthodoxen Kirchengemeinden, Gouvernements, Kreisen usw. Viele Ausgaben waren zur Religion, Philosophie und Kultur. Sehr viel gab es zu Geschichte. Es gab Klassiker der Weltliteratur. Viele in der Originalsprache. Auf Deutsch gab es mehrbändige Werke und Monographien zu den Geisteswissenschaften. Leider konnte ich nicht jeden Tag in der Bibliothek arbeiten, mich in ihre bibliographischen, thematischen und sonstigen Besonderheiten und Details einarbeiten. Michail hatte keine Zeit, mich oft in die Bibliothek zu bringen und dann packenweise die Bücher in die Botschaft zu bringen. Er entschloss sich zu einem anderen Schritt, den er auch in die Tat umsetzte: in ein bis zwei Fahrten in seinem Pickup einfach alles abzufahren, ohne professionelle Hilfe in Anspruch zu nehmen. Vor meiner Rückkehr teilte er mir nicht mit, ob er alles von dort weggefahren habe, ob viel zurückgeblieben sei. Ich habe nur ein Minimum an Information erhalten.

In unserer Bibliothek habe ich lange Jahre nichts mehr von dieser rätselhaften und irgendwie „unendlichen Geschichte" gehört, obwohl ich mit der Erwerbung deutschsprachiger Literatur befasst war. Es war wohl Anfang der 90er Jahre, als sich plötzlich und unerwartet meine Mitarbeiterin Irma Jakovlevna Cikol' an mich wandte (sie übersiedelte bald darauf nach Israel), der wohl irgendjemand aufgetragen hatte, diese Geschichte abzuschließen. Ich gab ihr all meine Informationen, habe aber keinerlei Antwort mehr von ihr erhalten."

Stephan Walter (Germersheim)

Zur Geschichte der Russischen Lesehalle in Heidelberg: Russischer Mikrokosmos im Ausland[1]

Abstract: Article on the founding of the Heidelberg Russian Reading Room in 1862, based on personal memoirs of the founding members, collected for a 1912 anniversary almanac that was published only in Russian only in 1994). Much of the article deals with the testimony they gave to a Russian State commission set up in 1866–1868 (whose records are now in the State Archive of the Russian Federation [GARF]) to investigate whether the former members of that Reading Room were distributing at that time revolutionary propaganda. The author of this article wrote his dissertation at the Russian department of the Institute for Translation and Interpretation, Heidelberg University. The institute was then led by Willi Birkenmaier, widely known author and co-author with the now late Mich.Šm. Fajnštejn (St. Petersburg) of groundbreaking research on Russian Heidelberg.

Keywords: Heidelberg, russische Studenten, Russische Lesehalle, Öffentliche Russische Pirogov-Lesehalle, Geschichte 1862–1914

Die Geschichte der russischen Lesehalle in Heidelberg, die von 1862–1914 bestand, ist untrennbar mit der Geschichte der dortigen russischen Kolonie verbunden. Dieses Russische Heidelberg[2] ist wiederum Spiegel verschiedener gesellschafts- und bildungspolitischer Entwicklungen in Russland, daher sollen zunächst einige wesentliche Ereignisse genannt werden, die zu Beginn der 1860er Jahre zur Entstehung dieser Kolonie beitrugen.

---

1 Der Artikel stellt eine leicht überarbeitete Übersetzung aus dem Russischen durch den Autor dar, die auf den Vortrag auf einer Konferenz in der Moskauer Staatsuniversität für Kultur und Künste (MGUKI) im Jahre 2006 zurückgeht und anschließend in 2008 in Moskau im Druck erschien: Val'ter S., *Russkaja obščestvennaja biblioteka i čital'nja N.I. Pirogova v Gejdel'berge*, in: *Bibliografija. Nauč. Žurnal.* M., Nr. 3, maj-ijun' 2008. S. 52–58.

2 Der Mikrokosmos des Russischen Heidelberg und seine Ausstrahlung auf die deutsch-russischen Wissenschaftsbeziehungen wurden von Svatikov bereits 1912 und später von Birkenmaier wissenschaftlich erforscht. S. Willy Birkenmaier *Das Russische Heidelberg*. Heidelberg: Verl. Das Wunderhorn 1995, sowie die von Birkenmaier herausgegebene Reihe *Russica Palatina* (RUSSICA PALATINA) ab Nr. 19, insb. Nr. 25, 25a; zur Gründungszeit der Russischen Lesehalle s. Walter 1999 (= *Russica Palatina* 31).

Den Großteil der Heidelberger Russen[3] machten damals Studierende aus, die im Auftrag des russischen Bildungsministeriums zu einer Art Aufbaustudium an deutsche Hochschulen geschickt wurden[4]. Während an den Universitäten in Berlin, Leipzig, Göttingen, Jena, Halle u. a. bereits seit Jahrzehnten russische Studierende immatrikuliert waren, entwickelte sich Heidelberg insbesondere in der zweiten Hälfte des 19. Jahrhunderts zu einem beliebten „Studienstandort von gesamteuropäischer Bedeutung, vor allem wegen der Blütezeit der naturwissenschaftlichen Forschung“[5]. „Seit Beginn der 1850er Jahre lehrten in Heidelberg solche herausragenden Wissenschaftler wie der Chemiker Robert Bunsen, der Physiker Gustav Kirchhof sowie der Physiker, Mathematiker und Physiologie Hermann Helmholtz. In den von ihnen gegründeten Forschungslabors studierten u. a. Ivan Sečenov, Dmitrij Mendeleev, Aleksandr Stoletov und Konstantion Timirjazev[6], die später an russischen Universitäten den Grundstock für ganze wissenschaftliche Schulen legten“.[7] Die Anziehungskraft dieses „Mekkas der Naturwissenschaften“ sowie die Schließung der Petersburger Universität nach den Studentenunruhen von 1861 führten dazu, dass die Anzahl russischer Studierenden auf 10% der Gesamtzahl aller Heidelberger Studierenden ausmachte und bei über 100 lag.

Die Attraktivität der Universität Heidelberg dauerte bis zum Beginn des Ersten Weltkriegs an, v. a. dank Wissenschaftlern von Weltrang wie den Juristen Carl Mittermaier (1787–1867) und Gustav Radbruch (1878–1949), den Philosophen Kuno Fischer (1824–1907) und Wilhelm Windelband (1848–1915) sowie dem Soziologen Max Weber (1864–1920). In Heidelberg studierten u. a. der Philosoph und Soziologe Fedor Stepun (1884–1965) und die Dichter Saša Černyj (1880–1932) und Osip Mandel'štam (1891–1938). Unter den Abgeordneten der ersten russischen Staatsduma von 1906 waren die ehemaligen Heidelberger

3 Darunter sind hier alle Bürger des Russischen Reiches zu verstehen, unabhängig von ihrer ethnischen Zugehörigkeit.

4 Vgl. Isolde Schroh (Hrsg.): *A. V. Romanovič-Slavatinskij und seine Europareise*, in: *Russica Palatina* 41, Heidelberg 2002, S. 104.

5 A. Andreev: *Russkie studenty v nemeckich universitetach XVIII, pervoj poloviny XIX veka*, Moskau 2005, S. 49., Vorher war bereits die Juristische Fakultät eine begehrte Adresse russischer Studenten, vgl. Willy Birkenmaier (Hrsg.) 1993: Petr Georgievič Redkin. *Die Heidelberger juristische Fakultät Sankt Petersburg 1841 (= Russica Palatina* 23).

6 Ivan Michajlovič Sečenov, Physiologe (1829–1905), Dmitrij Ivanovič Mendeleev, Chemiker (1834–1907), Aleksandr Grigor'evič Stoletov, Physiker (1839–1896), Kliment Arkad'evič Timirjazev, Botaniker (1843–1920).

7 Vgl. Andreev, S. 339–340.

Studenten Michail Gercenštejn, Grigorij Iollos und Fedor Kokoškin. Zwei Minister der Provisorischen Regierung 1917 hatten in Heidelberg studiert, der Kriegsminister Aleksandr Gučkov und der Bildungsminister Aleksandr Manujlov. Die Heidelberger Isaak Štejnberg und Michail Vladimirskij waren als Justizminister bzw. Gesundheitsminister tätig, die Studentin Sonja Ross blieb nach Kriegsbeginn in Deutschland und wurde die zweite Ehefrau Karl Liebknechts.

Hauptquellen zur Erforschung der Anfänge der russischen Lesehalle in Heidelberg sind die Publikationen Svatikovs anlässlich des 50. Jahrestags der Gründung der russischen Öffentlichen Pirogov-Lesehalle in Heidelberg (im Folgenden: *Almanach*)[8] sowie die Verhörprotokolle der Untersuchungskommission der Dritten Abteilung über Personen, die in der in Heidelberg errichteten Russischen Lesehalle aktiv waren (im Folgenden: *UK*) und über Personen, die Gründer oder Mitglieder der Heidelberger Russischen Lesehalle waren, die mit dem Ziel errichtet wurde, revolutionäre Propaganda zu verbreiten (im Folgenden: *DA*)[9].

Die Untersuchungskommission wurde nach dem Attentatsversuch auf Zar Aleksandr II. im Jahr 1866 eingerichtet, da man bei den Verhafteten Briefe und Notizen ehemaliger Heidelberger Studenten fand. In einem der Briefe heißt es: „Hier wird ein besonderes Ziel verfolgt: die Formulierung und Diskussion liberaler Gedanken und ihre mögliche Verbreitung unter der anreisenden russischen Jugend". Die Untersuchungskommission befragte über 20 Personen, von denen acht zu einer fünfjährigen Verbannungsstrafe verurteilt wurden. Außerdem sprach sich die Kommission dafür aus, zukünftig keine Stipendiaten mehr

---

8 Sergej Svatikov: *Russkie studenty v Gejdel'berge. K pjatidesjatiletiju russkoj obščestvennoj čital'ni, ustroennoj v Gejdel'berge*, in: *Novyj žurnal dlja vsech* 2,1912.

9 *Proizvodstvo Vysočajše učreždennoj pod predsedatel'stvom generala ot infanterii gr. M. N. Murav'eva Sledstvennoj komissii o licach, učastvovavšich v dejatel'nosti russkoj čital'ni, ustroennoj v Gejdel'berge*. [„Verfahren der unter Vorsitz des Generals der Infanterie Graf M.N. Murav'ev von höchster Instanz eingerichteten Untersuchungskommission über Personen, die an den Aktivitäten der in Heidelberg errichteten Russischen Lesehalle beteiligt waren" (im Folgenden UK)]. 1866–1868. 511 S. GARF (Staatsarchiv der Russischen Föderation), Fond 95, opis' 1, delo 311; *Delo 3-go otdelenija sobstvennoj Ego Imperatorskogo Veličestva kanceljarii „o licach, byvšich osnovateljami i členami ustroennoj v Gejdel'berge Russkoj čital'ni, cel' kotoroj sostojalas' v rasprostranenii revoljucionnoj propagandy"*. [dt. „Akte der 3. Abteilung der seiner Kaiserlichen Majestät gehörenden Kanzlei „Über Personen, die Gründer und Mitglieder der in Heidelberg errichteten Russischen Lesehalle waren, deren Ziel in der Verbreitung revolutionärer Propaganda bestand", im Folgenden DA] 20.5.1866. 557 S. GARF. Fond 109, 1. *Ėkspedicija*, Delo 222.

nach Heidelberg zu entsenden, da sich dort ein revolutionäres Zentrum befände – gemeint war die Russische Lesehalle. Auch sollten keine Lehrer mehr eingestellt werden, die im Ausland gewesen waren. Erst 1875 beendete die UK ihre Arbeit.

Betreuer der russischen Studenten, die mit einem Stipendium nach Heidelberg kamen, war der Militärchirurg und Professor für Anatomie Nikolaj Ivanovič Pirogov (1810–1881), der bis 1866 in Heidelberg wohnte. Zu seinen Aufgaben gehörte es, die Berichte der Studenten entgegenzunehmen, die im Ausland studierten. Pirogov kam im Juli 1862 nach Heidelberg, kurz nachdem die Universität Sankt Petersburg geschlossen worden war. So kam er nicht nur mit den Staatsstipendiaten, sondern auch mit den enttäuschten Petersburger Studenten in Kontakt. Pirogov wandte sich an das Ministerium mit der Bitte, die strenge Berichtspflicht der Studenten zu lockern, und ihnen die Möglichkeit zu geben, sich ernsthaft mit Wissenschaft zu befassen. Dank seiner verständnisvollen Art erwarb sich Pirogov hohes Ansehen unter den Studierenden unabhängig von deren politischer Anschauung. So lag es nahe, dass die Heidelberger Lesehalle in „Öffentliche Russische Pirogov-Lesehalle" umbenannt wurde.[10]

Die frühen 1860er Jahre in Russland waren geprägt von politischen und gesellschaftlichen Veränderungen: Abschaffung des Leibeigenschaft, Befreiungskampf der Polen, Studentenunruhen und die Schließung der Universität Sankt Petersburg sowie Gründung erster politischer Vereinigungen wie *Zemlja i volja* (dt. Land und Freiheit). In der sowjetischen Geschichtsschreibung wurde diese Zeit als „erste revolutionäre Situation" in Russland beschrieben und umfassend erforscht. Heidelberg und seine russischen Studenten werden in den einschlägigen Arbeiten an verschiedenen Stellen erwähnt.[11]

Russische Studenten aus allen deutschen Universitäten pilgerten nach London, um ihr großes Vorbild, den dort lebenden Alexander Herzen zu besuchen. Heidelberg war damals nach London *das* Zentrum im Ausland lebender, (aus Sicht der Petersburger Regierung) radikal gestimmter Studenten. Herzens Mitstreiter, der Dichter und Publizist Nikolaj Ogarev, nannte London, Heidelberg und Berlin die Zentren der „Westlichen Gesellschaften" und erstellte eine Liste mit Agenten, die verbotene Literatur und Broschüren von dort nach Russland

10 Der genaue Zeitpunkt dieser Umbenennung ist noch nicht belegt, das älteste von mir in der Bibliothek des Slavischen Seminars der Universität Heidelberg gefundene Buch mit einem entsprechenden Stempel stammt aus dem Jahr 1873, wobei der Bucherwerb auch später erfolgt sein konnte.

11 Z. B. in der Moskauer Reihe *Literaturnoe nasledstvo* (*Literarisches Erbe*), insbesondere die Herzen und Ogarev gewidmeten Bände 61–63.

transportieren sollten[12]. Michail Bakunin schickte kurz vor dem Polnischen Aufstand 2.000 Flugblätter nach Heidelberg, die sein Helfer Vladimir Luginin, damals Student und später Chemiker, von dort aus nach Polen bringen sollte. In den Blättern wurden die russischen Offiziere dazu aufgerufen, auf die polnische Seite überzulaufen. Bis zum Frühjahr 1863 war Heidelberg neben London der Hauptumschlagplatz für revolutionäre Materialien, die in der Londoner Freien Russischen Typografie gedruckt und über die Stadt am Neckar nach Russland geschickt wurden. Ab Sommer 1863 übernahm Genf diese Aufgabe.

Die russischen Studenten in Heidelberg vertraten unterschiedliche politische Ansichten und lassen sich in zwei Gruppen teilen. Radikaler eingestellt war die Gruppe der „Roten" (auch „Linke" oder „Liberale"), die für die Verbreitung des russischen Sozialismus nach Alexander Herzen eintrat. Dazu gehörten vor allem Studenten aus Sankt Petersburg. Die zweite Gruppe, die „Moskauer" oder „Katkovisten", standen den Ansichten des Herausgebers der Zeitschrift *Moskovskie vedomosti* des Nationalisten Michail Katkov (1818–1887) nahe. Während des Polnischen Aufstands im Januar 1863 verschärfte sich die Lage: Die Katkovisten hängten in der Russischen Lesehalle einen Aufruf auf, für die verletzten russischen Soldaten zu spenden. Die Gruppe der Linken, die für die Befreiung Polens eintrat, reagierte darauf mit einer Spendensammlung für die Witwen und Waisen der gefallenen Polen. Spendenaufrufe gab es auch für Sonntagsschulen in Russland und für eine geplante Reise Pirogovs nach Italien, um den verwundeten Garibaldi zu behandeln. Pirogov verzichtete auf das Geld, bat jedoch darum, dass ihn ein Student begleite.

Anfang September 1862 reiste der ehemalige russische Bildungsminister Putjatin nach Heidelberg. Die Studenten erinnerten sich noch gut an seine harte Linie in Bezug auf die Studentenrechte und begrüßten ihn gebührend mit einem „Katzenkonzert". Davon zeugen Leserzuschriften aus Heidelberg an die Zeitschriften *Kolokol* und *Svobodnoe Slovo*[13]. Auch Herzens Sohn Aleksandr kam bereits „Anfang 1862 nach Heidelberg als Professor aus Lausanne. Er sah seinem Vater nicht ähnlich und sah auch nicht sehr russisch aus. Sein Vater hatte ihn nach Heidelberg gesandt, um sich mit der dortigen Studentenschaft zu verbrüdern. [...] All das verlief in einer so ahnungslosen, einfachen und naiven Atmosphäre, während anderswo bereits die Sensen und Dolche für den bevorstehenden Aufstand geschliffen wurden"[14].

---

12 Milica Nečkina: *Novye materialy o revoljucionnoj situacii v Rossii (1859–1861 gg.)*, in: *Literaturnoe Nasledstvo* 61. Moskau 1953, S. 509.

13 Vgl. Birkenmaier 1995, S. 22f.

14 Vgl. Schroh S. 192.

Doch wo trafen sich die Russen in Heidelberg? Einer der ersten Treffpunkte war die „Pension Hoffmann unweit des Bahnhofs", so inserierte der Besitzer, der ehemalige Prof. der Universität Moskau Karl Hoffmann (1811–1877)[15] regelmäßig im *Kolokol*. Der Jurist und ehemalige Stipendiat A.V. Romanovič-Slavatinskij (1832–1910) erinnerte sich: „Das Haus von Prof. Hoffmann befand sich fast am Stadtrand. Hoffmann war Privatdozent an der Universität Heidelberg, aber Vorlesungen hielt er während meines Aufenthalts keine. Sein Haus war eine Art russische Kolonie in Heidelberg, er war ein tüchtiger Deutscher und recht wohlgebildet. Ich erinnere mich an den langen Tisch in Hoffmanns Speisezimmer, an dem wir Russen zu Mittag und zu Abend aßen. Wen habe ich dort nicht alles gesehen!"[16] Damals waren u. a. die Chemiker Butlerov und Borodin in Heidelberg. „Das ist ja richtig Russland, dachten wir, als wir nur Russisch hörten und nur Russen sahen. Sogar der Tee wurde nicht aus Tassen, sondern aus Gläsern getrunken, ganz wie in Moskau!"[17]. Zu den politischen Diskussionen jener Zeit schrieb Romanovič-Slavatinskij:

> *Ich erinnere mich, wie wir während des Mittagessens bei Hoffmann die Zeitung mit dem Manifest vom 19. Februar 1861 lasen. Und seltsam: Dieses großartige Ereignis von weltweiter Bedeutung wurde von uns, den Heidelberger Russen, nahezu gleichgültig aufgenommen. Wir Liberale und Radikale, die bei jedem Wort Lasalles in Aufregung gerieten, hörten uns gelassen das große Wort Zar Aleksandrs II. von der Freiheit des russischen Volks an. So ist die Natur des Russen: das ihm nahe liegende scheint im weniger bemerkenswert als das ferne fremde. Ich erinnere mich, wie gespannt wir den Kampf zwischen Norden und Süden in den USA wegen der Sklaverei verfolgten. Abraham Lincoln erschien uns verehrungswürdiger als unsere Bauernbefreier.*[18]

Im Sommer 1861 begannen im Hotel „Russischer Hof"[19] die ersten organisatorischen Treffen, literarische Abende. „Vielleicht war es Jakubov, der sie sich ausdachte. Dieser Mann war ganz und gar untätig, liebte es aber, den Mäzen zu spielen, mochte aufklärerische Ideen und begab sich ständig in die Nähe von Wissenschaftlern. […] Die Intoleranz der damaligen Heidelberger Jugend gegenüber anderen Meinungen war erstaunlich. Wer anders dachte, war gleich ein persönlicher Feind. Solche persönlichen Feinde waren Turgenev, dessen *Väter und Söhne* Ende 1861 in Heidelberg zu kaufen waren, und Boris Čičerin, dessen großartige Einführungsvorlesung zum Staatsrecht, die er an der Universität

15 Vgl. Birkenmaier 1995, S. 158f.
16 Vgl. Schroh: *A.V. Romanovič-Slavatinskij*, Heidelberg 2002, S. 192.
17 Zit. nach Birkenmaier 1995, S. 159.
18 Vgl. Schroh: *Romanovič-Slavatinskij, 2002*, S. 182.
19 Vgl. Birkenmaier 1995, S. 157.

Moskau gehalten hatte, in Heidelberg mit Gelächter und Vorwürfen aufgenommen wurde. Es entstand damals jene traurige ahistorische Richtung eines Teils der russischen Jugend, der später sich selbst und der russischen Gesellschaft großen Schaden zufügen sollte".[20] Kaškin gibt einen Hinweis auf die erste Adresse dieser Treffen:

> *Sammelpunkt war die Konditorei der Frau Helwerth*[21]*, bei der wir Russen unsere eigenen zwei Zimmer hatten, die uns als Bibliothek und Leseraum dienten, außerdem aber hauptsächlich Schauplatz jener unendlichen russischen Diskussionen waren, bei denen die Teilnehmer schließlich das Thema vergessen und nur noch die jeweils letzte Replik des Gegners aufgreifen.*[22]

Turgenev verwendete verschiedene Studenten dieser Art für seinen Roman *Rauch.* Somit gilt die Konditorei in der Plöck, in der seit Herbst 1861 Treffen stattfanden, als Keimzelle der Russischen Lesehalle in Heidelberg. Im Herbst 1862 wurde die ursprüngliche Lesehalle umgestaltet und der begrenzte Zugang aufgehoben, sodass sie nicht mehr nur als exklusiver politischer Club genutzt wurde, sondern als allgemeinzugängliche Bibliothek. Mitte der 1860er Jahre erhielten die polnischen Studenten dort einen zusätzlichen Raum. In den Protokollen der Dritten Abteilung (DA) findet sich folgende Beschreibung:

> *„Wir beschlossen eine russische Lesehalle zu errichten, in der man russische Bücher und Zeitschriften lesen kann. Die Mittel waren anfangs sehr beschränkt, es wurden monatliche Beiträge in Höhe von 30 Silberkreuzern erhoben. Viele spendeten russische Bücher, darunter auch solche von westeuropäischen Verlagen. Dieses Angebot nutzten auch Studenten aus Tübingen und Stuttgart."*[23]
> *Leiter der ersten Lesehalle waren Vladimir Bakst und Vladimir Luginin. Aufgenommen wurden Studenten nur mit entsprechenden Überzeugungen (z.B. die Einführung der konstitutionellen Monarchie) und auf Empfehlung. Allerdings war das ein zu kleiner Kreis, die meisten Studenten wollten „einfach" Bücher lesen. Im August 1862 wurde die Lesehalle auf Beschluss der Mehrheit der russischen Studenten umgestaltet. Die Nutzung war gegen eine Monatsgebühr möglich. Damals wuchs die Zahl der Mitglieder auf 60.*[24]

---

20 Zit. nach Walter 1999, S. 24.

21 Die Adresse ist Plöck 52, laut Heidelberger Adressbuch von 1863 (zit. bei Birkenmaier 1995: 10).

22 Jurij Kaškin: *V Gejdel'bergskom universitete*, in: *Golos minuvšego 22*, 1923, S. 386–406. Dt. in Birkenmaier 1995, S. 10.

23 DA, S. 212.

24 DA, S. 414.

Dies bestätigt auch Linev:

> *Ich war nicht nur kein Gründungsmitglied der Heidelberger Lesehalle – eine Art politischer Club –, sondern einer ihrer Auslöser, da ich als erster den Gedanken aussprach und umsetzte, diese politische Untergrundtätigkeit zu beenden und die Lesehalle einfach in eine Einrichtung umzuwandeln, die nur ein Ziel verfolgte: die Neugier der russischen Jugend zu befriedigen und sie mit russischen sowie ausländischen aktuellen Publikationen zu versorgen.*[25]

Vladimir Ignat'evič Bakst (1835–1874) war Arzt und älter als die meisten Studenten. Zusammen mit seinem Bruder Osip hatte er in Petersburg eine Typografie eröffnet, eine Typografie in Bern organisiert, von wo aus er seit 1862 verbotene Literatur und Broschüren nach Russland lieferte. Pavel Kapnist, Jurist und Senator, erteilte der III. Abteilung ausführlich Auskunft über die Satzung der zweiten Lesehalle, „die ausschließlich zum Lesen von Literatur dient. Diskussionen und Dispute jeder Art sind untersagt."[26]

Der junge Student Vladimirov machte folgende Aussagen: „Die Lesehalle bestand nicht aus einer organisierten Gesellschaft, Zugang hatten alle: Alte, Damen, Junge, mit völlig unterschiedlichen Meinungen, auch mit radikal liberalen Ansichten. Nach Heidelberg kam ich mit 18 Jahren, war ein Jüngling, ungebildet, ohne irgendwelche Überzeugungen. Die erste Zeit war ich wie benebelt; ich hatte die Vorstellung, ich könne die ganze Welt umgestalten, ich werde zum Motor aller Wissenschaften usw. Aber je länger ich ernsthaft studierte, konnte ich die richtige Einstellung zum Leben finden. Ich begann den Menschen gegenüber strenger zu sein, und bereits mit 21 Jahre konnte ich laut und deutlich sagen, dass ich außer Verachtung nichts empfand gegenüber Personen, deren Lebenssinn darin bestand, lauthals liberale Phrasen zu dreschen. Von diesem Moment an, als ich für mich selbst zu denken begann, befürworte ich voller Ehrfurcht die Richtung Regierung."[27]

Kaškin schreibt über die Lektüre: „Unsere Bibliothek bestand natürlich fast ausschließlich aus verbotenen russischen Büchern, aber ebenso aus den neuesten französischen, deutschen und englischen Büchern bzw. Zeitungen und Broschüren mit sozialistischer Ausrichtung. An der ersten Stelle waren Herzens *Kolokol* und *Poljarna Zvezda*[28]. Jedes Wort Herzens wirkte unwiderstehlich auf

---

25 DA, S. 495 v.

26 DA: S. 396.

27 Brief vom 20.12.1867, in: *O studente Nikolaeve Vladimirove,* 1862. GARF. III Otdelenie. 1-ja ėkspedicija. Opis' 37, delo 230, čast' 112.

28 Herzen und Ogarev gaben seit 1855 in London den Almanach *Poljarnaja Zvezda* und seit 1857 die Zeitschrift *Kolokol* heraus. Darin wurden neben Literatur zahlreiche gesellschaftliche Themen aufgegriffen und Forderungen nach Reformen an die Zarenregierung gestellt. Die Zeitschriften waren überall in Europa erhältlich und stellten ein

die damalige Jugend, die alle neuen Ideen mit Bereitwilligkeit aufnahm."[29] Als Gegengewicht schickte die Regierung 1864 Bücher und Zeitschriften, darunter den *Russkij vestnik,* damit die Studenten die „Wahrheit" über Russland erfahren konnten.

Russische Ausgaben konnte man in der Lesehalle, in den Buchgeschäften Bangel & Schmitt und Carl Groos sowie im „Museum" finden:

> *Jeder der in Heidelberg lebte, erinnert sich voller Anerkennung an das sogenannte Museum. Das war sowohl Lesesaal als auch Club. Sehr oft ging ich dort hin und schaute mir die Zeitschriften und Zeitungen an, und als Andenken an meine Besuche überließ ich der Bibliothek eine Ausgabe der Werke Lermontovs. [...] Von Zeit zu Zeit finden abends Tanzveranstaltungen und Abendessen statt. Das Publikum bestand vor allem aus Akademikern: Professoren und Studenten.*[30]

In Heidelberg wurden auch Übersetzungen angefertigt. Im Heidelberger Verlag Bangel & Schmitt erschienen die russische Erstübersetzung von Feuerbachs *Wesen der Religion*[31] und Emil Littrés *De la philosophie positive.* Außerdem wurde Heinrich Heines *Ideen. Le Grand* nachweislich in Heidelberg übersetzt.[32] Die Übersetzungstätigkeit ist als Teil der Aufklärungsarbeit der dortigen Studenten zu verstehen, aus Sicht der Regierung war es Verbreitung revolutionärer Propaganda. In diese Richtung geht auch der bei Bangel & Schmitt erschienene Sammelband *Letučie listki* (dt. Fliegende Blätter), mit verschiedenen regierungsfeindlichen Aufrufen (sog. Adressen), so z. B. *Velikoruss* („Der Großrusse") und *K molodomu pokoleniju* („An die junge Generation")[33]. Ferner erschien an der Stadt am Neckar die satirische Publikation *„A tout venant je crache – Bog ne vydast – svin'ja ne s'est"* (*Jeden Passanten bespucke ich – Gott wird uns nicht verlassen, und die Schweine werden uns nicht auffressen*).[34] Im Jahr 1912 arbeitete Svatikov an einem *Heidelberger Almanach zum 50. Jahrestag der Gründung der*

---

wichtiges Bindeglied zwischen Exilrussen und fortschrittlich denkenden Kräften in Russland dar.

29 Vgl. Birkenmaier 1995, S. 10.

30 Schroh *Romanovič-Slavatinskij,* Heidelberg 2002, S. 35.

31 Vgl. Stephan Walter: *Das Wesen der Religion. Übersetzungsgeschichte und Übersetzungskritik der russischen Feuerbach-Übersetzung von 1862 aus Heidelberg* Diss. Heidelberg 2001. Moskau, MART-Verlag 2003.

32 Vgl. Walter 2003, S. 75–79.

33 Vgl. N.Novikova: *Revoljucionery 1861 goda,* Moskva 1968.

34 Vgl. Birkenmaier 1995, S. 27.

Lesehalle, der erst 1994 erschien[35]. Darin schrieben in Amt und Würde gekommene russische Alumni über ihre Heidelberger Studentenzeit, und einige berichteten über die Anfangszeit der Russischen Lesehalle. Auf Einladung der russischen Studenten hielt der Heidelberger Soziologe Max Weber einen Festvortrag. Die russische Zeitung *Russkie vedomosti* entsandte zu den Jubiläumsveranstaltungen sogar ihren Berliner Korrespondenten Grigorij Großman.[36] Zwar liefern die Erinnerungen zahlreiche Details, doch ist zu berücksichtigen, dass zwischen Ereignis und Erinnerung ein halbes Jahrhundert liegt, was zwangsläufig zu Ungenauigkeiten führen muss. Manches verklärt sich, manchmal lässt einen die Erinnerung im Stich, manches war aber auch im Jahr 1912 noch so brisant, dass Saburov[37], einer der Autoren die Empfehlung aussprach, die Namen in seinem Bericht für den Almanach zu verschlüsseln – Namen von Personen, die schon längst als Professoren oder Senatoren im Dienste des Staates standen.[38] Wir können daher kein abschließendes Bild von den damaligen Ereignissen nachzeichnen. Vorsicht ist auch bei den zeitnahen Verhörprotokollen geboten – die Aussagen wurden nur fünf Jahre nach den Ereignissen gemacht, und die ehemaligen Studenten wollten natürlich ihre eigene Rolle bei der Verbreitung revolutionärer Propaganda herunterspielen, um ihre Zukunft nicht zu gefährden. Insofern bieten beide Dokumente eine Fülle an Material über diese Zeit, ohne dass in jedem Einzelfall über die politische Gesinnung und das Engagement abschließend geurteilt werden kann. Der Schriftsteller und Philosoph Fedor Stepun erinnert sich:

> *Als ihren Mittelpunkt hatte die russische Studentenschaft die berühmte Heidelberger „Lesehalle". Sie befand sich unterm Dach eines düsteren drei- oder vierstöckigen Hauses in der Märzgasse[39]. Der erste Besuch dieses russischen „Kulturherdes" machte auf mich einen recht ungünstigen Eindruck: Ich hatte von der Existenz dieser Lesehalle und der Bibliothek nichts gewusst. Als ich eines Tages zufällig durch die Märzgasse ging und ein kleines Schild in russischer Sprache entdeckte, war ich natürlich sehr erfreut und entschloß mich, sofort zu erkunden, was für eine Lesehalle das sei und was für Leute dort verkehrten. Während*

35 Birkenmaier, Willy; Fajnštejn, Michail; Wischöfer, Elfriede. (Hrsg.): *Heidelberger Almanach aus dem Jahre 1912.* Übersetzte und erweiterte Ausgabe. Heidelberg 1996. = RUSSICA PALATINA 25a.

36 Vgl. Birkenmaier 1995, S. 143–153.

37 Der spätere Jurist und Senator Jakov Vasil'evič Saburov war der einzige Almanach-Autor, der bereits 1866 in den Verhören Auskunft zur Gründungszeit gegeben hatte. (RUSSICA PALATINA 31: 9).

38 RUSSICA PALATINA 25a: 66.

39 Die Russische Lesehalle hatte im Lauf ihres 50-jährigen Bestehens mehrere Adressen, vgl. Walter 1999.

ich in den vierten Stock hinaufstieg, eilten meine Gedanken voraus: ich freute mich auf die Begegnung mit Landsleuten und hoffte, in ihrem Kreise das verlassene Rußland, das Gepräge der Atmosphäre des Moskauer Lebens wiederzufinden. Schon der erste Blick in den Raum zerstreute meine freudige Erwartung mit einem Schlage. In einem mäßig großen Zimmer, an dessen Wänden die Bildnisse russischer Schriftsteller und Freiheitskämpfer unordentlich aufgehängt waren, saß, die dünnen knisternden Papierseiten illegaler Schriften vorsichtig umwendend, ein ganz fremdartiges Publikum. In den raschen, scheelen, auf mich gerichteten Blicken fühlte ich keinen Willkommensgruß, der mir als Russen gegolten hätte. An der Tür, die ins Nebenzimmer führte, las ich die Inschrift „Verwaltung, Empfangsstunden dann und dann"; ich klopfte an und vernahm sofort ein „Herein". In den beiden hinteren Zimmern, die mit Büchern in zerfetzten billigen Einbänden, hauptsächlich aber mit Zeitschriften vollgepfropft waren, standen und rauchten einige junge Leute, die mir in ihrem Wesen und ihrer Art völlig unrussisch vorkamen. Ich blätterte den Katalog durch, ließ mich als Mitglied eintragen und verließ die Lesehalle enttäuscht und traurig, einsamer, als ich sie betreten hatte.
Mit der Zeit kam unser parteiloser Moskauer Kreis, der sich um meinen Bruder und mich gruppierte, den Kreisen jüdisch-revolutionärer Elemente der Heidelberger Studentenschaft wesentlich näher.[40]

Die Russische Lesehalle in Heidelberg war ein russischer Mikrokosmos im Ausland. Alle Gruppen Studierender, alle politischen Strömungen sind durch diese Lesehalle gegangen, alles wurde dort diskutiert: von der polnischen Frage bis zur Einführung der konstitutionellen Monarchie. Und immer waren sowohl Vertreter des konservativen als auch des liberalen bzw. sozialistischen Lagers dabei.

Unsere Lesehalle war nie und wird auch nie sein, was man mit dem deutschen Wort Leihbibliothek [im Original auf Dt.] bezeichnet. Sie war ein Zentrum, wo Russen zusammenkamen, wo sie sich mit den Problemen ihres Landes beschäftigten und untereinander all die Fragen diskutieren konnten, die sie bewegten. Darin liegt die enorme kulturelle Bedeutung unserer Lesehalle.[41]

Fast alle ehemaligen Studenten schlugen entweder eine Laufbahn an der Universität oder im Staatsdienst ein. Der revolutionäre Geist, der die jungen Männer im Ausland beflügelt hatte, trat schon bald nach ihrer Rückkehr in die Heimat in den Hintergrund vor den anstehenden praktischen Aufgaben des beginnenden Berufslebens. Mit dem Ersten Weltkrieg endeten die deutsch-russischen Beziehungen abrupt, und die Heidelberger Lesehalle wurde geschlossen. Nach dem Krieg entstanden in Berlin und Paris neue Zentren russischer Emigration. Die Buchbestände der Russischen Lesehalle in Heidelberg bilden den Grundstock

40 Fedor Stepun, Fedor: *Vergangenes und Unvergängliches. Aus meinem Leben.* 3 Bde., München 1947–1950, Bd. 1, S. 134–135.

41 Zil'berman anlässlich des 50-jährigen Jubiläums in: *Russica Palatina* 25a: S. 169–171.

der Bibliothek des Slavischen Instituts der Universität Heidelberg, darunter sind zahlreiche Erstausgaben von Werken russischer Schriftsteller des 19. und 20. Jahrhunderts sowie seltene Zeitungen und Zeitschriften aus dem Zeitraum 1860–1914, insgesamt über 900 Einheiten. Wer ältere Bücher in der Slavischen Bibliothek aufschlägt, kann auch heute noch Stempel entdecken, die von der Existenz des Russischen Heidelbergs zeugen: „Russkaja čital'nja v Gejdel'berge" bzw. „Russkaja Pirogovskaja obščestvennaja čital'nja v Gejdel'berge" und zum Jubiläum 1912 sogar auf Deutsch „Russische Pirogoff-Lesehalle Heidelberg 1862–1912".

Abb. 14: Stempel „Russische Pirogoff-Lesehalle"[1912.]; Quelle: Bibliothek des Slavischen Instituts der Universität Heidelberg

Franz-J. Leithold (Freiburg) und Pavel Nerler (Freiburg/Moskau)

Die Russische Academische Lesehalle an der Großherzoglichen Badischen Universität Freiburg: Ein Herd politischer Agitation?[1]

Abstract: Article on the founding of the Russian Academic Reading Room at Freiburg University, begun in 1903 and successfully completed in 1907. The reading room existed up to the beginning of the First World War. The article is based on material held in the Freiburg University Archives. Written by the then-Slavic specialist and now deputy director of the Freiburg University Library, Franz-Josef Leithold, and the Moscow-Freiburg author Pavel M. Poljan (pen-name Pavel Nerler).

Keywords: Freiburg, Leseverein, Russische Academische Lesehalle

Im 19. Jahrhundert ist vor allem der Kurort Baden-Baden als beliebtes Reiseziel für prominente Besucher aus Russland bekannt. – Ivan Turgenev lebte dort einige Jahre, während sich Nikolaj Gogol und Fedor Dostoevskij vor allem vom Spielcasino angezogen fühlten. Freiburg kann auf eine solch ausgeprägte „russische Tradition" wie Baden-Baden zwar nicht zurückblicken, doch war auch die Schwarzwaldhauptstadt immer wieder Aufenthalts- und Studienort für Gäste aus Russland. In den Jahren 1904 und 1905 lebte die neben Anna Achmatova sicherlich bedeutendste russische Dichterin, Marina Cvetaeva, zusammen mit ihrer Schwester Anastasia und ihrer Mutter in Horben und Freiburg, wo sie ein Jahr lang die Schule besuchte. 1921 kommt der Petersburger Musiker Aleksandr Kresling nach Freiburg. Hier gründet er 1930 den *Russischen Chor*, den er bis zu seinem Tod im Jahre 1977 leitet. An der Universität, in Vorlesungen von Edmund Husserl und Walter Eucken, trifft Kresling weitere Landsleute: den aus der Ukraine stammenden Slawisten Dmitrij Tschiżewskij, der in den Jahren 1922–1923 in Freiburg lebte, Fedor Stepun, den späteren Professor für russische

1 Der vorliegende Aufsatz erschien unter dem Titel *Ein Herd politischer Agitation? Die Russische Academische Lesehalle an der Großherzoglichen Badischen Universität Freiburg* bereits im Jahre 1995 (*Expressum: Informationen aus dem Freiburger Bibliothekssystem*, Freiburg, 1995, 1, S. 14–17). Er wird hier vom Herausgeber dieses Bandes G. Kratz und mit Genehmigung des Erstverfassers sowie Dank an die Autoren unverändert nachgedruckt.

Geistesgeschichte, der sich von 1923 bis 1926 hier aufhielt[2] sowie den Moskauer Professor Schor. Von Juni bis November 1923 ist auch Maksim Gorkij in Freiburg zu Gast. Er hofft, das milde Klima helfe bei der Heilung seiner Tuberkuloseerkrankung.

Um die Jahrhundertwende schrieben sich viele russische Studenten an deutschen Hochschulen ein.[3] Und so waren es nicht nur die erwähnten prominenten Gäste, die sich von Freiburgs Universität und seiner reizvollen Umgebung angezogen fühlten. Selbst an der kleinen und eher abgelegenen Freiburger Universität kamen von den im Sommersemester 1910 immatrikulierten 143 Ausländern 67 aus Russland, mit weitem Abstand folgten Studenten aus der benachbarten Schweiz bzw. Österreich-Ungarn. Nicht wenigen dieser russischen Studenten war dabei (…) der Zugang zu heimischen Universitäten aus politischen Gründen verwehrt, da sie sich an verbotenen politischen Gruppen beteiligt hatten, andere, insbesondere jüdische Studenten aus Russland, konnten nicht zu Hause studieren, da für sie an russischen Universitäten ein Numerus clausus bestand[4]. Unterlagen aus dem Freiburger Universitätsarchiv[5] berichten von Aktivitäten einer Gruppe russischer Studenten zu Beginn dieses Jahrhunderts. Am 15. Juli 1903 erging an den hohen Senat der Albert-Ludwigs-Universität das Gesuch, die Gründung eines russischen Lesevereins zu erlauben. Eine konstituierende Versammlung hatte sich hierzu bereits am 15. Juni desselben Jahres gebildet und in einer 17 Statuten umfassenden Satzung Sinn und Zweck des Akademischen Lesevereins Studierender aus Russland erläutert. Das erste Statut besagt:

> *Der Zweck des Lesevereins ist seinen Mitgliedern die Möglichkeit zu bieten die gesellschaftlichen Verhältnisse, die Literatur und die Wissenschaft sowie Russlands, als auch, insofern die Mittel des Lesevereins es erlauben werden, die des Auslandes verfolgen zu können. Zu diesem Zwecke werden im, Vereinslokal entsprechende Zeitungen, Zeitschriften und wissenschaftliche Werke aufgelegt.*

---

2 Zur Vorbereitung auf sein Rigorosum hielt sich Stepun bereits in den Jahren 1908 und 1909 für mehrere Monate in Freiburg auf.

3 Über das rege Interesse russischer Intellektueller am Studium an deutschen Hochschulen um die Jahrhundertwende siehe besonders: Dittmar Dahlmann: *Bildung, Wissenschaft und Revolution. Die russische Intelligencija im Deutschen Reich um die Jahrhundertwende*, in: *Intellektuelle im Deutschen Kaiserreich*, hrsg. V. G. Hübinger u. W.J. Mommsen, Frankfurt a.M. 1993, S. 141–157.

4 Dahlmann 1993 S. 146

5 Rektorats-Akten XIV 1b/2. Die im folgenden Text angeführten Zitate richten sich in Orthographie und Zeichensetzung nach den Archivunterlagen.

Am 22. Juli 1903 antwortet der Senat dem Studenten Rubinštejn[6] als Vorsitzendem des Gründungskomitees, dass er

> *der Gründung eines Lesevereins russischer Studierender an hiesiger Universität im Interesse der akadem. Disziplin die Genehmigung versagen muss, da nach früheren Vorkommnissen nicht ausgeschlossen ist, es werde ein derartiger Verein gleichzeitig anderen als – bloß literarischen Bestrebungen dienstbar gemacht werden.*

Das Vorhaben der russischen Studenten schien das Rektorat der Universität doch verunsichert zu haben. Denn am 24.7.1903 fragt der Prorektor bei den Rektoren der Königlichen Friedrich-Wilhelms-Universität in Berlin und der Universität Leipzig an, welche Erfahrungen man dort mit russischen Lesevereinen gemacht habe und ob diese sich „etwa in der Folge als ein Herd, politischer Agitation erwiesen haben."

Der Rektor der Berliner Universität versichert mit Schreiben vom 29.7. desselben Jahres, dass an seiner Hochschule Vereine ausländischer Studierender noch niemals zugelassen worden wären, weil außerakademische polnische Vereine politisch aktiv geworden seien. Der Rektor der Leipziger Universität antwortet ebenfalls am 29.7., dass ein Leseverein russischer Studierender dort nicht existiere. Dagegen habe sich seit Frühjahr 1900 ein russisch-akademischer Verein gebildet, dessen eingereichte Statuten Genehmigung gefunden haben, da der Zweck dieses Vereins sei, seine Mitglieder fortzubilden und sich gegenseitig Hilfe zu leisten, wobei die Diskussion politischer Angelegenheiten in den Versammlungen des Vereins ausgeschlossen sei. Dieser Verein, der für eigene Zwecke eine Bibliothek mit Lesezimmer geschaffen habe, habe bisher keinerlei Veranlassung gegeben, disziplinar gegen ihn oder einzelne Mitglieder dieselben einzuschreiten. Er fügt hinzu, dass aber Studenten aus „ostsüdlichen" Ländern in der Universitätsbibliothek „scharf beobachtet" würden, nachdem ein Rumäne Bücher im Wert von 600 Mark gestohlen und ein Armenier durch politische Äußerungen „der hiesigen Universität tiefe Verlegenheit bereitet" hätte. Insgesamt also kann sich die Leipziger Universität nicht über ihre russischen Studenten beklagen. Doch der hohe Senat in Freiburg misst den Erfahrungen der Berliner Universität mit polnischen Studenten mehr Bedeutung zu.

Die Freiburger Russen ließen sich jedoch nicht so einfach abweisen. Am 10. Oktober 1903 bitten sie den hohen Senat nochmals um Erlaubnis für die Gründung des Lesevereins. In ihrem Schreiben weisen sie darauf hin; dass solche

---

6 Moisej Rubinstein promoviert 1906 bei Heinrich Richert und übersetzt 1910 Wilhelm Windelbands 1909 erschienene *Philosophie im deutschen Geistesleben des 19. Jahrhunderts* ins Russische.

Einrichtungen bereits an anderen Universitäten existierten, so in Karlsruhe, Heidelberg, Halle, Berlin, Darmstadt, München und Leipzig. Doch wiederum lehnt der Senat ab, mit der Begründung, auch an anderen Universitäten wären Vereine dieser Art noch nie zugelassen worden. Mit dieser Ablehnung war für das Rektorat die Angelegenheit zunächst einmal erledigt.

Drei Jahre später, am 11. Juli 1906, wendet sich eine Gruppe russischer Studenten erneut an das Rektorat. Wieder weisen sie darauf hin, dass es russische Lesevereine auch andernorts gebe. Zum Beweis fügen sie ihrem Schreiben die Genehmigungen der technischen Hochschulen in Darmstadt und Karlsruhe bei. Ihnen ginge es nicht um politische Agitation, sondern lediglich darum, sich durch Abonnements verschiedener russischer Tageszeitungen und Zeitschriften besser über die kulturellen und politischen Entwicklungen in ihrer Heimat informieren zu können. Eine offiziell genehmigte Lesehalle bekäme Zeitschriften und Zeitungen bestimmter Verlage kostenlos zur Verfügung gestellt.

Doch wieder, mit Schreiben vom 26.7.1906, lehnt das Rektorat das Ersuchen mit der Begründung ab, „die vorgelegten Schriftstücke beziehen sich insgesamt auf technische Hochschulen, an denen die Verhältnisse doch wesentlich anders liegen, als an den Universitäten." Mittlerweile haben die Studenten, aber einen angesehenen Fürsprecher für ihre Angelegenheiten gefunden. Am 1. Dezember 1906 bittet der in Freiburg als Gasthörer eingeschriebene ehemalige russische Staatsrat Alfons von Witte im Namen der unterzeichnenden Studenten um die Erlaubnis für eine russische akademische Lesehalle und fügt dem Schreiben die Statuten des Vereins bei. Daraufhin muss wohl eine Unterredung zwischen von Witte und dem Geheimen Hofrat Prof. Dr. Himstedt und Professor Schulze-Gävernitz stattgefunden haben. Auf dieses Gespräch bezugnehmend erteilt das Akademische Direktorium nun endlich am 13. Mai 1907 die Genehmigung. Von Witte wird mitgeteilt,

> *dass der akademische Senat die Errichtung einer russischen Lesehalle in jederzeit widerruflicher Weise und unter der Voraussetzung genehmigt hat, dass Ihnen in Gemeinschaft mit unserem Nationalökonomen Herrn Professor Dr. von Schulze-Gävernitz ein Aufsichtsrecht in der s.Zt. mündlich besprochenen Richtung eingeräumt wird.*

Die Statuten erlaubten nur russischen Staatsbürgern die Mitgliedschaft und es durften nur Bücher und Zeitschriften bereitgestellt werden, die in Russland die Zensur passiert hatten. Von Witte teilt in den folgenden Jahren dem Rektorat zu Semesterbeginn jeweils mit, wer dem Vorstand des Lesevereins angehört und wo sich das Vereinslokal befindet. So treffen sich die 28 Mitglieder im Wintersemester 1907/1908 und im Sommersemester 1908 regelmäßig in der Röderstraße 6. Der russische Leseverein verfügt nun sogar über einen eigenen Stempel mit den in einem Oval angeordneten Schriftzügen *Russische Akademische Lesehalle Freiburg i.Br.* Die Vereinslokale wechseln häufig. Im Wintersemester 1908/09 tagt man in der Röderstraße 13 I, im darauffolgenden Semester in der Zähringerstraße 17. Das Restaurant Alkohol-frei (!) in der Kaiserstraße 35 dient den Russen dann für die nächsten Jahre als Treffpunkt, bis sie im Sommersemester 1912 in die Löwenstraße 8 wechseln. Das letzte uns vorliegende Dokument ist eine Mitgliederliste des Sommersemesters 1914. Konnten früher zu Semesterbeginn durchschnittlich 25 bis 30 Mitglieder des Lesevereins an das Universitätsrektorat gemeldet werden, so sind es jetzt – kurz nach Ausbruch des Ersten Weltkriegs – nur noch zwölf Russen. In der ersten Satzung aus dem Jahre 1903 heißt es, dass die Bestände des Lesevereins bei seiner Auflösung für eine spätere Neugründung „in Sicherheit zu bringen" seien. Ist dies nicht möglich, so „muss die Bibliothek im Auslande, oder einem entsprechenden Institute in Russland zufallen." Die Statuten des Jahres 1906, unterzeichnet durch Alfons von Witte, legen für den Fall einer Auflösung der Lesehalle noch fest: „Bei der Liquidation verfügt die Mitgliederversammlung über das Inventar der Lesehalle." Offensichtlich haben die Mitglieder der Russischen Academischen Lesehalle deren Buch- und Zeitschriftenbestände aufgelöst. Die Universitätsbibliothek besitzt heute leider keine der 23 Zeitungen und Zeitschriften mehr, die die Mitgliederversammlung ursprünglich in ihrem Leseverein führen wollte.

Die Befürchtungen des Rektorats, die Lesehalle könne „ein Herd politischer Agitation" werden, haben sich nicht bestätigt. Über auffallende kulturelle oder gar politische Aktivitäten der russischen Studenten ist jedenfalls nichts bekannt geworden.

Abbildungsverzeichnis

Abkürzungen

ABBB	Arbeiten und Bibliographien zum Buch- und Bibliothekswesen
ABDOS	Arbeitsgemeinschaft der Bibliotheken und Dokumentationsstellen der Ost-, Ostmittel- und Südosteuropaforschung
AdÜ	A(nm.) d(es) Ü(bersetzers)
BKM	Bundesbeauftragte(r) für Kultur und Medien, bzw. Kulturstaatsminister(in)
CAHJP	Central Archives for the History of the Jewish People
CVJM	Christlicher Verein Junger Männer (heute: Menschen)
DAF	Deutsche Arbeitsfront
DB	Deutsche Bibliothek (Leipzige); heute: Deutsche Nationalbibliothek (DNB)
DDR	Deutsche Demokratische Republik
DRZ	Dom russkogo zarubež'ja imeni Aleksandra Solženicyna (Moskau)// Haus des russischen Auslandes
DSG	Gesellschaft für Deutsch-sowjetische Freundschaft; kurz: Deutsch-sowjetische Gesellschaft
DSNK	Dom sovetskoj nauki i kul'tury (Berlin)
DT NS	Deutsches Theater, Nachlass Kurt Seeger (Berlin)
FL	Fernleihe (bibliothekarische)
GARF	Gosudarstvennyj archiv Rossijskoj Federacii // Staatsarchiv der Russischen Föderation (Moskau)
GMII im. A.S. Puškina	Gosudarstvennyj muzej izobrazitel'nych iskusstv im. A.S. Puškina (Moskau)// Staatl. Museum für Bildende Künste A.S. Puschkin
GOPB	Gosudarstevennaja obščestvenno-političeskaja biblioteka (Moskau)// Staatl. gesellschaftspolit. Bibliothek
GPIB	Gosudarstvennaja publičnaja istoričeskaja biblioteka (Moskau)// Historische Bibliothek
GSVG	Gruppa sovetskich vojsk v Germanii// Gruppe der Sowjetischen Streitkräfte in Deutschland
IAI	Istoriko-archivnyj institut RGGU (Moskau)// Archiv-Institut der RGGU
IMLI	Institut mirovoj literatury im. A.M. Gor'kogo RAN// Institut für Weltliteratur

INSCOM	United States Army Intelligence and Security Command
KD	Konstitutionelle Demokraten (Partei der „Kadetten“)
KdF	Kraft durch Freude
KGL	Kriegsgefangenenlager
KZO	Комитет заграничной организации РСДРП// Komitee der Auslandsorganisationen der RSDRP
LWV	Literarisch-wissenschaftlicher Verein (Dresden)
MC	George C. Marshall European Center for Security Studies
MChAT	Moskovskij Chudožestvennyj akademičeskij teatr (ab 1932: im. M. Gor’kogo) // Moskauer Künstlertheater
MČS	Ministerstvo po črezvyčajnym situacijam (dt. Katastrophenministerium)
MDZ	Moskauer deutsche Zeitung
MGK	Moskauer Städtischen Komitee für Kriegsgefangenenhilfe (Московский Городской Комитет помощи военнопленным)
MGUKI	Moskovskij gosudarstvennyj universitet kul’tury i iskusstv (Moskau)
MIRAG	Mitteldeutsche Rundfunk AG
NSDAP	Nationalsozialistische Deutsche Arbeiterpartei
NSV	Nationalsozialistische Volkswohlfahrt
NVA	Nationale Volksarmee
OHL	Oberste Heeresleitung
OLRS	Obščestvo ljubitelej rossijskoj slovesnosti (Moskau)
OPAC	Online Public Access Catalogue
OVL	Otdel voennoj literatury RGB
PI	Preussische Instruktionen, d.i. „Instruktionen für die alphabetischen Kataloge der preussischen Bibliotheken“
REVA	Russkie evrei v Amerike (Toronto, SPb; Serie „Russian jews in America“, ed. E. Zaltsberg)
RFE	Radio Free Europe
RGALI	Rossijskij gos. Archiv literatury i iskusstva (Moskau)// Russ. Staatsarchiv für Literatur und Kunst
RGB	Rossijskaja gos. biblioteka (Moskau)// Russ. Staatsbibliothek
RGBI	Rossijskaja gos. Biblioteka iskusstv (Moskau)// Russ. Staatsbibliothek für Kunst

RGGU	Rossijskij gos. Gumanitarnyj universitet (Moskau)// Russ. staatl. geisteswiss. Universität
RL	Radio Liberty
RNB	Rossijskaja nacional'naja biblioteka (Sankt- Peterburg)
RSDRP	Rossijskaja social-demokratičeskaja rabočaja partija
RSFSR	Rossijskaja socialističeskaja sovetskaja respublika
RSK	Reichsschrifttumskammer
RTO	Russkoe teatral'noe obščestvo
SBB	Staatsbibliothek zu Berlin
SBPK	Staatsbibliothek Berlin – Preussischer Kulturbesitz
SED	Sozialistische Einheitspartei Deutschlands
SLUB	Sächsische Landesbibliothek – Staats- und Universitätsbibliothek Dresden
SMA	Sowjetische Militär-Administration (in Deutschland)
SVU	Spilka Vyzvolennja Ukrainy (Bund zur Befreiung der Ukraine)
S-R	Partija Socialistov-revoljucionerov
TU	Technische Universität
UFA	Universum Film AG
ULBM	Universitäts- und Landesbibliothek Münster
UNOG	United Nations Office at Geneva
USARI	United States Army Russian Institute (Garmisch-Partenkirchen)
VGBIL	Vsesojuznaja (Vserossijskaja) biblioteka inostrannoj literatury (Moskau)// Bibliothek für ausländische Literatur
(V)KPD	(Vereinigte) Kommunistische Partei Deutschlands
VO RGB	Voennyj otdel RGB // Militärabteilung der Russ. Staatsbibl.
WDR	Westdeutscher Rundfunk
WK	Weltkrieg
YMCA	Young Men's Christian Association
ZK	Zentralkomitee

Register der Bibliotheken (nach Orten)

Register der Personen

M

N

Die Autoren und Herausgeber

D'jakonova, Alla Valentinovna, ehem. Mitarb. (1973) Erwerbungsabteilung VGBIL (Email nicht ermittelbar)

Efimenko, Elena Viktorovna, Absolventin des Moskauer Archivinstituts (heute: IAI RGGU), G.C. Marshall Center, Research library (Email: Efimenkoe@marshallcenter.org)

Egorova, Nadežda Alekseevna, kand. ped. nauk, Abt. für Information und Bibliographie (sprav.-bibliogr. otdel) des Moskauer Solženicyn-Hauses des russischen Auslandes („Dom russkogo zarubež'ja im. A. Solženicyna") DRZ (Email: egorova@bfrz.ru)

Kratz, Gottfried, Dr. phil., M.A., OBR (i.R.), ehem. Fachreferent für Slavistik ULB Münster, mehrjährige Unterrichtstätigkeit im Rahmen von DAAD-Programmen an Moskauer bibliothekarischen Lehr- und Fortbildungsanstalten (MGUKI, APRIKT) (Email: kratz@uni-muenster.de)

Leithold, Franz-Josef (Ko-Autor von s. Nerler), Dr. phil., M.A., BDir UB Freiburg i. Br., ehem. Fachreferent f. Slavistik UB Freiburg (Email: franz.leithold@mail.ub.uni-freiburg.de)

Pirzer, Brigitta, Dipl.-Bibl., M.A., Reference & Teaching Librarian (DEU), George C. Marshall Center, Research Library, Garmisch-Partenkirchen (Ko-Autor von s. Efimenko E.V.) (email: pirzerb@marshallcenter.org)

Nerler, Pavel, veröffentlicht unter diesem Pseudonym (für s. Poljan, P.M.) als Ko-Autor von s. Leithold F.-J.

Poljan, Pavel Markovič, veröffentlicht unter Pseudonym (s. Nerler, P.) als Ko-Autor von s. Leithold F.-J., d-r geogr. nauk, wiss. Mitarbeiter. Inst. für Geographie der RAN, Historiker (Email nicht ermittelbar).

Tebarth, Hans-Jakob, Dr.phil., Direktor Stiftung Martin-Opitz-Bibliothek-Herne (Email: hans-jakob.tebarth@herne.de)

Walter, Stephan, Dr. phil., Dipl.-Dolmetscher, Universität Mainz/ Germersheim (Email: walters@uni-mainz.de)

Wirtz, Gudrun Tatjana, Dr. phil., M.A., Bayerische Staatsbibliothek München (BSB), Leiterin der Osteuropaabteilung (Email: gudrun.wirtz@bsb-muenchen.de)

Zvereva, Svetlana Georgievna, kand. Isk., Moskau (Staatl. Inst. f. Kunstwissenschaft [Gos. In-t iskusstvoznanija], GII); Glasgow (Unterichtstätigkeit am Royal Conservatoire of Scotland) (Email: sgzvereva@googlemail.com)

ARBEITEN UND BIBLIOGRAPHIEN ZUM BUCH- UND BIBLIOTHEKSWESEN

Begründet von Horst Röhling (†)
Fortgeführt von Volker Bockholt (†)
Herausgegeben von Gottfried Kratz und Hans-Jakob Tebarth (Band 16)
Herausgegeben von Gudrun Wirtz und Hans-Jakob Tebarth (Band 17)

Band 1 Günther Pflug: Die Bibliothek im Umbruch. Studien aus zwei Jahrzehnten. 1984.

Band 2 Jozo Dzambo: Buchwesen in Bosnien und der Herzegowina (1800-1878). Zum Problem der Lesersoziologie. 1985. vergriffen

Band 3 Helmut Frühauf: Die 'Berichte zur deutschen Landeskunde'. Ein wissenschaftlich-bibliographisches Publikationsorgan zur geographischen Landeskunde. 1985.

Band 4 Paul Kaegbein (Hrsg.): Bibliothekswissenschaft als spezielle Informationswissenschaft. Probleme und Perspektiven, erörtert beim Zweiten Kölner Kolloquium (9.-10. Mai 1985) anläßlich des zehnjährigen Bestehens des Lehrstuhls für Bibliothekswissenschaft der Universität zu Köln. 1986. 1989.

Band 5 Severin Corsten: Untersuchungen zum Buch- und Bibliothekswesen. 1988.

Band 6 Werner Krieg: Der Verband der Bibliotheken des Landes Nordrhein-Westfalen von seiner Gründung bis zum Sommer 1964. 1988.

Band 7 Eva-Maria Limberg: Richard Wagner-Bibliographie. Problemanalyse und Vorstudien zu einer neu zu erstellenden Personalbibliographie. 1989.

Band 8 Hartwig Lohse: Tagesforderungen wissenschaftlicher Bibliotheken in kritischer Diskussion. Ausgewählte Schriften 1960 - 1990. 1991.

Band 9 Horst Röhling: Publikationsformen als verbindendes Element buch- und einzelwissenschaftlicher Forschung an slavischen Beispielen. 1992.

Band 10 Monika Skowronski / Marina Marinescu: Die "Volksbücher" Bertoldo und Syntipas in Südosteuropa. Ein Beitrag zur Kulturvermittlung in Griechenland und Bulgarien vom 17. bis 20. Jahrhundert. 1992.

Band 11 Krystyna Bednarska-Ruszajowa: Das polnische Buchwesen. Bibliographische Einführung. 1994.

Band 12 Volker Bockholt: Reprints von vor 1900 erschienener slavistischer Literatur im Bestand nordrhein-westfälischer Hochschulbibliotheken. 1994.

Band 13 Krystyna Bednarska-Ruszajowa: Bücher und ihre Leser in Wilna am Anfang des 19. Jahrhunderts. "Journal der Ausleihungen der Bücher aus der Bibliothek der Wilnaer Universität" 1805-1816. Eine bibliographisch-buchwissenschaftliche Untersuchung. 1996.

Band 14 Gerhard Liebers: Funktion und Gestalt der Bibliothek. 2000. 2., korrigierte Auflage 2001.

Band 15 Inna L'vovna Polotovskaja: Tod und Selbstmord in Russland. Ein kulturgeschichtlicher Überblick von den Anfängen bis in die Gegenwart. Eine Bibliographie. Übersetzt von Yvonne Pörzgen. 2008.

Band 16 Ost und West in Buch und Bibliothek. Festschrift für Horst Röhling. Herausgegeben von Gottfried Kratz. 2015.

Band 17 Gottfried Kratz (ed.): Russische Bibliotheken in Deutschland. 2020

www.peterlang.com

www.ingramcontent.com/pod-product-compliance
Ingram Content Group UK Ltd.
Pitfield, Milton Keynes, MK11 3LW, UK
UKHW021937290926
8980IPUK00016B/1667

9 783631 798911